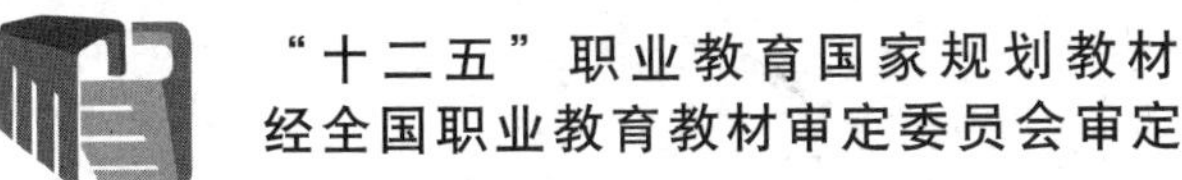

职业教育工学一体化课程改革规划教材

21世纪高职高专规划教材·电子商务系列

电子商务应用与运营

（第三版）

主　编／相成久

副主编／张晓娟　刘　齐　金　薇
金　盾　苏　莉　史迎新

中国人民大学出版社

·北京·

图书在版编目（CIP）数据

电子商务应用与运营/相成久主编．--3版．--北京：中国人民大学出版社，2019.9
21世纪高职高专规划教材．电子商务系列
ISBN 978-7-300-27343-3

Ⅰ.①电… Ⅱ.①相… Ⅲ.①电子商务—高等职业教育—教材 Ⅳ.①F713.36

中国版本图书馆CIP数据核字（2019）第185704号

“十二五”职业教育国家规划教材
经全国职业教育教材审定委员会审定
职业教育工学一体化课程改革规划教材
21世纪高职高专规划教材·电子商务系列

电子商务应用与运营（第三版）

主　编　相成久
副主编　张晓娟　刘　齐　金　薇　金　盾　苏　莉　史迎新
Dianzi Shangwu Yingyong yu Yunying

出版发行	中国人民大学出版社		
社　　址	北京中关村大街31号	**邮政编码**	100080
电　　话	010－62511242（总编室）		010－62511770（质管部）
	010－82501766（邮购部）		010－62514148（门市部）
	010－62515195（发行公司）		010－62515275（盗版举报）
网　　址	http://www.crup.com.cn		
经　　销	新华书店		
印　　刷	北京溢漾印刷有限公司	**版　　次**	2010年8月第1版
规　　格	185 mm×260 mm　16开本		2019年9月第3版
印　　张	17.75	**印　　次**	2022年7月第3次印刷
字　　数	428 000	**定　　价**	39.00元

第三版前言

随着信息技术的快速发展，特别是移动互联网和通信技术的发展，电子商务近几年有了很大变化，也出现了很多新模式、新业态。比如移动电商成为主流，App、微信商城、微信小程序普及，O2O 成熟运用，拼多多、云集、楚楚推等社交电商兴起，更多企业进军农业及生鲜电商，物联网技术快速发展、新零售概念形成……为了让学生紧跟电商发展的新时代步伐，特召集原参编单位和企业的相关人员对本书进行内容和课程资源的大量更新，力求把目前电商领域出现的新知识、新技能融入新版中。

本书第三版较前两版主要突出以下几个特点：

1. 进一步针对职业教育的特点，根据《国家职业教育改革实施方案》（职教二十条）的精神，通过深化产教融合、校企合作，与京东集团等企业达成深度合作，开展师资互聘、订单培养、现代学徒制、实训基地共建、“1＋x”证书试点合作内容，在此基础上，让更多的企业人员参与到教材相关内容的开发中来。通过校企“双元”合作，本次修订后教材的内容更贴近于企业典型岗位（群）职业能力要求。

2. 内容更加紧跟产业发展趋势和行业人才需求，将电商产业移动互联网时代发展的新技术、新规范更新写入教材，比如 5G 的时代背景、微商的成熟、直播平台的兴起、社交电商的认同……使教材更具有时代性和实践性。

3. 紧紧围绕深化教学改革和“互联网＋职业教育”发展需求，探索立体化教材，如本次修订将知识链接栏目的部分内容设计成二维码形式，学生通过扫描二维码即可进行拓展学习。

4. 将课程建设与教材编写深入融合，将国家示范院建设的“电子商务应用与运营”专业资源库与教材融合，同时，进一步更新完善教材配套资源包。教材资源光盘可发邮件至 79806256@qq.com 获取，部分资源也可到中国人民大学出版社官网(www.crup.com.cn)下载。

本次修订主要分工如下：项目一，金盾；项目二、项目九，金薇；项目三、项目五、项目八，相成久、史迎新；项目四，刘齐；项目六、项目七，张晓娟、苏莉。统稿：苏莉。

编写人员具体情况如下：

主　编：相成久（辽宁农业职业技术学院）

副主编：张晓娟（辽宁农业职业技术学院）

副主编：刘　齐（辽宁农业职业技术学院）

副主编：金　薇（常州工业职业技术学院）
副主编：金　盾（辽宁建筑职业技术学院）
副主编：苏　莉（营口市农业工程学校）
副主编：史迎新（辽宁农业职业技术学院）
参　编：刘美玲（辽宁农业职业技术学院）
参　编：李　季（辽宁农业职业技术学院）
参　编：韩云峰（辽宁农业职业技术学院）
参　编：齐　新（辽宁建筑职业技术学院）
参　编：郝中超（常州工业职业技术学院）
参　编：刘　雪（沈阳市信息工程学校）
参　编：陈丽曼（北京京邦达贸易有限公司）
参　编：丁旭佳（沈阳京东世纪贸易有限公司）
参　编：张　雷（辽宁京邦达供应链科技有限公司）
参　编：梁冠博（大连众仁识才科技有限公司）
参　编：曲铮琦（大连众仁识才科技有限公司）
参　编：刘　明（大连微伍科技有限公司）
参　编：王晓芹（大连晓芹食品有限公司）
参　编：张春华（大连晓芹食品有限公司）
参　编：张顺踊（营口天港电子商务有限公司）
参　编：张　斌（大连市教育局）

目 录

项目一　电子商务初识与体验

项目介绍

21 世纪是一个以数字化、网络化为特征，以网络通信为核心的信息时代。随着互联网的迅猛发展，电子商务日益蓬勃发展。“电子商务”一词也成为近年来最热门的话题，已经深入到人们的生产和生活中，推动着经济全球化、贸易自由化和信息现代化的发展步伐。电子商务正以强劲之势改变着企业的经营方式、个人的消费方式以及政府的工作方式，进而影响到整个社会经济的发展。

本项目主要有电子商务初识和电子商务体验两个模块，分成两个学习任务。学生可通过具体的学习任务，借助互联网资源和教学资源包提供的资料展开自学和同学之间的讨论交流，对电子商务产生兴趣，进而重新认识电子商务。

项目目标

通过本项目的学习，学生可对电子商务有一个初步的了解，激发对电子商务的学习兴趣；理解电子商务的含义和发展历史；对开展电子商务的利益、风险及必要性有一个清醒的认识；掌握电子商务的类型和模式。

项目实施

通过案例分析、学生自学、课堂讨论等形式，教师作为组织者、指导者和共同学习者，与学生共同完成本项目的学习，并进行总结。

项目验收点

网上信息收集与整理；会员注册；网上商品选购；购物订单。

引导案例

大学生电商创业，年收入 50 万元，成为学校创业明星

大学是一个充满各种挑战和诱惑的大世界，有些人抵抗不了各种诱惑，虚度了自己的大学生活，而生活积极乐观的小杨选择的是自主创业。小杨的家庭不算富裕，他的父母从小对他都是望子成龙，但是奈何小杨的学习成绩一直都不理想。高考的时候，小杨名落孙山。在父母的劝说下，他又复读了一年。由于底子实在太差，虽然经过一番努力学习，小杨还是没能达到本科院校需要的成绩，最终只考入了一家高职院校。

小杨有自己的梦想，于是，大一开学没多久，小杨开始在校内捡矿泉水瓶、易拉罐卖钱。然而，被说成是“捡垃圾的”让小杨大受打击，之后，他又找了一条稍“高端”的路线，到学生宿舍推销义乌名牌——梦娜袜子。后来，在朋友的推荐下，小杨开始转战淘宝，而他所拥有的创业成本只是1辆自行车与500元生活费。

万事开头难，在淘宝网申请了账号后，他拿出了身上仅有的500元，又向同学借了1 000元，凭着这1 500元，到商贸城进货，开始经营自己的网上店铺。刚开始网上的人不怎么相信他，而且网络店铺这么多，问津者寥寥。开张的第二天晚上，小杨发现有一名客户下了订单。客户选购一件产品，如果发货，除掉运费，他只能赚0.5元。但小杨没有放弃，为赚这0.5元，他舍不得坐公交车，而是步行送货，因为坐公交车要花1.5元，那这趟生意就亏本了。

客户无论大小，但服务和信誉不能打折。在实现了零的突破后，小杨更加注重把握营销方向、价格定位、产品质量。渐渐地，他开始从事化妆品销售，业务量稳步上升，最终稳定在每天100多笔订单、每月2万多元的销售额。

依托义乌的化妆品产业集群，小杨能以很便宜的价格进货，凭借价格优势在淘宝上生意节节攀升。现在小杨已成为该高职学院名副其实的创业明星，他每年电商的收入也达到了50万元。同学们戏称其为“杨总”。

思考：

1. 网上开的店与传统店铺一样吗？为什么小杨能赚到钱？
2. 网上开店就是电子商务吗？你如何理解电子商务？

模块一　电子商务初识

学习任务单 1-1

学习情境	由于对电脑和网络的热爱，小米报考了电子商务专业，可是她并不知道什么是电子商务，只是听人说电子商务是个热门专业，可以在网上赚到钱，她也听说很多人网上做生意赚到了钱。小米也想网上“淘金”，设想将来毕业之后从事电子商务，做个“白领”，或者开个网店创业，可是做这些需要哪些知识和技能？电子商务到底能干什么？它有哪些形式？对此小米都很模糊。你能告诉小米吗？
环境需求	1. 互联网接入； 2. 计算机（每人一台）； 3. 百度搜索引擎使用说明书（教学资源包提供）； 4. 学习任务考核单（可到教学资源包下载电子版）。

任务描述	1. 利用搜索引擎（百度、谷歌等）搜索电子商务的含义和发展历史及现状，结合自身的理解，说说什么是电子商务，并填写学习任务考核单（要用自己的语言描述）；将电子商务发展的历史以时间段的形式填入学习任务考核单；将近年的电子商务发展现状以交易额数据形式填入学习任务考核单。 2. 通过网络了解目前社会对电子商务人才的需求情况，从教学资源包中下载《电子商务人才岗位需求调查统计表》，仔细阅读，了解你适合做哪些岗位或者你将来想从事哪个岗位的工作，确定你学习的个人偏好并填入学习任务考核单。 以上任务建议 2 学时完成。
任务间歇	播放励志 MV（教学资源包提供）。
小调查	1. 你在网上购过物吗？ □没有　□购过 2. 如果网购过，你购买的是哪类商品？（可多选） □服饰　□鞋帽　□化妆品　□电器　□食品　□家具　□其他 3. 你在大学期间想开网店吗？ □很想　□看情况吧　□不想　□无所谓 4. 你有 QQ 号码和电子邮箱吗？ QQ：　　　　E-mail：
任务拓展	根据你确定的学习偏好，到图书馆借阅相关书籍。如果没有 QQ 号码和电子邮箱，请利用业余时间申请。

学习任务考核单 1-1

姓名：　　　　学号：　　　　编号：1-1

序号	任务	分值	总结与归纳	成绩
1	你的购物经历	10 分		
2	电子商务的含义	20 分		
3	电子商务的发展史	30 分		
4	电子商务的发展现状	30 分		
5	你喜欢的岗位有哪些？	10 分		
合　计				

* 请学生填写完学习任务考核单后上交。

学习指南

1. 电子商务的定义

“电子商务”是一个外来词，最早来源于“Electronic Commerce”（E-Commerce 或 EC）。后来国际商业机器公司（IBM）等公司提出“Electronic Business”（E-Business 或 EB）。但迄今为止，人们对电子商务的理解尚未统一，不同组织、IT 公司、学者等都依据自己的理解和需要为电子商务做出了不同的定义。

1.1 国际组织对电子商务的定义

（1）世界电子商务会议关于电子商务的定义。1997 年 11 月 6 日至 7 日，国际商会在法国巴黎举行了世界电子商务会议，从商业角度给出了电子商务的定义：电子商务是指对整个贸易活动实现电子化。从涵盖范围方面可以定义为：电子商务是交易各方以电子交易方式而不是通过当面交换或直接面谈方式进行的任何形式的商业交易。从技术方面可以定义为：电子商务是一种多技术的集合体，包括交换数据（如电子数据交换、电子邮件）、获得数据（共享数据库、电子公告牌）以及自动捕获数据（条形码）等。

（2）联合国国际贸易法委员会（UNCITRAL）关于电子商务的定义。作为国际贸易法律方面的一个权威国际组织，联合国国际贸易法委员会成立于 1966 年，它是联合国的一个附属机构。它认为，电子商务是采用电子数据交换（EDI）和其他通信方式增进国际贸易的职能，其显著特点是电子商务包括可编程序电文。通过计算机程序制作是电子商务与传统书面文件之间的根本区别。

（3）联合国经济合作与发展组织（OECD）关于电子商务的定义。成立于 1961 年的联合国经济合作与发展组织是协调经济和社会政策的国际组织，主要研究、分析和预测世界经济的发展走向，协调成员国关系，促进成员国在经济方面的合作。它认为，电子商务是发生在开放网络上的包含企业之间（Business to Business）、企业和消费者之间（Business to Consumer）的商业交易。

1.2 世界著名 IT 公司对电子商务的定义

（1）IBM 公司。IBM 公司认为，电子业务（E-Business，EB）的概念包括三个部分：内联网（Intranet）、外联网（Extranet）和电子商务（E-Commerce，EC）。它所强调的是在网络计算环境下的商业化应用，不仅仅是硬件和软件的结合，也不仅仅是我们通常意义下强调交易的狭义的电子商务，而是把买方、卖方、厂商及其合作伙伴在互联网（Internet）、内联网和外联网结合起来的应用。它同时强调这三部分是有层次的。只有先建立良好的内联网，建立好比较完善的标准和各种信息基础设施，才能顺利扩展到外联网，最后扩展到电子商务。

（2）惠普公司（HP）。HP 提出了电子商务（EC）、电子业务（EB）、电子消费（E-Consumer）和电子化世界的概念。它对电子商务的定义是：通过电子化手段来完成商业贸易活动的一种方式，使我们能够以电子交易为手段完成物品和服务等的交换，是商家和客户之间的联系纽带。它包括两种基本形式：商家之间的电子商务及商家与最终消费者之间的电子商务。对电子业务的定义是：一种新型的业务开展手段，通过基于互联网的信息结构，使得公司、供应商、合作伙伴和客户之间，利用电子业务共享信息，不仅能够有效地增强现有业务进程的实施，而且能够对市场等动态因素做出快速响应并及时调整当前业务进程。更重要的是，电子业务本身也为企业创造出了更多、更新的业务动作模式。对电子消费的定义是：人们使用信息技术进行娱乐、学习、工作、购物等一系列活动，使家庭的娱乐方式越来越多地从传统电视向互联网转变。

（3）英特尔公司（Intel）。Intel 公司认为，电子商务＝电子化市场＋电子化交易＋电子化服务。电子商务是基于网络连接的不同电子计算机间建立的商业运作体系，是利用互联网/内联网来使商务运作电子化。电子贸易是电子商务的一部分，是企业与企业之间或企业与消费者之间使用互联网所进行的商业交易（如广告宣传、产品介绍、商品订阅、付款、售后服务等）。

1.3　我国学者对电子商务的定义

从上述定义可以看出，电子商务是一个不断发展的概念。人们只是从不同角度各抒己见，没有谁对谁错之分，都有其科学之处。我国学者从广义和狭义两个方面给出了电子商务的定义。

（1）广义的电子商务。广义的电子商务一般用 EB 表示，是指各行业、各部门（包括政府机构和企业、事业单位）、各种业务的电子化和网络化。在这个定义下，电子商务又可以称为电子业务，泛指现代的一种经营手段和经营理念，包括电子政务、电子军务、电子教务、电子商务、电子医务、电子公务、电子事务、电子家务等。

小提示

目前，许多学校的网络教学模式、远程教学模式都属于广义的电子商务。

（2）狭义的电子商务。狭义的电子商务一般用 EC 表示，是指人们利用电子化手段进行以商品交换为中心的各种商务活动。如企业与企业、企业与消费者利用计算机网络进行的以商品交换为中心的各种商务活动，也可以称为电子交易，它包括网络营销、网络广告、网上洽谈、电子购物、电子支付、电子结算等不同层次、不同程度的电子商务活动。人们一般理解的电子商务是指狭义上的电子商务。

无论是广义的还是狭义的电子商务的概念，都涵盖了两个方面的内容：一是离不开互联网这个平台，没有了网络，就称不上为电子商务；二是通过互联网完成的是一种商务活动。

知识链接

新零售，即企业以互联网为依托，通过运用大数据、人工智能等先进技术手段并运用心理学知识，对商品的生产、流通与销售过程进行升级改造，进而重塑业态结构与生态圈，并对线上服务、线下体验以及现代物流进行深度融合的零售新模式。

线上线下和物流结合在一起，才会产生新零售。2016 年 10 月的阿里云栖大会上第一次提出了新零售，“未来的十年、二十年，没有电子商务这一说，只有新零售”。

对此，你如何理解呢？

小提示

区分 E-Commerce 和 E-Business

很多人在谈及电子商务的时候习惯用 E-Business 这个词，还有很多人对 E-Commerce 和 E-Business 这两个词在使用时不加区分。其实，这两个名词有着不同的内涵和应用。

E-Commerce是通过Internet进行的各种商务活动，包括网上的展示、洽谈、营销、支付等，最终实现产品或服务的所有权和使用权的转移，即E-Commerce是交易的各方利用网络在市场中进行产品和服务交换的商务活动。

E-Business指的是企业利用现代化信息技术开展的一切商务活动，既包括网上交易，又涵盖企业内部及企业之间的协作与协调，以及企业在使用计算机及网络方面的各种其他用途。

(3) 电子商务的概念模型。电子商务的概念模型是对现实世界中电子商务活动的一般抽象描述，它由电子商务实体、电子市场、交易事务和信息流、商流、资金流、物流等基本要素组成，如图1-1所示。

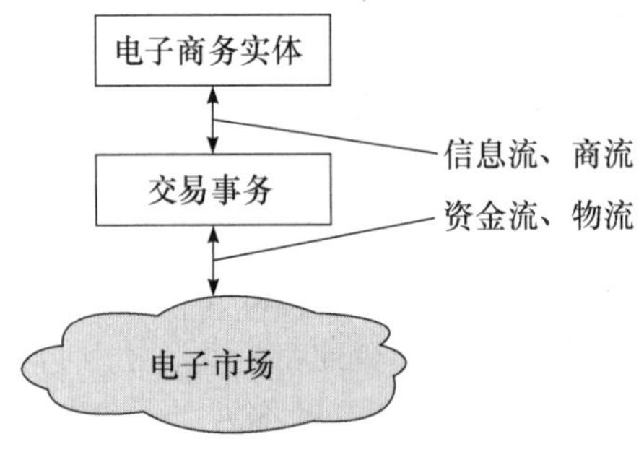

图1-1　电子商务的概念模型

在电子商务概念模型中，电子商务实体是指能够从事电子商务的客观对象，如企业、银行、商店、认证中心、政府机构和个人等；电子市场是指电子商务实体从事商品和服务交换的场所，它由各种各样的商务活动参与者利用各种接入设备（计算机、个人数字助理等）和网络连成一个统一的整体；交易事务是指电子商务实体之间所从事的具体的商务活动的内容，如询价、报价、转账支付、广告宣传、商品运输等。

电子商务中的任何一笔交易都包含四种基本“流”，即信息流、商流、资金流和物流。

1）信息流是为服务于商流和物流所进行的信息活动的总称，既包括商品信息的提供、促销行销、技术支持、售后服务等内容，也包括诸如询价单、报价单、付款通知单、转账通知单等商业贸易单证，还包括交易双方的支付能力、支付信誉等。

2）商流是指商品在购、销之间进行交易和商品所有权转移的运动过程。具体指商品交易的一系列活动，包括交易前的商品宣传，用户选择及双方的谈判磋商，交易中的规则确认（合同）及订货、发货过程，交易后的服务行为等，往往涉及商检、税务、海关、运输等各行业。

3）资金流主要是指资金的转移过程，包括付款、转账、兑换等过程。它始于消费者，终于商家账户，中间可能经过银行等金融部门。

4）物流主要是指商品和服务的配送和传输渠道。它包括配送、运输、保管、包装、装卸等多项活动。物流可以在线完成，也可以离线完成。

在电子商务环境下，信息流、商流和资金流的处理都可以通过计算机和网络通信设备来实现。而物流作为电子商务四种“流”中最为特殊的一种，是物质实体（商品和服务）

的流动。

2. 电子商务的基本组成

电子商务的基本组成要素有计算机网络（包括 Internet、Intranet、Extranet）、用户、认证中心、物流配送中心、网上银行、商家等，其系统结构如图 1-2 所示。

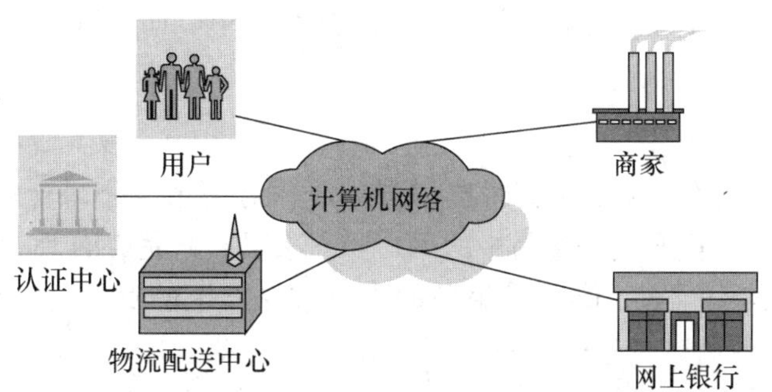

图 1-2　电子商务的基本组成要素

2.1　计算机网络

计算机网络包括国际互联网（Internet）、内联网（Intranet）和外联网（Extranet）。

（1）Intranet 是企业内部商务活动的网络平台，是一个组织内部通过使用 Internet 技术实现通信和信息访问的方式。

（2）Extranet 是一个公共网络连接了两个或两个以上的贸易伙伴，是一个用 WWW（World Wide Web，万维网）构筑的商务系统，是企业对企业的 Web，更是企业与企业、企业与个人进行商务活动的纽带。

（3）Internet 是全球网络的集合，是众多网络的网络，它是电子商务的基础，也是商务、业务信息传送的载体。

2.2　用户

电子商务用户可分为个人用户和企业用户。

（1）个人用户通过使用浏览器、电视机顶盒、个人数字助理、可视电话等接入 Internet，获取信息，购买商品和服务，借助中介网络平台发布产品信息并销售产品，利用即时沟通工具进行聊天交友、网游和娱乐等活动。

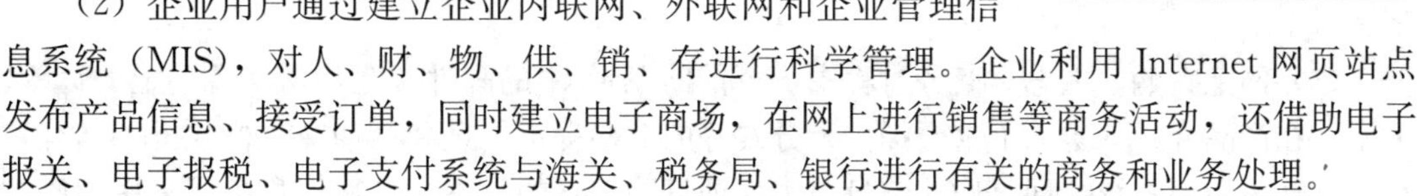

（2）企业用户通过建立企业内联网、外联网和企业管理信息系统（MIS），对人、财、物、供、销、存进行科学管理。企业利用 Internet 网页站点发布产品信息、接受订单，同时建立电子商场，在网上进行销售等商务活动，还借助电子报关、电子报税、电子支付系统与海关、税务局、银行进行有关的商务和业务处理。

2.3　认证中心

电子商务是依靠网络进行的一种非面对面的商务活动，参与商务活动的各方出于交易安全的考虑希望能够确认对方的身份，身份识别是网上交易安全的首要问题，认证中心（CA）的产生正是迎合了这样一种需要。

认证中心是电子商务交易安全的保障部门，是法律承认的权威机构，负责发放和管理电子证书，以便使网上交易的各方能够相互确认身份。电子证书是一个包含证书持有人个人信息、公开密钥、证书序号、有效期、电子签名等内容的数字文件。

2.4 物流配送中心

物流配送中心接受商家的送货需求，组织运送无法从网上直接得到的商品，并在运输过程中跟踪商品流向，保证将商品按时送到消费者手中，如 EMS 快递、邮政的包裹业务等。

2.5 网上银行

网上银行为用户提供 24 小时实时支付服务，并与信用卡公司合作，发放电子钱包，提供网上支付手段，为电子商务交易中的用户和商家服务，完成网上支付。例如，为阿里巴巴、淘宝网以及其他网站提供支付服务的支付宝，腾讯的财付通，易趣的安付通，贝宝等。

2.6 商家

商家即提供商品和服务的用户或店铺。

3. 电子商务的功能与特点

3.1 电子商务的功能

通过 Internet，电子商务可提供网上交易和管理的全过程服务，它具有对企业和商品的广告宣传、交易的咨询洽谈、客户的网上订购、网上支付、电子账户、销售前后的服务传递、客户的意见征询、对交易过程的管理等各项功能。

（1）广告宣传。在电子商务过程中，企业可凭借 Web 服务器和客户的浏览，在 Internet 上发布各类商业信息。客户可借助网上的检索工具（Search）迅速地找到所需商品信息，而商家可利用网上主页（Home Page）和电子邮件（E-mail）在全球范围内做广告宣传。与以往的各类广告相比，网上的广告成本最为低廉，但给顾客提供的信息量却最为丰富。

（2）咨询洽谈。在电子商务过程中，交易双方可借助非实时的电子邮件、新闻组（News Group）和实时的讨论组（Chat）来了解市场和商品信息，洽谈交易事务，如有进一步的需求，还可用网上的白板会议（White-board Conference）来交流即时的图形信息。网上的咨询和洽谈能超越人们面对面洽谈的限制，提供多种方便的异地交谈形式。

（3）网上订购。在电子商务过程中，可借助 Web 中的邮件交互传送实现网上的订购。通常，在产品介绍的页面上都会提供十分友好的订购提示信息和订购交互格式框。当客户填完订购单后，系统会回复确认信息单来保证订购信息的收悉。订购信息也可采用加密的方式使客户和商家的商业信息不会泄露。

（4）网上支付。电子商务要成为一个完整的过程，网上支付是重要的环节。客户和商家之间可采用信用卡账号进行支付。在网上直接采用电子支付手段可以省略交易中很多人员的开销。网上支付将需要更为可靠的信息传输安全性控制以防止欺骗、窃听、冒用等非法行为。

（5）电子账户。网上的支付需要有电子金融来支持，即银行或信用卡公司及保险公司等金融单位要为金融服务提供网上操作的服务。而电子账户管理是其基本的组成部分。信用卡号或银行账号都是电子账户的一种标志，而其可信度需配以必要技术措施来保证。如数字证书、数字签名、加密等手段的应用保证了电子账户操作的安全性。

（6）物流服务。在电子商务过程中，对已付了款的客户应将其订购的货物尽快地传递到他们的手中。而有些货物在本地，有些货物在异地，应在网络中进行物流的调配。而最适合在网上直接传递的货物是信息产品，如软件、电子读物、信息服务等。它能直接从电子仓库中将货物发到用户端。

（7）意见征询。电子商务使企业采用网页上的“选择”“填空”等格式文件来收集用户对其销售服务的反馈意见变得十分方便，这样使企业的市场运营能形成一个封闭的回路。客户的反馈意见不仅能提高企业售后服务的水平，更使企业获得改进产品、发现市场的商业机会。

（8）交易管理。整个交易的管理将涉及人、财、物等多个方面，包括企业和企业、企业和客户及企业内部等各方面的协调和管理。因此，交易管理是涉及电子商务活动全过程的管理。电子商务的发展将会提供一个良好的交易管理的网络环境及多种多样的应用服务系统，来保障电子商务获得更广泛的应用。

3.2　电子商务的特点

电子商务是在传统商务的基础上发展起来的，由于信息技术的支撑，电子商务活动的方式呈现出新的特点。

（1）交易电子化。电子商务是通过互联网进行的商务活动，交易双方从收集信息、贸易洽谈、签订合同、货款支付到电子报关，无须当面接触，均可通过网络、运用电子化手段进行。

（2）贸易全球化。互联网打破了时空界限，把全球市场联结成为一个整体。在网上，任何一个企业都可以面向全世界销售自己的产品，可以在全世界寻找合作伙伴，同时也要面对来自世界各地的竞争对手。

（3）运作高效化。由于实现了电子数据交换的标准化，使商业报文能在瞬间完成传递与计算机自动处理，电子商务克服了传统贸易方式费用高、易出错、处理速度慢等缺点，极大地缩短了交易时间，提高了商务活动的运作效率。互联网沟通了供求信息，企业可以对市场需求做出快速响应，提高产品设计和开发的速度，做到即时生产。

（4）交易透明化。互联网上的交易是透明的，通过互联网，买方可以对众多的企业产品进行比较，这使得买方的购买行为更加理性，对产品选择余地也更大。一些建立在传统市场分隔基础上、依靠信息不对称制定的价格策略将会失去作用。通畅、快捷的信息传输可以保证各种信息之间互相核对，防止伪造单据和贸易欺骗行为。网络招标体现了“公开、公平、竞争、效益”的原则，电子招标系统可以避免招投标过程中的“暗箱”操作现象，制止不正当交易、贿赂投标等腐败现象。实行电子报关与银行的联网有助于杜绝进出口贸易的假出口、偷漏税和骗退税等行为。

（5）操作方便化。互联网几乎遍及全球的各个角落，用户通过网络可以很方便地与贸易伙伴传递商业信息和文件。在电子商务环境中人们不再受时间和地点的限制，客户能以非常简便的方式完成过去手续繁杂的商务活动，如可以随时上网查询信息、通过网上银行全天候划拨资金、足不出户订购商品、跨越国界进行贸易洽谈。

（6）部门协作化。电子商务要求企业内部各部门、生产商、批发商、零售商、银行、配送中心、通信部门、技术服务等多个部门的通力协作。电子商务是协作经济，网络技术的发展，使得企业间的合作完全可以如同企业内部各部门间的合作一样紧密，企业无须追求“大而全”，而应追求“精而强”。企业应该集中于自己的核心业务，把自己不具备竞争优势的业务外包出去，通过协作来提高竞争力。

（7）服务个性化。到了电子商务阶段，企业可以进行市场细分，针对特定的市场生产不同的产品，为消费者提供个性化服务。这种个性化主要体现在三个方面：个性化的信息、个性化的产品、个性化的服务。个性化的信息主要指企业可以根据客户的需求与爱好有针对性地提供商品信息，也指消费者可以根据自己的需要有目的地检索信息；个性化的产品主要指的是企业可以根据消费者的个性化需求来订制产品；个性化的服务则包括服务订制与企业提供的针对性服务信息。

4. 电子商务的发展历史

电子商务的发展到目前为止，大致经历了三个阶段：20 世纪 70 年代至 90 年代基于电子数据交换的电子商务；20 世纪 90 年代以后基于互联网的电子商务；21 世纪初基于普及移动通信技术的电子商务。

4.1 第一阶段：基于电子数据交换的电子商务

电子数据交换（Electronic Data Interchange，EDI）是信息技术向商业贸易领域渗透的产物。20 世纪 60 年代，随着国际贸易额的不断上升，出现了各种贸易单证、文件数量激增的现象。此时，人们主要利用电报来发送商务文件，十分不便。到了 70 年代，传真机的出现代替了电报，显得更加快捷和方便。但是，传真的信息只能进行纸面打印，不能直接进入企业的管理信息系统中。因此，人们开始使用 EDI 技术作为企业间电子商务的数据通信手段。EDI 一经出现便显示出了强大的生命力，迅速在世界各主要发达国家应用开来。EDI 是企业对企业电子商务活动的重要手段，即使是在 Internet 风靡世界的今天，在国际贸易中，交易双方的商业文书大多仍然采用 EDI 技术，这更让企业感觉到安全和放心。

EDI 是将企业的商务文件按一个公认的标准从一台计算机传输到另一台计算机上去的电子传输方法。由于 EDI 大大减少了纸质票据，因此，人们形象地称之为“无纸贸易”或“无纸交易”。

4.2 第二阶段：基于互联网的电子商务

由于使用可视化区域网络（Visual Area Networking，VAN）的费用很高，只有大型企业才会使用，因此限制了基于 EDI 的电子商务应用范围的扩大。20 世纪 90 年代中期后，国际互联网（Internet）迅速走向普及化，逐步地从大学、科研机构走向企业和百姓家庭，其功能也从信息共享演变为一种大众化的信息传播工具。正是由于商业和公众的加入，才使互联网有了今天的成就和辉煌。

基于互联网的电子商务才是真正完整意义上的电子商务，这是因为互联网有着比 EDI 电子商务更多的优势，这些优势主要体现在以下方面：

（1）成本更低廉：由于互联网是国际的开放性网络，使用费用很便宜，一般来说，其费用不到 VAN（增值网络）的四分之一。这一优势使得许多企业尤其是中小企业很感兴趣。

（2）覆盖面更广：互联网几乎遍及全球的各个角落，用户通过普通电话线就可以很方便地与贸易伙伴传递商业信息和文件。

（3）功能更全面：互联网可以全面支持不同类型的用户实现不同层次的商务目标，如发布电子商情、在线洽谈、建立虚拟商场或网上银行等。

（4）使用更灵活：基于互联网的电子商务可以不受特殊数据交换协议的限制，任何商业文件或单证可以直接通过填写与现行的纸质单证格式一致的电子单证来完成，不需要再进行翻译，任何人都能看懂或直接使用。

知识链接

1991 年美国政府宣布互联网向社会公众开放，允许在网上开发商业应用系统，依托互联网的电子商务应运而生。

1993 年 WWW 在互联网上出现，这是一种具有处理数据、图文、声像、超文本对象能力的网络技术，使互联网具备了支持多媒体应用的功能。

1994 年美国网景公司成立。该公司开发并推出安全套接层协议，即 SSL 协议。

1995 年互联网上的商业业务信息量首次超过了科教业务信息量。这既是互联网此后产生爆炸性发展的标志，也是电子商务从此大规模起步发展的标志。

1996 年 2 月，VISA 和 MasterCard 两大信用卡国际组织共同发起制定保障在互联网上进行安全电子交易的协议，即 SET 协议。

另外，加拿大北方电讯公司（Nortel）所属 Entrust 公司也开发出了公钥基础设施 PKI 技术，支持 SET、SSL、IPsec 及数字证书和数字签名，弥补了 SSL 协议的缺陷。

4.3　第三阶段：基于普及移动通信技术的电子商务

21 世纪初移动通信技术的迅猛发展和普及，使通过手机、PDA（个人数字助理）、上网本等移动通信设备与互联网有机结合进行电子商务活动成为可能，移动设备提供了一种简单的、易于操作的界面，使用户能轻松进入全球数字化经济。通过移动电子商务，用户可随时随地获取所需的服务、应用、信息和娱乐。他们可以在自己方便的时候，使用智能电话或 PDA、笔记本电脑等通信终端查找、选择及购买商品和服务，如用手机在网上订餐（见图 1－3）。采购可以即时完成，商业决策也可即时实施。服务付费可通过多种方式进行，可直接转入银行、用户电话账单或者实时在专用预付账户上借记以满足不同需求。通过个人移动设备来进行可靠的电子交易的能力被视为移动互联网业务最重要的方面。

图 1-3 美团 App 手机网上订餐

移动电子商务因其快捷、方便、无所不在的特点，已经成为电子商务发展的新方向。美国旧金山负责跟踪移动通信产业发展状况的特利菲亚公司的总裁约翰·狄菲尔说：“移动商务市场从长远看具有超越传统电子商务规模的潜力。”移动电子商务有超过传统有线互联网电子商务的能力，是因为移动电子商务具有一些无可匹敌的优势。美国冠群电脑公司移动电子商务产品管理总监谢涛玲认为，只有移动电子商务能在任何地方、任何时间真正解决做生意的问题。

新观点

本世纪初期，当传统零售企业还未觉察到电子商务对整个商业生态圈所可能产生的颠覆性作用之时，以淘宝、京东等为代表的电子商务平台破土而出。电子商务发展到今天，已经占据中国零售市场主导地位，这也印证了比尔·盖茨曾经所言：“人们常常将未来两年可能出现的改变看得过高，但同时又把未来十年可能出现的改变看得过低。”随着“新零售”模式的逐步落地，线上和线下将从原来的相对独立、相互冲突逐渐转化为互为促进、彼此融合，电子商务的表现形式和商业路径必定会发生根本性的转变。当所有实体零售都具有明显的“电商”基因特征之时，传统意义上的“电商”将不复存在，而人们现在经常抱怨的电子商务给实体经济带来的严重冲击也将成为历史。

知识链接

随着移动通信技术和计算机的发展，移动电子商务的发展已经经历了四代。

第一代移动商务系统采用以短信为基础的访问技术，这种技术存在着许多严重的缺陷，其中最严重的问题是实时性较差，查询请求不会立即得到回答。此外，由于短信长度的限制也使得一些查询无法得到一个完整的答案。这些令用户无法忍受的严重问题也导致了一些早期使用基于短信的移动商务系统的部门纷纷要求升级和改造现有的系统。

第二代移动商务系统采用基于WAP技术的方式，手机主要通过浏览器的方式来访问WAP网页，以实现信息的查询，部分地解决了第一代移动访问技术的问题。第二代移动访问技术的缺陷主要表现在WAP网页访问的交互能力极差，因此极大地限制了移动电子商务系统的灵活性和方便性。此外，WAP网页访问的安全问题对于安全性要求极为严格的政务系统来说也是一个严重的挑战。这些问题也使得第二代移动商务系统难以满足用户的要求。

第三代移动商务系统采用了基于SOA架构的Web Service、智能移动终端和移动VPN技术相结合的新一代移动访问和处理技术，使得系统的安全性和交互能力有了极大的提高。第三代移动商务系统同时融合了3G移动技术、智能移动终端、VPN、数据库同步、身份认证及Web Service等多种移动通信、信息处理和计算机网络的最新前沿技术，以专网和无线通信技术为依托，为电子商务人员提供了一种安全、快速的现代化移动商务办公机制。

第四代移动商务系统是在4G移动技术、智能移动终端和安全智能加密技术极大发展的基础上，丰富移动电子商务的使用场景和涵盖内容，利用技术完善将旧的商业行为进行移动精准化推送。

小思考：5G移动技术又将带来什么样的电子商务呢?

行动指南

百度搜索的使用方法

使用比较多的搜索引擎主要为百度(www. baidu. com)、谷歌(www. google. com)、搜狗(www. sogou. com)、360搜索(http://www. so. com)等，百度是目前国内使用最多的搜索引擎。

使用方法：

(1) 在IE地址栏输入www. baidu. com，打开百度首页。选择搜索内容类型，默认是网页。在搜索地址栏输入想要搜索内容的关键词，如“电子商务交易额”，如图1-4所示。

(2) 点击“百度一下”，即可看到搜索结果，更多使用方法可参看本书配套教学光盘中教学资源包提供的百度搜索使用技巧。

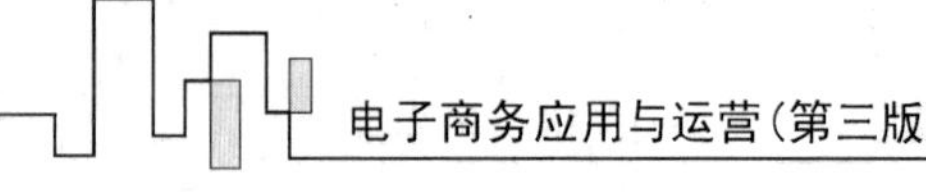

Bai百度

新闻 网页 贴吧 知道 MP3 图片 视频 地图

电子商务交 百度一下 输入法

电子商务交易额

电子商务交易平台

电子商务交易模式

电子商务交易

图 1-4　百度搜索

模块二　电子商务体验

学习任务单 1-2

学习情境	通过上个任务的学习，小米明白了什么是电子商务，她对此非常感兴趣。可是到底电子商务能给人们带来哪些方便？现实中哪些行为是电子商务？与传统商务有什么区别？小米很想亲自体验一下，以加深了解。
环境需求	1. 互联网接入； 2. 计算机（每人一台）； 3. 个人邮箱（没有的可以申请）； 4. 学习任务考核单（可到教学资源包下载电子版）。
任务描述	1. 访问天猫(http://www.tmall.com)、亚马逊(http://www.amazon.cn)、苏宁易购(http://www.suning.com)、京东商城(http://www.jd.com)、唯品会(http://www.vip.com)、辽农优选(http://www.ln-best.com)等网站，观察网站的网页和栏目设置，选择一件喜欢的商品，在该网站注册为会员，登录并体验网上购物流程（可以真实购买，也可试探性购买），并把产品和订单号填入学习任务考核单。 2. 访问阿里巴巴(http://www.1688.com)和慧聪网(http://www.hc360.com)，观察网站的网页和栏目设置。 3. 访问淘宝网(http://www.taobao.com)，观察网站的网页和栏目设置，选择一类产品到各个网站搜索查看，选择一家信誉级别高的店铺，注册会员，下载安装在线交流软件阿里旺旺或 QQ 等与客服进行购物交流。有兴趣的可尝试真实购物。 4. 比较上述网站的异同，结合搜索引擎搜索出的有关“电子商务模式”的知识，把上述网站进行归类并填写学习任务考核单。 5. 用手机应用商城下载天猫、京东、苏宁、拼多多 App，并安装于手机，体验移动购物。 6. 用手机应用商城下载美团 App，了解该 App 的基本功能，若有需要可尝试通过手机在线订餐。 以上任务建议 4 学时完成。

课堂讨论	问题 1：你觉得上述哪个网站做得好？理由是什么？ 问题 2：你认为消费者网购流程是简单点好还是复杂点好？
任务间歇	播放励志 MV（教学资源包提供）。
小调查	1. 作为大学生，你的主要消费项目是什么？（可多选） □学杂费　□生活费　□交际娱乐　□手机费　□购买学习资料　□购买礼品　□其他 2. 你觉得以下哪些消费可以通过网络实现？（可多选） □学杂费　□生活费　□交际娱乐　□手机费　□购买学习资料　□购买礼品

学习任务考核单 1－2

姓名：　　　　　　　　　　　　学号：　　　　　　　　　　　　编号：1－2

序号	任务	分值	总结与归纳	成绩
1	画出网上购物的一般流程图	30 分		
2	你选购的商品描述及订单号	30 分		
3	在淘宝网站搜索的店铺（名称、网址、级别）	20 分		
4	网站归类	20 分		
合　计				

＊请学生填写完学习任务考核单后上交。

学习指南

1. 电子商务的框架结构

电子商务的框架结构是指电子商务活动环境中所涉及的各个领域以及实现电子商务应具备的技术保证。从总体上来看，电子商务框架结构由四个层次和两大支柱构成。其中，电子商务框架结构的四个层次分别是：网络层、信息发布与传输层、一般业务服务层和应用层，两大支柱是指公共政策和法律规范以及技术标准和安全网络协议。具体如图 1－5 所示。

1.1　网络层

这个层次主要是电子商务的硬件基础设施，也是实现电子商务的最底层的基本设施。网络基础设施主要是信息传输系统，它包括远程通信网、有线电视网、无线通信网和互联网等。

远程通信网（Telecom）包括公用交换电话网、公用数据网、综合业务数据网等。

有线电视网（CATV）是高效廉价的综合网络，它具有频带宽、容量大、多功能、成本低、抗干扰能力强、支持多种业务、连接千家万户的优势，它的发展为信息高速公路的发展奠定了基础。

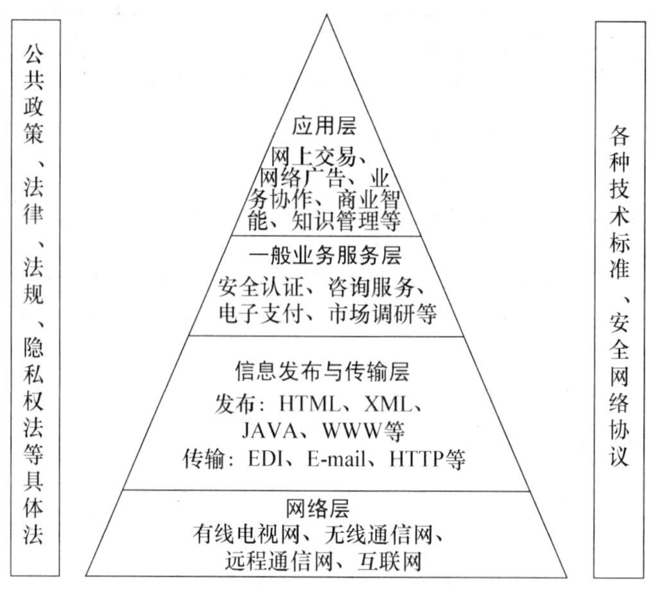

图 1－5　电子商务的框架结构

无线通信网（Wireless）包括移动通信系统、微波通信系统和卫星通信系统。

互联网（Internet）是计算机网络，由骨干网、城域网、局域网等层层搭建而成。

以上这些不同的网络都提供了电子商务信息传输的线路，但是，目前大部分的电子商务应用都是基于互联网的，所以互联网是网络基础设施中最重要的部分。

1.2　信息发布与传输层

网络层决定了电子商务信息传输使用的线路，而信息发布与传输层则解决如何在网络上传输信息和传输何种信息的问题。它提供了以下两种交流方式：

(1) 非格式化的数据交流，例如使用 FAX（传真）和 E-mail（电子邮件）传递消息，它的对象一般是人，需要人来干预。

(2) 格式化数据交流，例如使用 EDI（电子数据交换）传递消息，它的对象是机器，不需要人来干预，可以全部自动化。

目前互联网上最常用的信息发布方式是在 WWW 上用 HTML 语言的形式发布网页，并将 Web 服务器中发布传输的文本、数据、声音、图像和视频等多媒体信息发送到接收者手中。从技术角度而言，电子商务系统的整个过程就是围绕信息的发布和传输进行的。

1.3　一般业务服务层

这个层次主要是实现标准的网上商务活动服务，以方便网上交易。这个层次是所有企业、个人做贸易时都会使用到的服务。它主要包括安全认证、电子支付、市场调研、咨询服务等。

对电子商务来说，消息的传播要适合电子商务的业务要求，必须提供安全和认证机制来保证信息传递的可靠性、不可篡改性和不可抵赖性，且在有争议的时候能够提供适当证据。商务服务的关键问题就是安全的电子支付。目前，很多的技术如密码技术、数字证书、SET 协议等都是为这个服务的，后面我们会专门讨论电子商务中的安全与支付问题。

1.4　应用层

在上述基础上，我们可以一步一步地建设具体的电子商务应用，如家庭购物、企业的网上采购、在线营销与广告、网上银行、网上娱乐、视频点播、有偿信息服务、电子交易市场、供应链管理等。

1.5　公共政策和法律规范

法律维系着商务活动的正常运作，对市场的稳定发展起到了很好的制约和规范作用。进行商务活动，必须遵守国家的法律、法规和相应的政策，同时还要有道德和伦理规范的自我约束和管理，二者相互融合，才能使商务活动有序进行。

随着电子商务的产生，由此引发的问题和纠纷不断增加，原有的法律法规已经不能适应新的发展环境，制定新的法律法规并形成一个成熟、统一的法律体系，成为世界各国发展电子商务的必然趋势。

1.6　技术标准和安全网络协议

技术标准定义了用户接口、传输协议、信息发布标准等技术细节。它是信息发布、传递的基础，是网络信息一致性的保证。就整个网络环境来说，标准对于保证兼容性和通用性是十分重要的。

网络协议是计算机网络通信的技术标准，对于处在计算机网络中的两个不同地理位置上的企业来说，要进行通信，必须按照通信双方预先共同约定好的规程进行，这些共同的约定和规程就是网络协议。

2. 电子商务的分类

2.1　按照参与电子商务交易的对象分类

按照参与电子商务交易的对象不同可分为企业对企业的电子商务（B to B/B2B）、企业对消费者的电子商务（B to C/B2C）、消费者对消费者的电子商务（C to C/C2C）、政府对企业的电子商务（G to B/G2B）以及线上到线下的电子商务（O to O/O2O）。

（1）B to B（Business-Business），即企业对企业的电子商务，亦简称为 B2B。B2B 模式是电子商务中的重头戏，它是指企业在开放的网络中寻求贸易伙伴、谈判、订购到结算的整个贸易过程。目前采用 B2B 模式的主要以阿里巴巴、慧聪网等为代表。企业可以在网络上发布信息，寻找贸易机会，通过信息交流比较商品的价格和其他条件，详细了解对方的经营情况，选择交易对象。在交易过程中，可以迅速完成签约、支付、交货、纳税等一系列操作，加快货物和资金的流转。

（2）B to C（Business-Consumer），即企业对消费者的电子商务，亦简称为 B2C。B2C 模式是我国最早应用的电子商务模式，以 8848 网上商城的正式运营为标志，目前采用 B2C 模式的主要以当当、亚马逊等为代表。B2C 模式是企业通过互联网为消费者提供一个新型的购物环境——网上商店，消费者通过网络在网上购物，这里的“物”指实物、信息和各种售前与售后服务。由于这种模式节省了客户和企业的时间和空间，大大提高了交易效率。目前 B2C 电子商务的付款方式是货到付款与网上支付相结合，而企业货物的配送，大多数选择物流外包方式以节约运营成本。随着用户消费习惯的改变以及优秀企业示范效应的促进，网上购物用户正在迅速增长，这种商业的运营模式在我国已经基本成熟。

小提示

目前全球 B2C 的交易额虽然不及 B2B，但从长远来看，B2C 电子交易将取得长足的发展，成为电子商务中最活跃的一部分。国内不少院校电子商务专业的培养方向重点是针对网上商店的营销活动。

（3）C to C（Consumer-Consumer），即消费者对消费者的电子商务，亦简称为 C2C。C2C 模式的产生以 1998 年易趣的成立为标志，目前采用 C2C 模式的主要以易趣、淘宝等为代表。C2C 模式是一种个人对个人的网上交易行为，目前 C2C 电子商务企业采用的运作模式是通过为买卖双方搭建拍卖平台，按比例收取交易费用，或者提供平台方便个人在平台上开设网上商店，以会员制的方式收取服务费。

知识链接

易趣在中国最早做 C2C，曾做到了中国网络交易平台的第一把交椅。然而，2003 年淘宝横空出世，采用了免费的政策，夺下了易趣第一把交椅的位置，成了中国 C2C 领域的老大，但这一老大一直面对来自各个方面的挑战。2006 年，腾讯推出拍拍，不动声色地超越易趣占据暂时第二的位置，2014 年 3 月 10 日拍拍被京东并购，2015 年京东宣布因"C2C 模式无法杜绝假货"，决定于当年 12 月 31 日停止拍拍网服务，2016 年 4 月 1 日彻底关闭拍拍网。

（4）G to B（Government-Business），即政府对企业的电子商务，亦简称为 G2B。G2B 模式可以覆盖政府组织与企业间的许多事务，如政府采购等。政府采购是一种公共经济行为，其宗旨是降低成本，反腐倡廉，调控市场。通过政府采购可以将政府的管理向透明化、高效率转型，同时在管理的取向上，向科学化、服务性靠拢；政府通过提供企业报税、进出口报关、企业办事、招商投资、招标公告、中标公告等服务内容，向企业和个人投资者提供办事、政策、信用、财经、招标、投资、产业等相关服务。

（5）O to O（Online To Offline，在线离线/线上到线下），是指线下销售与服务通过线上推广来揽客，消费者可以通过线上来筛选需求，在线预订、结算，甚至可以灵活地进行线上预订、线下交易和消费。这样就将线下商务的机会与互联网结合在一起，让互联网成为线下交易的前台。这个概念最早来源于美国。O2O 的概念非常广泛，既可涉及线上，又可涉及线下，可以通称为 O2O。

知识链接

O2O与B2C的联系与区别

相同点：

1. 消费者与服务者第一交互面在网上（特别包括手机）；

2. 主流程是闭合的，且都是网上，如网上支付、客服等；

3. 需求预测管理在后台，供需链管理是O2O和B2C成功的核心。

不同点：

1. O2O更侧重服务性消费（包括餐饮、电影、美容、SPA、旅游、健身、租车、租房……）；B2C更侧重购物（实物商品，如电器、服饰等）。

2. O2O的消费者到现场获得服务，涉及客流；B2C的消费者待在办公室或家里，等货上门，涉及物流。

3. O2O中库存是服务，B2C中库存是商品。

O2O适用的行业：

餐饮业、服务业，团购几乎都采取O2O模式。

2.2 按照电子商务所涉及商品的内容分类

按照电子商务所涉及商品的内容可分为间接电子商务和直接电子商务。

（1）间接电子商务（有形商品电子商务）。有形商品指实体类商品，它的交易过程中所涉及的信息流和资金流完全可以在网上传输，买卖双方在网上签订购货合同后，还可以在网上完成货款支付。但交易的有形商品必须由卖方通过某种运输方式送达买方指定地点，所以有形商品电子商务还必须解决好货物配送的问题。这种有形商品电子商务不能完全在网上实现，又称非完全电子商务。

（2）直接电子商务（无形商品电子商务）。无形商品指包括软件、电影、音乐、电子读物、信息服务等可以数字化的商品，这类无形商品交易可以直接在网上联机订购、付款和交付或免费下载。无形商品网上交易与有形商品网上交易的区别在于前者可以通过网络将商品直接送到购买者手中。这种无形商品电子商务完全可以在网上实现，又称完全电子商务。

2.3 按照电子商务用户使用的设备终端分类

按照电子商务用户使用设备终端的不同可分为传统电子商务与移动电子商务。

（1）传统电子商务。这是相对移动电子商务而言的，是利用PC机（台式电脑、笔记本电脑），通过互联网、内联网或EDI等有线网络所进行的电子商务。

（2）移动电子商务。这是指利用手机、PDA及掌上电脑等无线终端与互联网有机结合所进行的电子商务。它将互联网、移动通信技术、短距离通信技术及其他信息处理技术完美结合，使人们可以在任何时间、任何地点进行各种商贸活动，实现随时随地、线上线下的购物与交易、在线电子支付以及各种交易活动、商务活动、金融活动和相关的综合服务活动等。

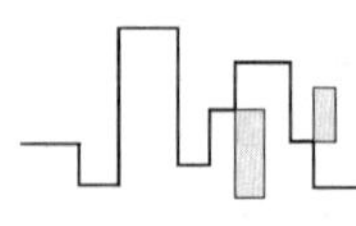

知识链接

探索新型电子商务

1. 移动电子商务。与传统通过PC机（台式电脑、笔记本电脑）平台开展的电子商务相比，移动电子商务拥有更为广泛的用户基础。根据第43次《中国互联网络发展状况统计报告》（2019年2月发布），截至2018年12月，我国手机网民规模达8.17亿，手机作为第一上网终端的地位具有绝对优势，因此它具有更广阔的市场前景。

2. 跨境电子商务。跨境电子商务是指分属不同关境的交易主体，通过电子商务平台达成交易，进行支付结算，并通过跨境物流送达商品、完成交易的一种国际商务活动。根据艾瑞数据显示，2015年上半年，中国跨境电商交易规模为2万亿元，同比增长42.8%，就市场渗透率而言，跨境电商发展潜力依然巨大。

3. 农村电子商务。农村电子商务是通过网络平台嫁接各种服务于农村的资源，农产品品质的体现必须借助地域特色找出差异化，拓展农村信息服务业务、服务领域，使之兼而成为遍布乡、镇、村的三农信息服务站。农村电子商务服务包括网上农贸市场、特色旅游、特色经济、数字农家乐和招商引资等内容。

3. 电子商务的发展趋势

2016年10月的阿里云栖大会上第一次提出了新零售，“未来的十年、二十年，没有电子商务这一说，只有新零售。”

伴随着新零售的逐渐发展，根据目前阿里巴巴、腾讯等巨头企业的布局来看，新零售终将成为电商发展的新业态。新零售的发展只是改变零售的形态，但是零售的本质未曾改变。换而言之，电商的本质也不会改变。因此，未来电子商务的发展将会出现以下趋势：

3.1 移动购物

电子商务未来的主战场不是在PC，而是在移动设备上。移动购物场景，已经成为目前消费场景中最重要的一部分。移动用户有很多特点，其中最重要的是购买的频次更高、更零碎，在碎片化的时间购买，可以实现随时随地通过手机购物。做好移动购物，要充分地利用这种移动设备的特征，比如说它的扫描特征、图像、语音识别特征、感应特征、地理化、GPS特征等。

3.2 平台化

无论是大型的知名网站，还是大型卖场，甚至是做到一定规模的电商，都开始组建自有电商平台。自建电商平台可能实现最高效的把流量价值最大化，能够很好地结合自身的商品和服务，根据自身的产业特点建立最合适的网络商业生态，做到效益最大化。

自建电商平台，可以拓展全新的网络渠道，与原有的渠道和资源相整合，在留存客户、把客户的价值最大化方面是传统商业不可比拟的。通过自建电商平台还能增加自身商品的丰富度，同时也能扩大销售的区域，不再局限某些地理位置。

3.3 向三、四线及以下城市发展

随着一、二线城市网购渗透率接近饱和，电商城镇化、农村化将成为电商发展的重点，三、四线城市和乡镇等地区成为电商“渠道下沉”的主战场。电商在三、四线欠发达地区可以更好地发挥其优势，缩小与一、二线城市的消费差别。目前，一些电商平台已经开始着手布局农村电商，在欠发达地区，农村电商将会拥有巨大的发展机会。

3.4 物联网

随着各种智能设备的飞速发展，物联网的发展上了新台阶。物联网是利用局部网络和互联网等通信技术把传感器、控制器、机器、人员和物通过新的方式连在一起，形成人与物、物与物相连，实现信息化、远程管理控制和智能化的网络。物联网是互联网的延伸，它包括了互联网上所有的资源，兼容互联网所有应用。消费者可以与商家进行便捷的互动交流，随时随地体验品牌品质，传播分享信息，实现互联网向物联网的从容过渡，缔造一种全新的零接触、高透明、无风险的市场模式。未来，物联网将会是电商发展的一个新载体。

3.5 社交购物

社交购物是一种集社交与购物为一体的新型网购模式，通过各种 SNS 工具“晒”出自己所使用的商品和使用体验，看到的人因此而产生购买。社交即人与人的关系，这种关系可以是亲戚、朋友、同事、同学，也可以是有类似经历或者相同兴趣的人，甚至是你有一定信任感的意见领袖或者曾买过你希望购买的商品的其他顾客。由于某种关联打下了信任的基础，为影响你的购物决策埋下了伏笔。

随着微博、微信等 SNS 工具的迅猛发展，广大消费者可以在 SNS 上分享商品和自己的购物经验。大家互通有无，还可以一起讨论市场潮流，在交流中，消费者会获得最适当的购物选择。

图说中国电子商务发展阶段

行动指南

1. 网上购物推荐的几个网站。

（1）综合：天猫(www.tmall.conm)。

（2）电器：京东(www.jd.com)、苏宁易购(www.suning.com)。

（3）书籍：当当网(www.dangdang.com)、亚马逊（www.amazon.cn)。

（4）生鲜：京东生鲜(www.jd.com)，苏宁生鲜（www.suning.com)，顺丰优选(www.sfbest.com)。

（5）服饰：唯品会(www.vip.com)。

（6）订餐：美团(www.meituan.com)。

2. 购物的几点建议。

（1）同一种商品要多家比较，比较价格和评论，特别要关注差评。

（2）选择信誉好的商家（淘宝网要选择皇冠以上店铺），确定商品，截屏留存。

（3）比较各商家近期是否有活动，如拼购、闪购、秒杀、“618”、“双十一”、“双十二”等。

（4）与之前留存截屏比较活动价是否真实低价，确认低价即果断购买。

项目小结

了解本项目的知识是学习电子商务课程的第一个环节，也是学习电子商务的基础。

通过本项目的学习，重点应掌握以下知识点：电子商务的定义；电子商务的功能与特点；电子商务的框架与分类；电子商务较传统商务的优势。

习题与课业

简答题：

1. 什么是电子商务？它由哪些要素组成？
2. 简述电子商务的概念模型及框架结构。
3. 电子商务的特点有哪些？
4. 电子商务有哪些类型？
5. 举出你身边运用电子商务的例子，说明电子商务是如何改变人们的生产和生活的。

拓展训练

1. 浏览可口可乐公司(http://www.coca-cola.com.cn)网站，可以发现可口可乐公司没在自己的网站上直接销售产品，可口可乐公司网站的重点是在宣传可口可乐文化，这能说明它没有进行电子商务吗？

2. 结合本项目内容，登录电子商务相关网站，查询国内外电子商务的发展过程及现状，写出调查报告。

项目二　上网行为分析与电子商务盈利模式

项目介绍

电子商务是未来互联网的核心应用形式，无论是给企业还是个人都带来了无限的商机和经济价值，那么如何才能应用这种流行商业模式来实现经济价值呢？首先应了解目前互联网的发展程度和现状，知道企业和个人的上网需求和行为模式，之后要知道目前电子商务针对这些需求实现盈利的模式有哪些，以此作为借鉴并实现创新。

本项目主要通过上网行为分析和电子商务盈利模式两个模块、两个学习任务和若干个子任务完成。学生可通过具体的学习任务，借助互联网资源和教学资源包提供的资料自学和同学之间的讨论交流，揭开电子商务的神秘面纱，产生电子商务创业冲动，激发学习热情。

项目目标

通过本项目的学习，学生可了解网民规模与网民结构的特点，掌握网络消费者与企业上网行为的需求和特点，掌握电子商务的盈利模式，对电子商务的运营有一个基础性的认识，为下面的学习打下坚实的基础。

项目实施

通过案例分析、学生自学、小组合作、课堂讨论等形式，教师作为组织者、指导者和共同学习者，与学生共同完成本项目，并进行总结。

项目验收点

互联网发展情况分析；上网行为分析；电子商务盈利模式分析。

引导案例

小米利润只有5%？雷军的手机没赚钱，就靠广告赚钱？

雷军，想必大家都不陌生，小米科技的董事长兼CEO，在2010年创立了小米科技公司，开创了手机性价比和极致性能的先河。小米手机可以说一直都是国产手机里的传奇，雷军曾经在一次发布会上非常激动地说，正是因为有小米的存在，国内其他手机厂商才会出现这么多好的设备，并且手机行业价格越来越低。可以说是小米一手拉低了国产手机的价格。雷军曾经公开表示小米硬件利润率将不会超过5%，如果超出了就全部返还给用户，并且在10～20年都不会变。可以说雷军这一次的表态让所有用户为之震动。我们都知道对一个企业来说最重要的就是赚钱，企业不是福利机构，不会做赔本的买卖。小米手机利润非常低，那它是如何赚到这么多钱的呢？

我们通过小米公司的财报就不难看出小米公司的收入实际上并不低，2018年小米实现总营收为1 749.15亿元，同比增长52.6%，净利润为134.78亿元。其实，雷军最初的发家史并不是靠小米公司的利润。雷军早在大学时期就通过自己编写软件挖掘到人生的第一桶金并和同学创立了自己的公司，后在金山公司做总经理。雷军也是一个出色的天使投资人，前后投资了拉卡拉、YY、UC等前景非常好的互联网公司，使其在创立小米公司之前便拥有过亿资产。

小米的理念就是“为发烧而生”，做出极致性能、超高性价比的手机，让所有人都能享受智能手机的便捷。小米在成立之初，推出的高性能手机售价为1 999元，而同等配置的手机价格要高几百块甚至一两千。这一定价在当时为小米赢得了一大批粉丝，给之后小米的发展打下坚实的基础。雷军表示：小米以后的硬件利润不会超过5%。而国内手机厂商的利润在10%～15%，国外手机厂商的利润率更高。雷军这句话为小米公司赢得更多粉丝喜爱。

雷军后又发展小米智能家居系统“小米之家”，因为雷军认为未来所有设备都可以通过联网手机控制，小米始终相信IOT时代一定会来临。所以小米先后推出的产品覆盖了智能硬件、生活用品、教育用品、医疗用品等各个领域。因小米之家在主打高性价比的同时又拥有超高颜值，所以发展迅速。至此小米已经建成了全球最大消费类IOT物联网平台。

小米公司为雷军带来大量的财富，2018年7月小米公司成功上市，使雷军的资产涨至190亿美元。

思考：

1. 雷军的小米为什么会成功？
2. 小米收入的主要来源是什么？

模块一　上网行为分析

学习任务单 2-1

学习情境	有这样一种说法：“在互联网上只有两种人：一种是花钱的人，另一种是赚钱的人。”小米经常上网花钱，听说互联网遍地是黄金，小米希望自己也能成为赚钱的人，获得第一桶金。兵法云：知己知彼，百战不殆。要想在互联网上赚钱，先要知道网上消费者为什么花钱，还要知道成功者是如何赚钱的。对此小米展开了调查和学习。

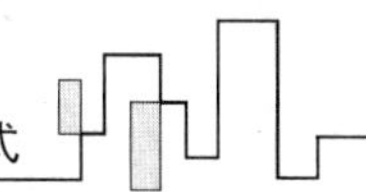

环境需求	1. 互联网接入； 2. 计算机（每人一台）； 3. 学习任务考核单（也可到教学资源包下载，电子方式上传）； 4. 将班级划分为4个讨论组，每组设组长1名，首席发言人1名。
任务描述	任务1（各小组任务由抽签决定）： 第一组：访问中国互联网信息中心（http://www.cnnic.com.cn）查找最新发布的《中国互联网络发展状况统计报告》并下载，小组成员共同阅读、共同讨论，选取大家认为热点的话题，分工合作制作5～8分钟的PPT，交给首席发言人（可设发言助理补充）准备完成任务2。 第二组：通过使用百度、谷歌等搜索引擎搜索“网络消费者的类型”“网络消费者的特点”“网络消费需求的特征”等关键字，收集相关资料。小组讨论并进行归纳整理，做成5～8分钟的PPT，交给首席发言人（可设发言助理补充）准备完成任务2。 第三组：通过使用百度、谷歌等搜索引擎搜索“网络消费者的购买心理”“网络消费者的购买动机”“网络消费购买过程”等关键字，收集相关资料。小组讨论并进行归纳整理，做成5～8分钟的PPT，交给首席发言人（可设发言助理补充）准备完成任务2。 第四组：通过使用百度、谷歌等搜索引擎搜索“企业为什么要上网”“企业上网做什么”等关键字，收集相关资料。小组讨论并进行归纳整理，做成5～8分钟的PPT，交给首席发言人（可设发言助理补充）准备完成任务2。 任务2： 按小组顺序请各小组首席发言人及发言助理到讲台上做报告，小组之间互评，并填写学习任务考核单上交。 以上任务建议2学时完成。
任务间歇	播放励志MV（教学资源包提供）。
思考	我国网民数量世界第一，这将给我国经济带来什么影响？
小调查	1. 你每个月上网多少小时？□500以上 □300～500 □100～300 □30～100 2. 你每个月的手机费用是多少？□100元以上 □50～100元 □50元以下 3. 你经常用手机上网吗？□全天 □每天6小时 □每天2小时 □偶尔 4. 你每个月手机上网流量是多少？□500MB以上 □200～500MB □100～200MB □30MB以下 5. 你每个月通过手机购物的费用是多少？□100元以内 □100～300元 □300～500元 □500元以上
任务拓展	利用业余时间仔细阅读中国互联网络信息中心发布的最新《中国互联网络发展状况统计报告》及相关互联网热点问题调查。

学习任务考核单 2-1

组名： 编号：2-1

组长及职责： 首席发言人： 发言助理：
口号：

序号	任务	分值	小组互评	成绩
1	第一组	100 分		
2	第二组	100 分		
3	第三组	100 分		
4	第四组	100 分		
合　计				

* 请学生填写完学习任务考核单后上交。

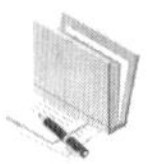

学习指南

1. 中国互联网发展情况

中国网民规模与结构、互联网基础资源、上网条件和网络应用等方面的互联网发展情况信息，对国家和企业掌握互联网络发展动态和制定决策有着十分重要的意义。1997 年，经国家主管部门研究，决定由中国互联网络信息中心（CNNIC）联合当时的四大互联网络单位共同实施这项统计工作，并于同年 11 月发布了第 1 次《中国互联网络发展状况统计报告》。随后 CNNIC 于每年 1 月和 7 月定期发布《中国互联网络发展状况统计报告》。

2019 年 2 月，第 43 次《中国互联网络发展状况统计报告》显示，截至 2018 年 12 月，我国网民规模达 8.29 亿，普及率达 59.6%，我国手机网民规模达 8.17 亿，网民通过手机接入互联网的比例高达 98.6%。2018 年，互联网覆盖范围进一步扩大，贫困地区网络基础设施“最后一公里”逐步打通，“数字鸿沟”加快弥合；移动流量资费大幅下降，跨省“漫游”成为历史，居民入网门槛进一步降低，信息交流效率得到提升。

截至 2018 年 12 月，我国网络购物用户规模达 6.10 亿，年增长率为 14.4%，网民使用率为 73.6%。电子商务领域首部法律《电子商务法》正式出台，对促进行业持续健康发展具有重大意义。在经历多年高速发展后，网络消费市场逐步进入提质升级的发展阶段，供需两端“双升级”正成为行业增长新一轮驱动力。在供给侧，线上线下资源加速整合，社交电商、品质电商等新模式不断丰富消费场景，带动零售业转型升级；大数据、区块链等技术深入应用，有效提升了运营效率。在需求侧，消费升级趋势保持不变，消费分层特征日渐凸显，进一步推动市场多元化。

2. 个人上网需求分析

近十年中国互联网网民数量快速增长，网民数量十年复合增长率达到 8.9%，超过这段时间中国的 GDP 平均增速。2018 年上半年中国互联网网民数量增加到 8.02 亿，其中手机网民数量增长 3 509 万，可见现阶段中国网民数量增长主要来自人口红利以及智能手机的大范围普及。随着网民数量的增长，中国互联网网民渗透率也在逐年增加，由 2009 年的 28.9%提升至 2018 年的 58.5%，若参考美国 76.8%的渗透率，中国互联网渗透率尚有 18.3 个百分点可以提升（见图 2－1）。由此可预见，未来中国网民增长主要来自三部分群体：新增人口、偏远地区人群以及老年群体。网络正是以这样一种惊人的速度和力量改变着人们的生活方式，使越来越多的人成为它的用户。

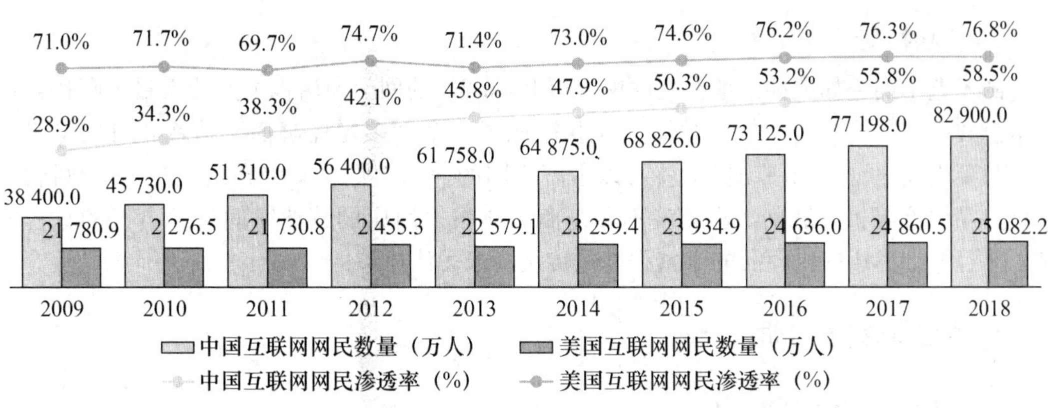

图 2-1 2009—2018 年中美互联网网民数量及渗透率对比图

人们上网有着各自不同的目的，主要是获取信息、休闲娱乐、学习教育和购物交易。

2.1 获取信息

在网络等技术革命风起云涌的今天，人类社会正全面由工业经济转向信息经济，网络使得信息需求者主动获取信息成为可能。在“信息爆炸”的今天，各种信息铺天盖地，而各个需求者只需要按照自己的意愿筛选世界上数以千万的信息站点即可。这些站点每天都即时更新不同的信息，人们只要知道该怎么找，几乎可以从网上找到自己所需要的所有信息。

人们上网搜索信息时，也会有各自不同的需求。调查数据显示，新闻、计算机软硬件信息、休闲娱乐信息、电子书籍、科技教育信息、求职招聘信息、社会文化信息、旅游交通信息、商贸信息是人们最感兴趣的信息。而在传统媒体上，比如电视、报纸，人们只能被动地获取由编辑选定的信息，如各类广告信息、医疗信息、交友征婚信息等。许多门户网站正是利用了用户上网搜寻信息的需求，并且针对信息需求结构的比例，制定自身的网络经营特色，从而大获成功。

2.2 休闲娱乐

互联网上拥有大量的休闲娱乐资源，人们可以自由地在网上交友、聊天和游戏，甚至组织虚拟家庭。其中聊天是用户最普通的休闲方式，据数据显示，在中国用户上网最常使用的网络服务中，即时通信工具和聊天室占据相当的比例。人们还可以上网联机打游戏，网游已经成为互联网的热点。人们上网还有交友的需要，一些有着共同语言的群体被吸引到一起组成虚拟社区。

2.3 学习教育

随着科技的日新月异，社会对高素质人才的需求越来越迫切。人们为了不被时代所淘汰，都必须不断地给自己充电，补充新鲜的知识，使自己变得更有竞争力。因此，越来越多的人开始在网上学习新知识，因为在互联网这一最新媒介上，总是有着最前沿的理论和技术。比如在中经网上，可以即时阅读专家对国内外经济形势的评述和探讨；在美国计算机研究协会的网站上，可以学习和了解最尖端的计算机技术。同时，网上教育也迎合人们求知的欲望应运而生。网上教育不同于传统教育，学习者可以根据自己的兴趣和能力进行有选择的自主学习，而所有的硬件要求只是一台可以联网的计算机。

2.4 购物交易

随着电子商务如火如荼地在互联网上展开，B2C 的网上商店也突然让人目不暇接，通过信息技术，传统商店的柜台被搬上互联网成了一个个多媒体画面，消费者可以足不出户，只要坐在电脑前动一动鼠标就可以了解不同的商品图像、文字介绍、技术参数指标、同类产品比价等相关信息，这样就不必逛商店或根据商店的营业时间调整自己的日程安排，并且网上商店提供商品的丰富程度是传统商家无法比拟的。

3. 网上消费者分析

3.1 网上消费者行为分析

网上消费者行为分析是经济学研究的重要内容，这方面的研究过去主要集中于传统的购物行为，而网上购物与传统的购物活动有所区别。因此，网上销售商应该多关注网上消费者行为。

3.1.1 网上消费者的类型

进行网上购物的消费者可以分为以下几种类型：

（1）简单型。简单型的顾客需要的是方便、直接的网上购物。他们每月只花少量时间上网，但他们进行的网上交易却占了网上交易总量的一半。零售商们必须为这一类型的人提供真正的便利，让他们觉得在自己的网站上购买商品将会节约更多的时间。

（2）冲浪型。冲浪型的顾客占网民数量的 8%，而他们在网上花费的时间却占了 32%，并且他们访问的网页是其他网民的 4 倍。冲浪型网民对常更新、具有创新设计特征的网站很感兴趣。

（3）接入型。接入型的顾客是刚触网的新手，占网民数量的 36%，他们很少购物，而喜欢网上聊天和发送免费问候卡。那些有着著名传统品牌的公司应对这群人保持足够的重视，因为网络新手们更愿意相信生活中他们所熟悉的品牌。

（4）议价型。议价型顾客占网民 8%的比例，他们有一种趋向购买便宜商品的本能，著名的 eBay 网站一半以上的顾客属于这一类型，他们喜欢讨价还价，并有强烈的愿望在交易中获胜。

（5）定期型和运动型。定期型和运动型的网络使用者通常都是被网站的内容所吸引，定期型网民常常访问新闻和商务网站，而运动型的网民喜欢运动和娱乐网站。

目前，网上销售商面临的挑战是如何吸引更多的网民，并努力将网站访问者变为消费者。我们认为，网上销售商应将注意力集中在其中的一两种类型上，这样才能做到有的放矢。

3.1.2 消费者网上购物的活动过程

网上购物是指用户为完成购物或与之有关的任务而在网上虚拟的购物环境中浏览、搜索相关商品信息，从而为购买决策提供所需的必要信息，并实施决策和购买的过程。

心理学家将消费者的购物活动称作问题解决过程或购买决策的信息处理过程，它一般分为三个阶段：需求确定、购前信息搜索和备选商品的评价。消费者的购买决策过程实际上是一个收集相关信息与分析评价的过程，它具有不同的行为程度和脑力负荷。

3.1.3　消费者网络信息空间的活动

消费者网络信息空间的认知和任务活动可分为以下三种方式：

（1）浏览：非正式和机会性的，没有特定的目的，完成任务的效率低且较大程度依赖外部的信息环境，但能较好地形成关于整个信息空间结构的概貌。此时，用户在网络信息空间的活动就像随意翻阅一份报纸，他能大概了解报纸信息包括了哪些内容，能否详细地阅读某一消息依赖于该信息的版面位置、标题设计等因素。

（2）搜索：在一定的领域内找到新信息。搜索中收集到的信息都有助于达到发现新信息的最终目的，搜索时用户要访问众多不同的信息源，搜索活动对路标的依赖性较高。用户在网络信息空间的搜索就如根据目录查阅报纸，获取某一类特定信息一样。

（3）寻找：在大信息量、信息集里寻找并定位于特定信息的过程。寻找的目的性较强，活动效率最高。例如用户根据分类目录定位于寻找旅游信息之后，他在众多旅游信息中进行比较、挑选等活动。

3.2　网络消费的特点

3.2.1　网络消费者群体的特征

消费者行为以及购买行为永远是营销者关注的一个热点，对于网络营销者也是如此。网络用户是网络营销的主要个体消费者，也是推动网络营销发展的主要动力，它的现状决定了今后网络营销的发展趋势和道路。我们要搞好网络市场营销工作，就必须对网络消费者的群体特征进行分析以便采取相应的对策。网络消费者群体主要具备以下四个方面的特征：

（1）注重自我。由于目前网络用户以年轻、高学历用户为主，他们拥有不同于他人的思想和喜好，有自己独立的见解和想法，对自己的判断能力也比较自信。所以他们的具体要求越来越独特，而且变化多端，个性化越来越明显。因此，从事网络营销的企业应想办法满足其独特的需求，尊重用户的意见和建议，而不是用大众化的标准来寻找大批的消费者。

（2）头脑冷静，擅长理性分析。由于网络用户是以大城市、高学历的年轻人为主，他们不会轻易受舆论左右，对各种产品宣传有较强的分析判断能力，因此从事网络营销的企业应该加强信息的组织和管理，加强企业自身文化的建设，以诚信待人。

（3）喜好新鲜事物，有强烈的求知欲。这些网络用户爱好广泛，无论是对新闻、股票市场还是网上娱乐都具有浓厚的兴趣，对未知的领域保持着永不疲倦的好奇心。

（4）好胜，但缺乏耐心。因为这些用户以年轻人为主，因而比较缺乏耐心，当他们搜索信息时，经常比较注重搜索所花费的时间，如果链接、传输的速度比较慢，他们一般会马上离开这个站点。

3.2.2　网络消费需求的特点

由于互联网商务的出现，消费观念、消费方式和消费者的地位正在发生重要的变化，互联网商务的发展促进了消费者主权地位的提高；网络营销系统巨大的信息处理能力，为消费者挑选商品提供了前所未有的选择空间，使消费者的购买行为更加理性化。

网络消费需求主要有以下八个方面的特点：

（1）消费者消费个性回归。在近代，由于工业化和标准化生产方式的发展，消费者的个性被淹没于大量低成本、单一化的产品洪流之中。随着21世纪的到来，这个世界变成了一个计算机网络交织的世界，消费品市场变得越来越丰富，消费者进行产品选择的范围全球化、产品的设计多样化，消费者开始制定自己的消费准则，整个市场营销又回到了个性化的基础之上。没有一个消费者的消费心理是一样的，每一个消费者都是一个细小的消费市场，个性化消费成为消费的主流。

（2）消费者需求的差异性。不仅仅是消费者的个性消费使网络消费需求呈现出差异性；对于不同的网络消费者，因其所处的时代环境不同，也会产生不同的需求，不同的网络消费者，即便在同一需求层次上，他们的需求也会有所不同。因为网络消费者来自世界各地，有不同的国别、民族、信仰和生活习惯，因而会产生明显的需求差异性。所以，从事网络营销的厂商，要想取得成功，就必须在整个生产过程中，从产品的构思、设计、制造，到产品的包装、运输、销售，都要认真思考这些差异性，并针对不同消费者的特点，采取相应的措施和方法。

（3）消费的主动性增强。在社会化分工日益细化和专业化的趋势下，消费者对消费的风险感随着选择的增多而上升。在许多大额或高档的消费中，消费者往往会主动通过各种可能的渠道获取与商品有关的信息并进行分析和比较。或许这种分析、比较不是很充分和合理，但消费者能从中得到心理的平衡以减轻风险感或减少购买后产生的后悔感，增加对产品的信任度和心理上的满足感。消费主动性的增强来源于现代社会不确定性的增加和人类需求心理稳定和平衡的欲望。

（4）消费者直接参与生产和流通的全过程。传统的商业流通渠道由生产者、商业机构和消费者组成，其中商业机构起着重要的作用，生产者不能直接了解市场，消费者也不能直接向生产者表达自己的消费需求。而在网络环境下，消费者能直接参与到生产和流通中来，与生产者直接进行沟通，减少了市场的不确定性。

（5）追求消费过程的方便和享受。在网上购物，除了能够完成实际的购物需求以外，消费者在购买商品的同时，还能得到许多信息，并获得在各种传统商店没有的乐趣。今天，人们对现实消费过程出现了两种追求的趋势：一部分工作压力较大、紧张程度高的消费者以方便性购买为目标，他们追求的是时间和劳动成本的尽量节省；而另一部分消费者由于劳动生产率的提高，自由支配时间的增多，他们希望通过消费来寻找生活的乐趣。今后，这两种相反的消费心理将会在较长的时间内并存。

（6）消费者选择商品的理性化。网络营销系统巨大的信息处理能力，为消费者挑选商品提供了前所未有的选择空间，消费者会利用在网上得到的信息对商品进行反复比较，以决定是否购买。对企事业单位的采购人员来说，可利用预先设计好的计算程序，迅速比较进货价格、运输费用、优惠、折扣、时间效率等综合指标，最终选择有利的进货渠道和途径。

（7）价格仍是影响消费心理的重要因素。从消费的角度来说，价格不是决定消费者购买的唯一因素，但却是消费者购买商品时肯定要考虑的因素。网上购物之所以具有生命力，是因为网上销售的商品价格普遍低廉。尽管经营者都倾向于以各种差别化来减弱消费者对价格的敏感度，避免恶性竞争，但价格始终对消费者的心理产生重要的影响。因为消费者可以通过网络联合起来向厂商讨价还价，产品的定价逐步由企业定价转变为消费者引导定价。

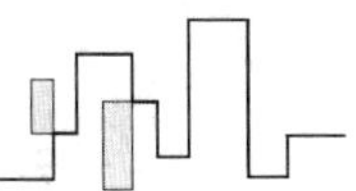

（8）网络消费仍然具有层次性。在网络消费的开始阶段，消费者偏重于精神产品的消费；到了网络消费的成熟阶段，等消费者完全掌握了网络消费的规律和操作，并且对网络购物有了一定的信任感后，消费者才会从侧重于精神消费品的购买转向日用消费品的购买。

想一想

你属于哪一种网络消费者类型？你觉得"95后"以及"00后"都有哪些购物特征？

4. 网络消费者的购买过程

网上购物是指用户为完成购物或与之有关的任务而在网上虚拟的购物环境中浏览、搜索相关商品信息，从而为购买决策提供所需要的必要信息，并实现购买决策的过程。电子商务的热潮使网上购物作为一种崭新的个人消费模式，日益受到人们的关注。消费者的购买决策过程是消费者需要、购买动机、购买活动和买后使用感受的综合与统一。网络消费者的购买过程可分为以下五个阶段：确认需要→收集信息→比较选择→购买决策→购后评价。

4.1　确认需要

网络购买过程的起点是诱发需求，当消费者认为已有的商品不能满足需求时，才会产生购买新产品的欲望。在传统的购物过程中，消费者的需求是在内外因素的刺激下产生的，而对网络营销来说，诱发需求的动因只能局限于视觉和听觉。因而，网络营销对消费者的吸引是有一定难度的。作为企业或中间商，一定要注意了解与自己产品有关的实际需要和潜在需要，掌握这些需求在不同的时间内的不同程度以及刺激诱发的因素，以便设计相应的促销手段去吸引更多的消费者浏览网页，诱导他们的需求欲望。

4.2　收集信息

当需求被唤起后，每一个消费者都希望自己的需求能得到满足，所以，收集信息、了解行情成为消费者购买的第二个环节。

收集信息的渠道主要有两个：内部渠道和外部渠道。消费者首先在自己的记忆中搜寻可能与所需商品相关的知识经验，如果没有足够的信息用于决策，他便要到外部环境中去寻找与此相关的信息。当然，不是所有的购买决策活动都要求同样程度的信息和信息搜寻。根据消费者对信息需求的范围和对需求信息的努力程度，可分为以下三种模式：

（1）广泛的问题解决模式：指消费者尚未建立评判特定商品或特定品牌的标准，也不存在对特定商品或品牌的购买倾向，而是很广泛地收集某种商品的信息。处于这个层次的消费者，可能是因为好奇、消遣或其他原因而关注自己感兴趣的商品。这个过程收集的信息会为以后的购买决策提供经验。

（2）有限问题的解决模式：处于有限问题解决模式的消费者，已建立了对特定商品的评判标准，但尚未建立对特定品牌的倾向。这时，消费者有针对性地收集信息。这个层次的信息收集才能真正而直接地影响消费者的购买决策。

（3）常规问题的解决模式：在这种模式中，消费者对将来购买的商品或品牌已有足够的经验和特定的购买倾向，因此购买决策需要的信息较少。

4.3 比较选择

消费者需求的满足是有条件的，这个条件就是实际支付能力。消费者为了使消费需求与自己的购买能力相匹配，就要对各种渠道汇集而来的信息进行比较、分析、研究，根据产品的功能、可靠性、性能、模式、价格和售后服务，从中选择一种自认为“足够好”或“满意”的产品。

由于网络购物不能直接接触实物，所以，网络营销商要对自己的产品进行充分的文字描述和图片描述，以吸引更多的顾客。但不能对产品进行虚假的宣传，否则可能会永久失去顾客。

4.4 购买决策

网络消费者在完成对商品的比较选择之后，便进入到购买决策阶段。

（1）与传统的购买方式相比，网络消费者在进行购买决策时主要有以下三个方面的特点：

1）网络消费者理智动机所占比重较大，而感情动机的比重较小。

2）网络购物受外界影响小。

3）网上购物的决策行为与传统购买决策相比速度要快。

（2）网络消费者在决策购买某种商品时，一般要具备以下三个条件：

1）对厂商有信任感。

2）对支付有安全感。

3）对产品有好感。

网络营销的厂商要重点抓好以上工作，促使消费者购买行为的实现。

4.5 购后评价

消费者购买商品后，往往通过使用对自己的购买选择进行检查和反省，以判断这种购买决策的准确性。购后评价往往能够决定消费者以后的购买动向，因此，企业一定要记住这句话：“满意的顾客就是我的最好的广告。”

为了提高企业的竞争能力，最大限度地占领市场，企业必须虚心听取顾客的反馈意见和建议。方便、快捷、便宜的电子邮件，为网络营销者收集消费者购后评价提供了得天独厚的优势。厂商在网络上收集到这些评价之后，通过计算机的分析、归纳，可以迅速找出工作中的缺陷和不足，及时了解消费者的意见和建议，制定相应对策，改进自己产品的性能和售后服务。

5. 企业上网需求分析

随着“互联网+”活动愈演愈烈，各大中小企业纷纷投入互联网及电子商务领域，如果企业能够实时掌握网络使用情况，将大大降低隐藏风险的可能。通过对用户上网行为需求分析，可以实时了解、统计、分析互联网的使用状况，制定合适的策略并对网络使用情况进行调整和优化。

5.1 扩大企业知名度

传统经济中，企业要想扩大品牌知名度，花在传统媒体上的广告费用不计其数，一些小企业根本无力承受如此庞大的市场开拓费用。而现在，企业只要一个主页，就可以把地址加入 Baidu、Google 等搜索引擎的搜索结果清单中得到企业网址及相关介绍。如果用户对企业产品感兴趣，也可以方便地通过链接登录企业的网页进一步浏览。这样，企业实际上针对潜在用户做了一个免费广告，扩大了企业的知名度。

5.2　开展产品市场调研

企业可以在网上通过两种方式展开产品的市场调研，一种是将传统的产品调查问卷放在自己的网站或其他一些门户网站上，对答完问卷并留下联系方式的用户给予一定奖励。这种方法和网下的分发问卷的调研方式并无太大区别，但是减少了调研的工序，节约了调研人员和纸张印刷的成本，扩大了调研的范围，也使计算机统计分析结果更为方便。但这种方法还是不能避免用户在答卷时由于种种原因不能客观作答的缺陷。而另一种方式能够利用现代网络跟踪监控技术较好地解决这一问题。比如：一个潜在消费者进入奥迪公司主页(http://www.audi.com.cn)，网站可以记录下他首先选择了奥迪的哪一个车型，是A4、A6，还是 A8；他是否打开车型内外展示的页面，是在车内装潢还是在车外观的页面驻留时间更长；是否进入“产品性能装备”的页面，曾经点击过其中哪些性能指标等。这些潜意识的浏览行为明确无误地说明了消费者对产品的偏好和对产品某些性能的关注程度，如果记录下所有浏览者的数据库，将是一份真实而且完美的产品调研报告。

5.3　收集对手和自身的市场信息

“知己知彼”是经商亘古不变的制胜之道，在传统经济中，由于信息收集渠道不畅，使得探听对手动态、获取市场对自己企业评价的成本都非常高。而在今天，由于网络的巨大数据存储和快捷、有效的检索方式，使得这些都成为可能。比如，联想电脑公司想了解方正电脑公司目前在研发方面有什么新动态、在市场方面有什么新活动，只需要登录到方正公司的主页，就可以得到一手的公开商业信息。如果企业是做鲜花礼品的，只要在百度搜索引擎中输入“鲜花”，就可以找到与之相关的所有商家，然后去看看它们今天的报价是多少，又推出了什么新品种，而且还可以了解到网上关于自己企业的相关评论。

5.4　在线采购

传统经济中，购买原材料和服务是一个极为复杂的过程，购买企业首先要找到供货商，确定他们产品的质量、价格和生产能力是否符合自己的要求。在签订合同以后，购买企业开出采购订单，然后等待供货商的确认回函，当货物发出时，购买企业还要得到通知，收到后由财务部门核单付款。互联网的出现使这些烦琐的流程变得简单，并且大大降低了采购过程中的劳动、打印和邮递成本，而且为新的供货商和中小采购公司提供了更多的商业机会。分析家认为，目前在线采购可以降低 10%的采购成本。例如，1996 年通用电气公司照明部开始使用在线采购系统，每天公司将各个部门的领料单打包通过网络传给世界各地的供货商，两个小时以内，世界各地的供货商就会报出各自的价格，通用电气公司就可对此做出决策。这样，降低了 30%的劳动成本，调整了 60%的采购人员，同时由于接触到更多的供货商，供货价格降低了 20%。

移动购物平台的发展

5.5　网络营销

网络营销是企业上网的主要目的，国家统计局电子商务交易平台调查显示，2018 年全国电子商务交易额为 31.63 万亿元，比上年增长 8.5%。2018 年上半年中国 B2B 交易额达 11.2 万亿元，同比增长 14.2%。网络零售市场交易规模突破 9 万亿元，增长 23.9%。

模块二　电子商务盈利模式

学习任务单 2－2

学习情境	小米通过上个任务的学习了解了人们上网的需求和行为模式，可是她发现现实中很多网站资源都是免费提供的，小米知道做一个网站是要花钱的，天下没有免费的午餐，这些网站肯定是赚钱的，可是它们是靠什么赚钱呢？又是怎么赚钱的呢？小米对此很是不理解，你能告诉小米吗？
环境需求	1. 互联网接入； 2. 计算机（每人一台）； 3. 学习任务考核单（可到教学资源包下载电子版）。
任务描述	1. 通过使用百度、谷歌等搜索引擎搜索“互联网盈利模式”关键字，收集相关资料，并进行归纳整理，填写学习任务考核单。 2. 登录阿里巴巴网、淘宝网、百度网、谷歌网、校内网、小红书、拼多多、腾讯网，分析其盈利模式。 3. 通过使用百度等搜索引擎搜索上述网站的盈利模式，与自己分析的结果进行比较，并填写学习任务考核单。 4. 你觉得这些网站还有其他的盈利模式吗？尝试为其设计新的盈利模式，并填入学习任务考核单。 以上任务建议 2 学时完成。
任务间歇	播放励志 MV 或播放《互联网盈利模式》讲座（教学资源包提供）。
课堂讨论	1. 现在几乎所有的邮箱都是免费注册和使用的，你如何看待这一现象？ 2. 你如何看待 Q 币等虚拟货币？
小调查	1. 你是 QQ 会员吗？你每年在 QQ 上花费多少钱？ □1 000 元以上　□500～1 000 元　□100～500 元　□100 元以下 2. 你经常上网吗？你每年在网上花费多少钱？ □1 000 元以上　□500～1 000 元　□100～500 元　□100 元以下 3. 你的网上花费主要花在哪些方面？ □购物　□游戏　□QQ 秀等　□其他
任务拓展	目前 www.hao123.com 和 www.360.cn 访问量很大，它们是靠什么盈利的？

学习任务考核单 2-2

姓名：　　　　　　　　　　　　　　　　学号：　　　　　　　　　　　　　　编号：2-2

序号	任务	分值	总结与归纳	成绩
1	互联网盈利模式有哪些？	10 分		
2	阿里巴巴	10 分		
	淘宝网	10 分		
	百度	10 分		
	谷歌	10 分		
	校内网	10 分		
	小红书	10 分		
	拼多多	10 分		
	腾讯网	10 分		
3	新的盈利模式	10 分		
合　计				

* 请学生填写完学习任务考核单后上交。

学习指南

1. 电子商务的主要盈利模式

目前，互联网正在发生着巨大的变化，而电子商务具有得天独厚的技术优势和盈利模式多元化的优势，所以盈利模式越来越多。

概括地说，电子商务的盈利模式主要是四类：会员制、广告盈利、销售盈利、渠道盈利。

(1) 会员制。企业通过第三电子商务平台参与电子商务交易，必须注册为电子商务网站的会员，每年要交纳一定的会员费，才能享受网站提供的各种服务，目前会员费已成为我国电子商务网站最主要的收入来源。比如阿里巴巴网站收取中国供应商、诚信通两种会员费。

(2) 广告盈利。网络广告是门户网站的主要盈利来源，同时也是众多电子商务网站的主要收入来源。相当于传统的广告公司和媒体，它们帮助广告主制作或者发布网络广告来获得收入。新浪、网易等就是典型的广告盈利。

(3) 销售盈利。网站相当于传统的店铺或集市，它们自己销售产品（服务）或者帮助生产商销售产品（服务），通过差价或者租金来获得收入。阿里巴巴、淘宝网、京东等就是典型的销售盈利。

(4) 渠道盈利。网络公司通过搭建通往用户的渠道来盈利，只要所搭建的渠道是畅通的、有效的，就可以在这个渠道中销售相应的产品来获得收入。如现在流行的 SNS 社区就是渠道盈利模式，再如腾讯公司，它依靠 QQ 这个沟通工具搭建了与用户之间的强大通道，这个通道的唯一性和排他性将用户牢牢捆绑起来，无法脱离。这个时候，腾讯公司想卖什么就卖什么：广告（腾讯网）、产品、道具、虚拟币、游戏……这就是典型的渠道盈利模式。

2. 电子商务具体盈利模式及运营

2.1 网上目录盈利模式

这种网上销售商品和服务的盈利模式是基于网络出现之前就存在的邮寄目录的业务模式。邮寄目录盈利模式下，商家通常会建立一种品牌形象，并利用这个形象的优势，通过向潜在购买者邮寄商品目录来推销商品，购买者通过邮寄或拨打商家付费电话来下订单。这种业务模式通常称为邮购模式或网上目录模式，在很多消费品（包括服装、计算机、家电、家庭用品及礼品等）上都非常成功。

将邮寄目录的模式扩展到网上，就是企业用网站上的信息来替代商品目录的分发，这种模式称为网上目录盈利模式。消费者可通过网站或电话提交订单。这种新渠道不需要新建实体店铺，还能接触世界各地的客户。采用网上目录盈利模式销售的商品包括计算机与家电产品、图书与音像制品、奢侈品、服装、鲜花与礼品、折扣商品、特殊商品等，随着物流和结算方式的完善，目前网上目录盈利模式销售的商品基本涵盖了所有商品大类。下面介绍一些企业应用网上目录盈利模式的运营方式。

（1）计算机与家电产品。诸如戴尔公司、惠普公司和联想公司等计算机制造商都已在网上取得了很大成功。它们都通过网站向个人、企业和其他机构销售从台式电脑到大型服务器等全线计算机产品，戴尔公司能够让顾客在网上指定所订购计算机的配置，其整个业务模式都是以允许顾客灵活配置为核心，从而为顾客提供个性化商品，具体如图 2-2 所示。其他直接在网上向顾客销售的 PC 机制造商，也像戴尔公司一样为访问者提供了多种访问产品信息的方法。这些网站都提供特色产品和特定顾客的链接。

图 2-2 戴尔中国网站

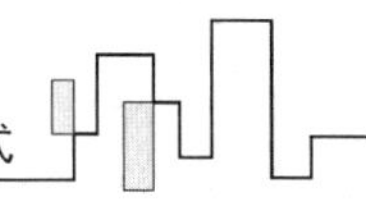

家电零售商也采用网上目录盈利模式开展电子商务。例如家电零售巨头国美电器(http://www.gome.com.cn)、苏宁电器(http://www.suningshop.com)、京东商城(http://www.jd.com)就将销售业务扩展到网上。同样，家电制造商也开设网上商店来销售自己生产的商品，例如，海尔就开设了专门的网上商城(http://www.ehaier.com)。

(2) 图书与音像制品。事实证明，利用网上目录盈利模式销售图书与音像制品是最为适合的。1994 年，华尔街 29 岁的证券分析师杰夫·贝佐斯 (Jeff Bezos) 对快速发展的互联网产生了兴趣。经过仔细分析后他发现，图书最适合在网上销售。贝佐斯没有图书销售经验，但他认为图书属于小件商品，送货方便而且便宜。许多消费者能够接受不亲自看到书籍就付款购买，促销得当会引发购买冲动。当年全球同时出版 400 万种图书，而最大的书店也只能容纳 20 万种图书。贝佐斯发现了一个网上销售的战略性机会。8 年后，贝佐斯创办的亚马逊网上书店的年销售额超过 30 亿美元，客户超过 2 800 万名。今天的亚马逊不仅销售图书和音像制品，还销售家电、家用器皿、五金工具和其他商品。

中国自 1997 年开始探索网上图书销售之路，目前网上书店已经初具规模。在国内当当网(http://www.dangdang.com)是一个较有影响的网上书店，当当网自 1999 年 11 月开通，目前是全球最大的中文网上图书音像商城（如图 2-3 所示）。

图 2-3　当当网

(3) 服装。很多服装公司将商品目录销售的模式转移到网上，如李宁(http://www.li-ning.com.cn，如图 2-4 所示)，还有很多企业或个人在网上直接开服装店，如凡客诚品(http://www.vancl.com)，还有的在淘宝网、易趣网等第三方平台上开店。这些服装网上商店提供服装的图片、价格、尺寸规格、颜色和裁剪细节信息，希望客户仔细比较后在网上订购。

(4) 鲜花与礼品。很多礼品零售商也在使用网上目录盈利模式。如中国鲜花礼品网(http://www.flowercn.com,如图 2-5 所示)、巧思网等,顾客可以利用网上目录来选择自己满意的鲜花礼品。

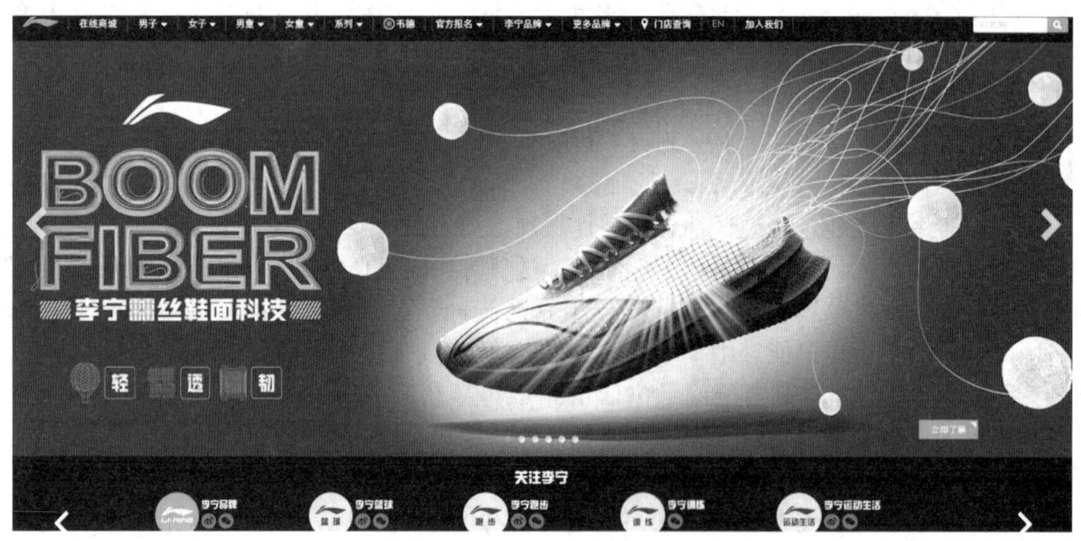

图 2-4　李宁官网

图 2-5　中国鲜花礼品网

2.2　数字内容盈利模式

面对信息量急剧膨胀的网上数据资源,用户对特定信息的查询往往会产生两种结果:信息过载和信息迷向。信息过载是指找到的信息太多,无法有效消化和应用;信息迷向是

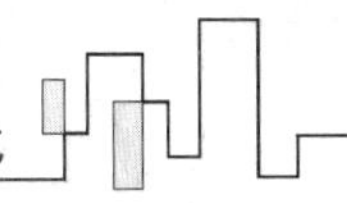

指基于目前技术，难以有效地表达需求和准确寻找到所需资源。鉴于此，能有效解决信息分类、深入加工和提供专业检索的网站，必然存在巨大的市场。原来做信息业务的传统企业，在向互联网迁移的过程中，利用其自身的信息优势，依托互联网来提供更好、更方便的检索手段，必然会赢得越来越多的受众。这种网站盈利模式的核心竞争能力不在于信息技术，而在于它能给用户提供高质量的信息内容。

中国知网(http://www.cnki.net,如图 2－6 所示）——CNKI（中国知识基础设施工程）把国内 6 600 多种学术期刊搬到网上进行信息资源共享，其市场细分非常明确，为高校和学术团体进行信息查询和学术研究提供服务。中国知网自 1999 年开通以来已有 100 多个定向站点，所有的高校和一些省市级的图书馆都是其用户。中国知网的专业检索技术极大地方便了高校和学术团体进行信息查询和学术研究，现在，中国知网只是把期刊、一部分报纸、博硕士论文、学术会议信息放在网上，有很多信息没有进行数字化，没有进行深入加工，还有很好的市场前景。

图 2－6　中国知网

目前做得较成功的还有超星数字图书馆(http://book.chaoxing.com，如图 2－7 所示）和万方数据(http://www.wanfangdata.com.cn)。

还有通过互联网销售软件产品或提供在线翻译与数据服务等的公司，如华军软件园(http://www.newhua.com,如图 2－8 所示）等。

2.3　广告支持的盈利模式

在线广告是网站盈利的比较普遍的方式，其形式繁多，从 Banner（旗帜）、Logo（图标）广告，到 Flash 多媒体动画、在线影视等，多种多样。从收费的方式来看，现在比较受欢迎的是按点击次数收费，谷歌和百度等搜索引擎网站都主要采取此类广告方式。另

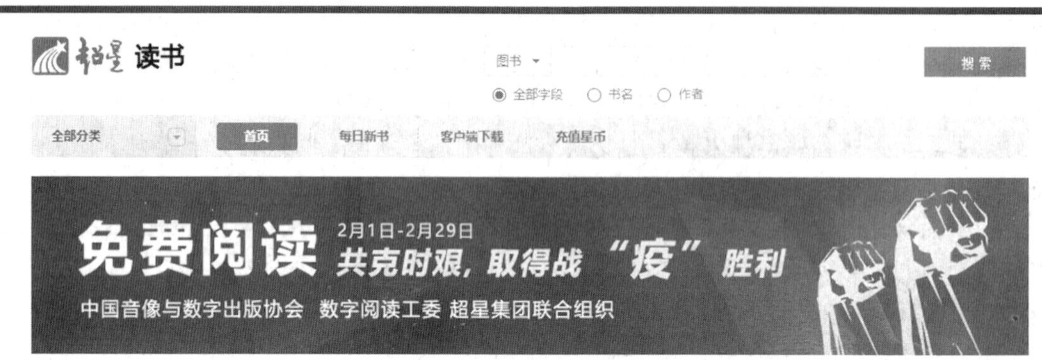

图 2-7　超星数字图书馆

图 2-8　华军软件园

外，现在比较流行一种“窄广告”的概念，就是针对更专业的浏览群体，其有效的用户比例会大幅提高。广告收入也是可以在一般的网站实现的，只要有较多的浏览群体（最好是某一类型的专业浏览群体），就具备了网站广告收费的条件，当然，也可以做大型网站的广告合作伙伴获得一定的盈利。

采取广告支持的盈利模式的网站目前主要有如下几种运营模式：

（1）门户网站。一些门户网站由于有一定的影响力和访问量，可以通过在网站页面为其他企业制作和发布广告获得盈利。比如网易（如图 2-9 所示）、新浪等。地方性门户网站也多采取此模式。

（2）搜索引擎。百度、谷歌、搜狗等搜索引擎主要通过广告获得收入。

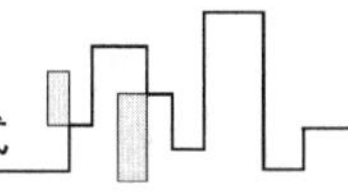

图 2－9　网易门户

（3）专业网站。一些专业网站因为有着固定的专业群体，可用来投放相关企业广告，如中国钢铁网（http://www.steelkey.com，见图 2－10）、土豆网、56 网等。

图 2－10　中国钢铁网

2.4　交易费用模式

交易费用模式是指网站为交易的双方提供一个交易的平台，从中收取佣金的盈利模式。这类网站在网上大量存在，如很多的行业网站、招商网站、旅游代理网站、中介服务网站等，但做得最好的往往都有自己的核心竞争能力，如先入优势、行业优势或者其他方面的优势。

（1）旅行网。旅行网从它所售的机票、预订的旅馆、租用的汽车和导游活动中收取佣金，佣金由交通或住宿服务商支付，旅行网的盈利模式是通过支持一个交易来收取费用。目前做得比较好的如携程旅行网（如图 2－11 所示）、艺龙旅行网等。

（2）第三方交易平台。主要是一些拍卖网站，如淘宝网、易趣网等，通过在交易过程中收取费用或佣金获利。

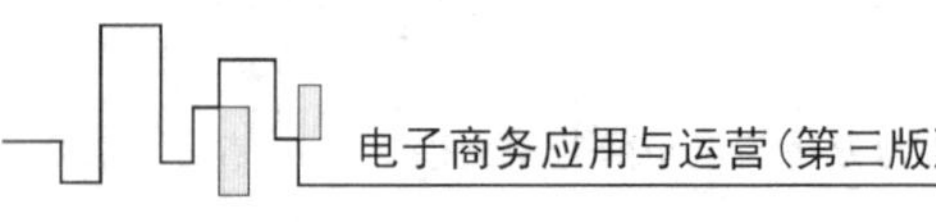

图 2-11 携程旅行网

(3) 中介组织网站。如证券经纪公司、保险经纪公司、票务公司、房地产公司、在线银行与金融业等。

2.5 服务费用模式

现在网上提供各种收费服务的公司越来越多，这些服务既非证券经纪服务，也不是按交易量进行收费的服务，而是按服务本身的价值收费。这类服务费用模式包括游戏、娱乐、理财建议以及专业人员如会计师、律师、医生等提供的服务。

(1) 网络游戏。计算机游戏和视频游戏是一个巨大的产业。多数网络游戏通过充值卡的形式直接进行收费，也有一些网络游戏虽然是免费的，但通过向玩家出售虚拟的道具或物品来进行间接收费，同样近乎于"无本万利"。

(2) 音乐和电影。随着宽带上网的家庭越来越多，许多网站开始向付费用户提供音乐和电影服务。诸如彩铃下载、电影在线观看、向付费用户播放音乐会录像等。滚石唱片和中国电信在北京签署了一项战略合作协议，双方宣布在中国电信的"互联星空"网络平台上推出"滚石星空"(http://hitmusic.chinavnet.com)在线音乐栏目。下载歌曲收费约1首歌1元人民币或15元包月。目前，主要困扰该领域的问题是音乐以及电影的知识产权保护，这既是一个法律问题，也是一个技术问题。例如，服务商如何通过技术措施来限制用户付费下载后对作品的复制与传播。

(3) 网络咨询服务。即通过网络咨询收取费用的一种模式。以万方网络咨询服务有限公司为例，万方网络咨询服务有限公司成立于2003年年初，是一家从事互联网技术服务、开发和应用商务信息平台交易、电子商务贸易的专业综合性经济类网络公司，万方网络独特的运营模式和企业核心理念迅速得到了国内大型门户网站的认可。

电子商务盈利模式是多样的，新的盈利模式也在不断出现。企业对盈利模式的选择是

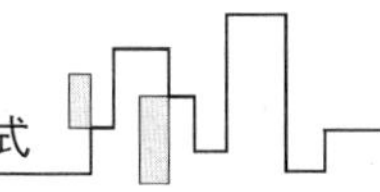

专业化好还是多元化好，都要根据企业自身的特点来决定。

项目小结

网上市场即电子虚拟市场，是企业进行电子商务活动的空间。网上消费行为是消费者在通过网络满足其消费需求过程中的一系列活动的总称。研究我国网民的规模与特点，分析网上消费者与企业用户等上网行为的特点与结构，掌握电子商务主要的盈利模式是学好电子商务、开展电子商务的关键，有利于企业结合网络有效地开展电子商务活动。

通过本项目的学习，重点应掌握以下知识点：网络消费者的特征；网络消费者的购买动机；网络消费者的购买过程；电子商务盈利模式。

习题与课业

简答题：

1. 我国网民的结构特征体现在哪几个方面？
2. 网络消费者的需求特征有哪些？
3. 网络消费者的购买动机与过程是什么？
4. 什么是盈利模式？电子商务网站盈利模式的主要内容是什么？
5. 如何有效地结合网站特点利用电子商务盈利模式获取盈利？

论述题：

分析我国电子商务盈利模式的变革方向与趋势。

拓展训练

访问开心网并注册成为会员，作如下分析：

1. 开心网所采用的盈利模式是什么？这种盈利模式有什么特点？
2. 请给开心网设计一些更有效的、新型的盈利模式。

项目三　电子金融与电子支付

项目介绍

电子金融即为利用互联网技术提供金融服务活动的统称，它的服务领域包括网上银行、网上证券、网上保险、网络货币、网络金融风险与安全、网络金融活动相关的法律问题、网络金融的监管、网络金融理论等方面。电子支付是指以计算机和通信技术为手段，通过计算机网络系统以电子信息传递形式实现的货币支付与资金流通。电子金融与电子支付既是电子商务的具体应用形式，也是电子商务得以实现的前提和手段。

本项目主要通过电子金融与网上银行模块、两个学习任务和若干子任务完成，学生可通过具体的学习任务单，借助互联网资源和教学资源包提供的资料进行自学以及和同学讨论交流等，充分认识电子金融的意义，改变传统支付观念。

项目目标

通过本项目的学习，学生应主要掌握电子金融领域相关业务流程，全面了解网上银行、移动支付等电子金融经营模式，掌握利用网上银行、支付宝等金融业务进行电子支付的业务处理。

项目实施

通过案例分析、学生自学、课堂讨论、模拟演练等形式，教师作为组织者、指导者、共同学习者与学生共同完成本项目，并进行总结。

项目验收点

网上银行或手机银行开通使用；支付宝、微信支付申请与使用。

引导案例

支付宝——我就信您!

阿里巴巴集团为了解决网络交易安全问题，使用了“第三方担保交易模式”，即由买家将货款打到支付宝账户，由支付宝向卖家通知发货，买家收到商品确认后指令支付宝将货款交给卖家，至此完成一笔网络交易。随着业务的发展，支付宝于2004年12月独立为浙江支付宝网络技术有限公司，是阿里巴巴集团的关联公司。支付宝(http://

www.alipay.com）致力于为中国电子商务提供“简单、安全、快速”的在线支付解决方案。支付宝提出的建立信任、化繁为简、以技术的创新带动信用体系完善的理念，深得人心。支付宝以稳健的作风、先进的技术、敏锐的市场预见能力及社会责任感，赢得了银行等合作伙伴的认同。国内工商银行、农业银行、建设银行、招商银行、中国银行、交通银行等各大商业银行以及中国邮政、VISA国际组织等各大机构均与支付宝建立了深入的战略合作，不断根据客户需求推出创新产品，支付宝成为金融机构在电子支付领域最为信任的合作伙伴。

经过短短三年时间，支付宝的用户覆盖了整个C2C、B2C以及B2B领域，2009年2月底，支付宝注册用户数达到1.5亿，2014年，支付宝实名用户超过3亿，支付宝钱包活跃用户超过2.7亿，单日手机支付量超过4 500万笔，超过2013年“双十一”创造的单日手机支付4 518万笔的全球峰值纪录。

2014年“双十一”全天，支付宝手机支付交易笔数达到1.97亿笔。

2016年年底，支付宝公布用户数是4.5亿。

2018年11月28日，支付宝全球用户数已经超过9亿，其中，在国内的活跃用户中，70%的用户使用3项及以上支付宝的服务。

2019年1月9日，支付宝正式对外宣布，支付宝全球用户数已经超过10亿。

2019年2月2日，支付宝成为首批获得国家认证的企业。支付宝针对用户个人信息安全和隐私保护的体系已达到国家最严格的标准。截至2019年4月，支付宝“风险大脑”已经与河北、北京、天津、重庆、温州、广州、贵阳、西安、厦门、合肥等10个省市的金融办合作，成为它们发现和预警高危企业的“千里眼”。

思考：

1. 支付宝存在什么优缺点？
2. 在你周围有多少企业或个人在使用支付宝？
3. 你还知道哪些第三方电子支付平台？

模块　电子金融与网上银行

学习任务单3-1

学习情境	小米在完成上个任务时看好了一件商品，并下了订单，可是她在结算时遇到了问题，她发现有好几种结算方式：（1）邮局汇款；（2）网上银行；（3）支付宝。小米所在的学校离邮局很远，邮局汇款很不方便，那网上银行是怎么回事呢？小米以前听说可以网上炒股、炒基金，而且在网上操作要比直接去银行营业厅方便很多，小米一直觉得很神秘，你能告诉小米网上银行和网上炒股、炒基金是什么业务吗？有什么优缺点？如何开通网上银行？
环境需求	1. 互联网接入； 2. 计算机（每人一台）； 3. 学习任务考核单（也可到教学资源包下载电子版）。

任务描述	1. 通过网络了解什么是电子金融和电子金融的发展现状。 2. 百度搜索“网上银行哪家好”关键词，了解目前各大银行网上银行的优劣。 3. 登录各大银行了解情况： 中国建设银行 http://www.ccb.cn； 招商银行 http://www.cmbchina.com； 中国工商银行 http://www.icbc.com.cn； 中国农业银行 http://www.abchina.com.cn； 中国银行 http://www.boc.cn。 4. 与同学们相互讨论，确定你将选择哪家银行开通网上银行。 5. 登录该银行，查看该银行网上银行类型和开通网上银行的条件与步骤。 以上任务建议 2 学时完成。 6. 根据本人拥有的银行卡，下载相应银行的手机 App 并安装，了解其功能模块，利用业余时间到相应银行前台办理开通手机银行（移动银行）。 以上任务建议 1～2 个工作日完成。
任务间歇	播放励志 MV（教学资源包提供）。
小调查	1. 你使用过哪家银行的银行卡？ □工行 □建行 □中行 □农行 □交行 □其他银行 2. 你有信用卡吗？ □有 □没有 3. 你觉得哪家银行服务好？ □工行 □建行 □中行 □农行 □交行 □其他银行
任务拓展	你还知道哪些银行？它们有网上银行业务吗？

学习任务考核单 3-1

姓名：　　　　　　　　学号：　　　　　　　　编号：3-1

序号	任务	分值	总结与归纳	成绩
1	电子金融的服务内容是什么？	20 分		
2	你认为哪家网上银行好？原因是什么？	20 分		
3	你想选择哪家网上银行，属于什么类型？	20 分		
4	手机银行办理的流程是什么？	40 分		
合　计				

* 请学生填写完学习任务考核单后上交。

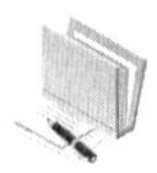

学习指南

1. 电子金融

20 世纪 90 年代以来，随着计算机和网络通信技术的迅速发展，互联网技术的应用逐渐向各种活动领域渗透，其中所蕴藏的无限商机使得商家纷纷将目光投向电子商务。目前，电子商务正飞速向社会经济生活的各个领域渗透。传统的金融业也密切注视着这股不可抵挡的全球经济一体化、网络化潮流，于是一种全新的金融服务经济理念——电子金融应运而生。电子金融能够拓宽金融服务领域，提高金融服务质量以及金融企业的销售收入，降低金融服务成本，创新金融企业的业务和管理，从而必将提升金融企业的利润。因此，电子金融的发展代表着金融服务业发展的未来。

1.1　金融电子化、电子金融与电子商务

对于金融服务业来说，电子金融是早期金融电子化发展的必然结果，其内部动因在于金融企业利用技术进步谋求市场竞争优势。而电子商务的发展不但为电子金融的发展提供了技术上的支持，而且向金融业提出了新的金融服务，进一步促使传统金融向电子金融过渡。所以，金融电子化和整个电子商务的发展分别是电子金融得以发展的前提条件和外部推动力量。

1.1.1　金融电子化与电子金融

所谓金融电子化，是指金融企业采用除互联网技术之外的现代通信、计算机和网络等信息技术手段，提高传统金融服务业务的工作效率，降低经营成本，实现金融业务处理自动化、金融企业管理信息化和决策科学化，为客户提供更快捷、更方便的服务，进而提升金融企业市场竞争优势的行为。

按这个定义，从 20 世纪 50 年代末开始的金融企业计算机辅助管理系统，包括各种电子数据处理系统（Electronic Data Processing，EDP）、管理信息系统（Management Information System，MIS）和决策支持系统（Decision Supporting System，DSS），到 20 世纪 60 年代末兴起的电子资金转账系统（Electronic Funds Transferring，EFT），从 20 世纪 70 年代和 80 年代分别基于电话和有线电视的家庭银行系统（Home Banking），到 20 世纪 90 年代基于电话专线和个人电脑的家庭银行系统，甚至包括 20 世纪 80 年代发展起来的基于信用卡技术的自动柜员机系统（ATM）和销售终端机系统（POS），都属于金融电子化范畴。

目前，人类社会经济的网络化和全球化浪潮对金融业的发展影响很大。借助国际互联网技术的发展，越来越多的金融机构开始提供网上金融服务业务，金融机构与其他行业中的企业以及政府机构通过网络进行双边以及多边的合作形式也在不断创新，范围不断扩大。电子金融在一些国家和地区悄然兴起已是不争的事实。

概括地说，电子金融是对金融电子化的一个超越。与金融电子化有所不同，电子金融运行的主要技术基础是日益完善的互联网技术。由于互联网技术的全球连通性、开放性、快捷性和边际成本低廉的特征，电子金融更加强调整个金融服务业务基于互联网技术的重组和创新，使客户不受营业时间和营业地点的限制，随时随地享受金融企业提供的各种高质量、低成本的服务。

究竟何谓电子金融（E-finance），有狭义和广义两种不同的观点。狭义的电子金融局限为网络金融，因此也被称为网络金融，即利用互联网技术提供金融服务活动的统称，服务领域包括网上银行、网上证券、网上保险、网络货币、网络金融风险与安全、网络金融活动相关的法律问题、网络金融的监管、网络金融理论等。广义的电子金融是利用计算机技术进行的所有金融服务方式和服务活动的统称，它借助于计算机网络，包含金融电子化建设成果，特别是通过国际互联网进行的全球范围的各种金融活动。

1.1.2　电子商务与电子金融

21 世纪进入了电子商务时代，这是社会发展的必然，我们将别无选择地生活其中。如何面对电子商务方式、如何适应数字化生存并积极参与电子商务时代的国际竞争，是涉及每个人、每个企业、部门以及国家发展与生存的重大问题。目前，电子商务在国际上已得到迅速发展和实践，并将在国际商贸和社会生活中占据主导地位。国内电子商务的研究逐渐深入，并得到国家的重视。我国的管理部门密切与国际合作，制定相应法律、法规和技术标准，为电子商务的大力发展营造了更好的环境。

电子商务强调技术和管理上的创新，以较少的投入获得较高的回报，创造商业价值。电子商务活动的范围非常广泛，但与传统商务活动相比，人们进行商务活动的实质并没有改变，那就是交易。与传统商务活动相比，电子商务的交易过程一般也包括交易前的准备、谈判和合同签订、合同履行等几个基本交易环节。实际上，电子商务的交易过程也可以分解为信息流、商流、资金流、物流四种要素在交易参与者之间的流动过程，一般也要涉及买卖双方、金融机构以及中介机构等参与者。

如前所述，采用最先进的技术手段扩大销售收入和降低经营成本，一直是金融企业谋求提升市场竞争优势的一个重要手段。利用互联网技术进行金融服务业务的创新，对传统金融服务业务实施重组，自然是金融企业目前的一个主要竞争战略。不过，这只是金融企业开展电子商务或实现电子金融的内部动因，而其他行业电子商务的发展对新的基于互联网技术的金融服务的需求，构成了电子金融得以产生和发展的外部推动力量。

1.2 电子金融的服务内容

电子金融服务于社会各经济领域，它主要提供以下几个方面的服务内容。

1.2.1 电子银行

电子银行是指利用网络技术和信息技术，为客户提供各种自助形式的、综合的、实时的全方位服务。电子银行相对于传统银行来说，具备几个主要优势：一是开放性，它在传统银行金融电子化的基础上，广泛采用互联网系统，成为一个兼容性的开放式金融业务处理系统；二是以客户为中心，采用多种服务方式和服务渠道，如 ATM、电话银行、网上银行（见图 3－1）等，为客户提供优质的服务；三是集成性，电子银行利用新技术集成不同的银行服务手段，并采用金融企业组织形式进行经营与管理。

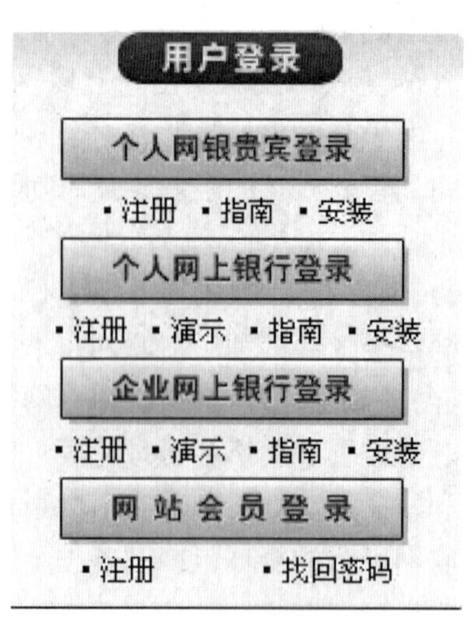

图 3－1 网上银行

1.2.2　网上保险

网上保险是指保险公司利用现代信息技术及电子商务功能推行其保险险种，并让客户通过网络自由选择后直接在网上投保的一项新兴的技术，如图 3－2 所示。网上保险可以直接提供和出售保险商品，从而降低成本、缩短销售环节、节约佣金，既提高了公司的知名度和市场竞争力，又扩大了公司的市场份额。

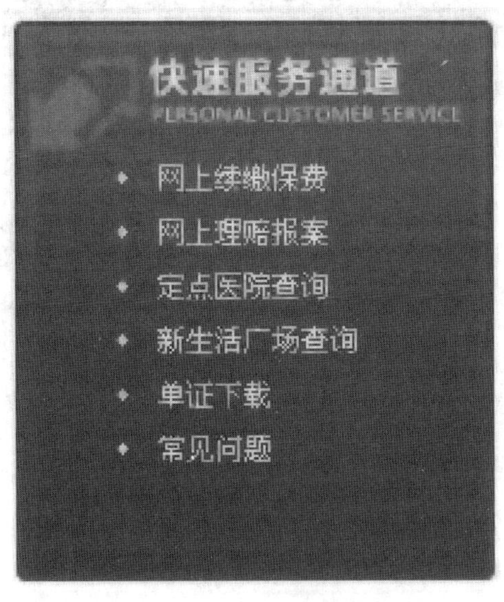

图 3－2　网上保险

1.2.3　网上证券交易

网上证券交易通常是指券商或证券公司利用互联网等网络技术，为投资者提供证券交易所的及时报价，查找各类与投资者相关的金融信息，分析市场行情等服务，并通过互联网帮助投资者进行网上的开户、委托、支付/交割和清算等证券交易，实现实时交易的活动。目前人们所说的证券电子商务主要指的是网上证券交易，如图 3－3 所示。

1.2.4　网上个人理财

网上个人理财是电子金融的一个重要组成部分。网上个人理财是指运用互联网技术为客户提供理财信息查询和理财分析工具，甚至帮助理财者制订个性化理财计划，以及提供理财投资工具的交易服务等一系列个人理财服务的活动，其目的是帮助理财者实现个人或家庭资产收益最大化。网上个人理财服务的主要提供者包括网上银行、网上保险公司或新型的网上保险中介、网上券商，还包括一些新型的专门提供网上个人理财信息增值服务的网络公司。网上个人理财的内涵非常丰富，如对汇率、利率、股价、期货、金价、基金等理财信息的查询、分析，帮助客户进行外汇买卖、股票和债券交易、期货交易、黄金买

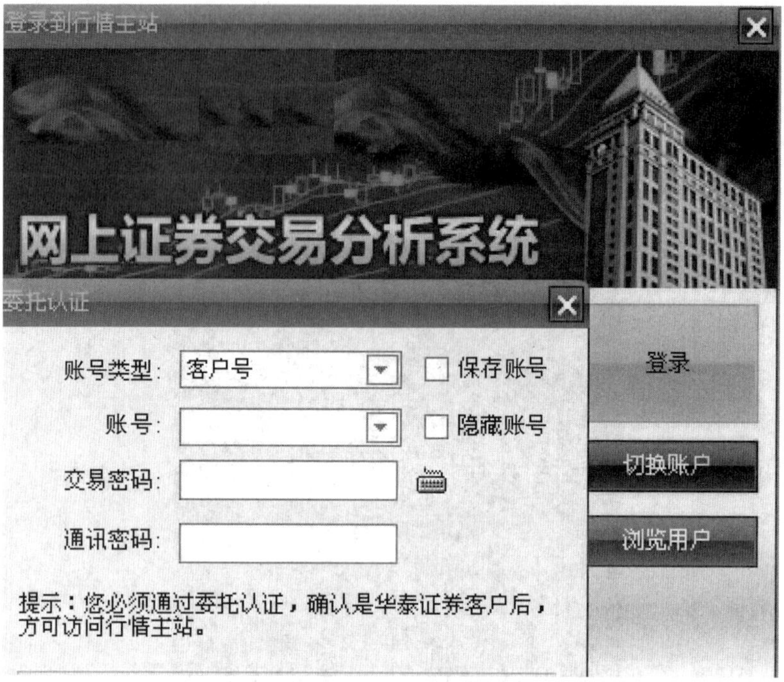

图 3－3　网上证券交易

卖等。

随着混业经营的出现，上述几种服务内容会出现集成和融合的发展趋势。

2. 网上银行

如前所述，电子银行是基于电子商务平台和银行支付系统的网上金融服务系统，用户使用电子银行可以在网上实现银行账户资金查询、银企对账、银企转账、银行账号挂失、公共信息查询等银行业务，还可以通过网上银行实现网上购物、网上缴费等功能。由 CT-CA（China Telecom Certification Authority，中国电信 CA 安全认证系统）提供网上安全认证服务，可保证网上交易的安全性和不可抵赖性，这样将极大地方便人们的生活和工作，进而提高工作效率。个人或企业客户足不出户便可以通过网上银行或电话银行办理从查询、转账、汇款、缴费到证券、外汇、基金等一系列业务，享受更贴身、更值得信赖的金融服务。电子银行是电话银行、网上银行、手机银行、自助银行的统称。网上银行是电子银行的一种，目前正被广大客户所使用。

2.1　网上银行的定义

网上银行作为 21 世纪一种新兴的金融业，其低廉的成本和广阔的前景已越来越得到人们的重视。世界范围内电子商务的快速发展，促进了支付电子化和转账网络化，网上银行担当了这一重要角色。网上银行创造的电子货币以及独具优势的网上支付功能，为电子商务中电子支付的实现提供了强有力的支持。作为电子支付和结算的最终执行者，网上银行起着联结买卖双方的纽带作用，网上银行所提供的电子支付服务是电子商务中的最关键要素和最高层次。

网上银行是电子金融的一个重要组成部分。网上银行的网上支付业务被认为是一种金融创新，同时它是电子银行的高级发展阶段。

网上银行主要以实现在任何时候、任何地方、任何方式为客户提供金融服务为目标，同时，随着整个社会跨入信息网络社会，网上银行将不断地在成本、效率、服务质量等方面表现出越来越大的优势。网上银行代表着银行全新的业务模式和未来的发展方向，其成本优势是明显的。

那么，什么是网上银行呢？

网上银行也称为网络银行、在线银行，是指银行利用网络技术，通过网络向客户提供开户、销户、查询、对账、行内转账、跨行转账、信贷、网上证券、投资理财等传统服务项目，使客户可以足不出户就能够安全便捷地管理活期和定期存款、支票、信用卡及进行个人投资等。可以说，网上银行是在网络上的虚拟银行柜台，它直接把其触角延伸到了客户办公室、家中的桌面上，大大延伸与拓展了银行业务的范围，直接为电子商务的发展服务。按目前各家银行开通的网上银行服务系统来看，网上银行一般分为个人网上银行和企业网上银行两类。

2.2 网上银行与传统银行的比较

与传统银行相比，网上银行有以下优点：

（1）实现零距离服务。网上银行是以计算机网络与通信技术为依托，以金融服务业为主导的现代化银行。网上银行不仅提供丰富的信息资讯服务，而且进行实际的金融交易，使客户足不出户便可完成与银行的各种业务往来，实现银行对客户的零距离服务。

银行服务方式的交易成本

（2）突破时空限制。网上银行突破了传统银行业务在时间上的限制，实行7（天）×24（小时）全天候运营，使银行更加贴近客户，更加方便客户。

（3）成本优势。网上银行能降低成本，提高效益，是银行竞争更加有效的手段。

学习任务单3-2

学习情境	小米利用业余时间办了一张工商银行的“金融e家”银行卡。小米按照要求填写了申请单，得到2张卡，一张是主卡——金融e家，另一张是支付口令卡（U盾需要另付费用，小米没有选择）。银行工作人员告诉她，登录工商银行网站后，修改密码和设置信息就可以开通网上银行。工作人员还告诉她，网上银行非常方便，可以购物、交话费、交水电费等，甚至还可以还贷款。小米非常急切地想开通网上银行。小米还听说网上购物用支付宝付款比使用网上银行更安全，而且退款方便。小米前一段时间下的订单还没有付款，她决定开通支付宝，完成购物体验。同学们，你也和小米一道开通自己的网上银行、支付宝和微信支付吧！
环境需求	1. 互联网接入； 2. 计算机（每人一台）； 3. 智能手机（4G或5G网络）； 4. 银行卡； 5. 学习任务考核单（也可到教学资源包下载电子版）。

任务描述	1. 开通并登录网上银行，了解网上银行功能和操作（可忽略此任务）； 2. 开通手机银行，并下载相应银行 App，安装并设置，查询银行卡余额； 3. 手机商店下载支付宝 App，安装并绑定银行卡，尝试给自己手机交费； 4. 手机微信支付绑定银行卡，微信支付设置，尝试发红包； 5. 访问叩富网 http://www.cofool.com,注册会员，模拟炒股； 以上任务建议 2～4 学时完成。
任务间歇	选择播放励志 MV（教学资源包提供）。
讨论	1. 支付宝支付存在的问题或隐患有哪些? 2. 微信支付存在的问题或隐患有哪些?
小调查	1. 你用什么网络的手机? □联通 □移动 □电信 2. 你使用过微信吗? □使用过 □知道但没有使用过 □不知道微信 3. 你使用过微信支付吗? □使用过 □没有
任务拓展	1. 除了支付宝，还有哪些第三方支付平台？尝试申请财付通(http://www.tenpay.com)。 2. 登录银行网站自学如何开通和使用企业网上银行。 3. 在“五一”“十一”假期尝试网购火车票，使用支付宝或微信支付。

学习任务考核单 3－2

姓名：　　　　　　　　　　学号：　　　　　　　　　　编号：3－2

序号	任务	分值	总结与归纳	成绩
1	开通网银时遇到了哪些问题?	20 分		
2	怎么保证网银安全?	20 分		
3	开通支付宝的条件和步骤是什么?	20 分		
4	支付宝有什么优点?	20 分		
5	微信支付有什么优点?	20 分		
合　计				

* 请学生填写完学习任务考核单后上交。

学习指南

1. 网上银行提供的服务

网上银行除了能够提供在线查询账户、转账、汇款、自助缴费功能，还能够提供一些非常方便的增值服务，比如自助归还贷款，在网上进行基金外汇的买卖、资金在储蓄账户和股票保证金账户之间的转换、不限时的股票委托买卖。更方便的是，客户可以轻松享受网上支付所带来的购物的愉快。客户只需开通网上银行功能，无论在哪家银行，都可以享受这些基本的服务。

网上银行一般情况下主要为客户提供以下服务：

（1）基本网上银行业务。商业银行提供的基本网上银行服务包括在线查询账户余额、交易记录，下载数据，转账和网上支付等。

我国国内网上银行网址及客服电话

（2）网上投资。由于金融服务市场发达，可以投资的金融产品种类众多，国外的网上银行一般提供包括股票、期权、共同基金投资和 CDS（Credit Default Swaps，信用违约合同）买卖等多种金融产品服务。

（3）网上购物。商业银行的网上银行设立的网上购物协助服务，大大方便了客户网上购物，为客户在相同的服务品种上提供了优质的金融服务或相关的信息服务，加强了商业银行在传统竞争领域的竞争优势。

（4）个人理财助理。个人理财助理是国外网上银行重点发展的一个服务品种。各大银行将传统银行业务中的理财助理转移到网上进行，通过网络为客户提供理财的各种解决方案，提供咨询建议，或者提供金融服务技术的援助，从而极大地扩大了商业银行的服务范围，并降低了相关的服务成本。

（5）企业银行。企业银行服务是网上银行服务中最重要的部分之一。其服务品种比个人客户的服务品种更多，也更为复杂，对相关技术的要求也更高，所以能够为企业提供网上银行服务是商业银行实力的象征之一，一般中小网上银行或纯网上银行只能部分提供、甚至完全不提供这方面的服务。

企业银行服务一般提供账户余额查询、交易记录查询、总账户与分账户管理、转账、在线支付各种费用、透支保护、储蓄账户与支票账户资金自动划拨、商业信用卡等服务。此外，还包括投资服务等。部分网上银行还为企业提供网上贷款业务。

（6）其他金融服务。除了银行服务外，大商业银行的网上银行均通过自身或与其他金融服务网站联合的方式，为客户提供多种金融服务产品，如保险、抵押和按揭等，以扩大网上银行的服务范围。

2. 移动银行（手机银行）

移动银行（Mobile Banking Service）也可称为手机银行，是利用移动通信网络及终端办理相关银行业务的简称。作为一种结合了货币电子化与移动通信的崭新服务，移动银行业务不仅可以使人们在任何时间、任何地点处理多种金融业务，而且极大地丰富了银行服务的内涵，使银行能以便利、高效而又较为安全的方式为客户提供传统和创新的服务。而移动终端所独具的贴身特性，使之成为继 ATM、互联网、POS 之后银行开展业务的强有力工具，越来越受到国际银行业者的关注。

手机银行也是电子银行系统的重要部分。它作为一种崭新的银行服务渠道，在网上银行全网互联和高速数据交换等优势的基础上，更加突出了移动通信“随时随地、贴身、快捷、方便、时尚”的独特性，真正实现了“Whenever、Wherever”（任何时间、任何地点）银行业务的办理，成为银行业一种更加便利、更具竞争性的服务方式。

国内各大商业银行纷纷推出手机银行服务，基本实现了银行的各类基础业务。以中国工商银行为例，其手机银行服务已经能够覆盖所有移动和联通手机用户，客户可以获得7×24小时全天候的服务：查询账户、转账/汇款资金实时到账、进行捐款、缴纳电话费和手机话费、网上消费实时支付等。

手机银行更是网上银行的延伸，也是继网上银行、电话银行之后又一种方便银行用户的金融业务服务方式，有贴身“电子钱包”之称。国内开通手机银行业务的银行有：中国邮政储蓄银行、工商银行、招商银行、中国银行、建设银行、交通银行、广东发展银行、深圳发展银行、中信银行、中国农业银行等，其业务大致可分为三类：（1）查缴费业务，包括账户查询、余额查询、账户明细、转账汇款明细、水电费、电话费等；（2）购物业务，指客户将手机信息与银行系统绑定后，通过手机银行平台进行商品购买；（3）理财业务，包括炒股、炒汇等，如图3-4所示。

总的来说，同传统银行和网上银行相比，手机银行支付的特点有：

（1）更方便。可以说手机银行功能强大，是网络银行的一个精简版，但是远比网络银行方便，因为容易随时携带，而且便于小额支付。

（2）更广泛。提供WAP网站的支付服务，实现一点接入、多家支付。

（3）更有潜力。暂时还不成熟的商业模式和用户习惯，导致手机银行和支付的发展还没有达到许多人在“.com”时代的预期。网络银行的成功在于它不仅是银行业电子化变革的手段，而且它迎合了电子商务的发展要求，而手机银行这方面还有很大的潜力可以发掘。

图3-4 建设银行（左）与交通银行（右）的手机银行App

3. 第三方支付平台

随着电子商务的蓬勃发展，网上购物、在线交易对于消费者而言已经从一个新鲜、未知的事物变成了日常生活的一部分。对于网络商家而言，传统的支付方式如银行汇款、邮政汇款等，都需要购买者去银行或邮局办理烦琐的汇款业务；而如果采用货到付款方式，又给商家带来了一定风险和昂贵的物流成本。因此，网上支付平台在这种需求下逐步诞生。在线支付作为电子商务的重要组成部分之一，成为网络商务发展的必然趋势。

第三方支付平台的应用有效避免了交易过程中退换货、诚信等方面的危险，为商家开展 B2B、B2C 甚至 C2C 交易等电子商务服务和其他增值服务提供了完整的支持。所谓第三方支付平台，就是一些和国内外各大银行签约并具备一定实力和信誉保障的第三方独立机构提供的交易支持平台，相当于一个中介人的角色，连接着卖家与买家。买家在网上选定要购买的商品后，将货款支付给第三方支付平台，平台收到货款后通知卖家发货，等买家收到商品后给出确认信息，第三方支付平台就会将货款转入卖家的账户中。由于整个交易过程中货款寄存在第三方支付平台这个中介处，因此买家不用担心自己付款以后卖家不发货，卖家也不必担心发货以后买家不付款。

与网上银行和传统的汇款方式相比，第三方支付平台有明显的优势：

第一，第三方支付平台有延期付款功能，买家可在收到货物后才确认付费，规避部分网购欺诈风险。

第二，付款不受时间限制。卖家开通一家第三方支付平台，可对接买家几乎所有银行卡，免去传统支付方式中买家要办理多家银行卡的烦恼。

第三，免去了传统支付方式（如银行汇款、邮政汇款等）的烦琐业务。

中国国内的第三方支付产品主要有支付宝、微信支付、百度钱包、PayPal、中汇支付、拉卡拉、财付通、融宝、盛付通、腾付通、通联支付、易宝支付、中汇宝、快钱、国付宝、物流宝、网易宝、网银在线、环迅支付 IPS、汇付天下、汇聚支付、宝易互通、宝付、乐富等。下面主要介绍常用的几款支付平台，其他平台可以通过百度搜索了解。

3.1　支付宝（AliPay）

支付宝（中国）网络技术有限公司是国内的第三方支付平台，致力于提供“简单、安全、快速”的支付解决方案。支付宝公司从 2004 年建立开始，始终以“信任”作为产品和服务的核心。旗下有“支付宝”与“支付宝钱包”两个独立品牌。自 2014 年第二季度成为当前全球最大的移动支付厂商（见图 3－5（左））。

支付宝与国内外 180 多家银行以及 VISA、MasterCard 国际组织等机构建立战略合作关系，成为金融机构在电子支付领域最为信任的合作伙伴。

2018 年 4 月 1 日起，支付宝静态条码支付，每天限额 500 元；2018 年 8 月 21 日，支付宝发布延时到账功能全面升级，被骗资金有望追回；2019 年 2 月 2 日，支付宝已获得国家认证；2019 年 3 月 26 日起，通过支付宝给信用卡还款将收取服务费。

支付宝主要功能如下：

（1）支持余额宝，理财收益随时查看；

（2）支持各种场景关系，群聊群付更方便；

（3）提供本地生活服务，埋单打折尽享优惠；

（4）为子女父母建立亲情账户；

（5）随时随地查询淘宝账单、账户余额、物流信息；

（6）免费异地跨行转账，信用卡还款、充值、缴水电煤气费；

（7）还信用卡、付款、缴费、充话费、卡券信息智能提醒；

（8）行走捐，支持接入 iPhone 健康数据，可与好友一起健康行走及互动，还可以参与公益；

（9）蚂蚁森林，通过特定方式获得能量，能量可以养成一棵树，养成后即可在现实某个地域种下一棵实体的树。

支付宝已覆盖国家和地区名单

3.2 财付通

财付通作为功能强大的支付平台，是由中国最早、最大的互联网即时通信软件开发商腾讯公司创办，目的是为最广大的 QQ 用户群提供安全、便捷、简单的在线支付服务。腾讯公司为促进中国电子商务的发展需要，满足互联网用户价值需求，针对网上交易安全，通过财付通精心推出了一系列服务。

专业的在线支付服务使财付通获得了业界和用户的一致首肯，并先后荣膺 2006 年电子支付平台十佳奖、2006 年最佳便捷支付奖、2006 年中国电子支付最具增长潜力平台奖和 2007 年最具竞争力电子支付企业奖等奖项，并于 2007 年首次获得“国家电子商务专项基金”资金支持。

3.3 微信支付

微信支付是集成在微信客户端的支付功能，用户可以通过手机完成快速的支付流程。微信支付以绑定银行卡的快捷支付为基础，向用户提供安全、快捷、高效的支付服务。自 2017 年 11 月 23 日起，微信支付服务功能在中国铁路客户服务中心 12306 网站上线运行。截至 2017 年 12 月，微信支付绑卡用户已超过 8 亿，已与近 400 家银行进行合作，并拥有超过 3 万家服务商（见图 3－5（右））。

2018 年 4 月 1 日，消费者在使用微信钱包扫描静态条码支付时，单日使用零钱包支付的上限不超过 500 元，同时微信关联的所有银行卡还可以再独立获得 500 元的支付上限。2018 年 3 月，微信推出“高速 e 行”，车牌相当于付款码可快速付款。

微信支付已实现刷卡支付、扫码支付、公众号支付、App 支付，并提供企业红包、代金券、立减优惠等营销新工具，满足用户及商户的不同支付场景。

微信支付为用户提供安全防护和客户服务。

（1）技术保障：微信支付后台有腾讯的大数据支撑，海量的数据和云计算能够及时判定用户的支付行为是否存在风险。基于大数据和云计算的全方位的身份保护，最大限度保证用户交易的安全性。同时微信安全支付认证和提醒，从技术上保障交易的每个环节的安全。

（2）客户服务：7×24 小时客户服务，加上微信客服，及时为用户排忧解难。同时为

图 3-5　手机支付宝（左）与微信支付（右）

微信支付开辟专属客服通道，以最快的速度响应用户提出的问题并做出处理判断。

（3）业态联盟：基于智能手机的微信支付，将受到多个手机安全应用厂商的保护，如腾讯手机管家等，与微信支付一道形成安全支付的业态联盟。

微信支付发展历程

（4）安全机制：微信支付从产品体验的各个环节考虑用户心理感受，形成了整套安全机制和手段。这些机制和手段包括：硬件锁、支付密码验证、终端异常判断、交易异常实时监控、交易紧急冻结等。这一整套的机制将对用户形成全方位的安全保护。

3.4　度小满金融（钱包）

度小满钱包（原“百度钱包”），是度小满金融（原百度金融）旗下第三方支付应用和服务平台。

度小满钱包提供的链接包括百度 App、百度网盘、百度地图、百度贴吧、爱奇艺、度小满理财、有钱花等各大消费、投资理财场景的商户与海量用户，让用户在移动时代享受一站式支付体验。

2019 年 1 月 17 日，百度与中央电视台正式宣布：百度和 2019 年《春节联欢晚会》达成独家互动合作。观众可以通过百度 App“摇一摇”“搜索”“小视频”等多种方式获得红包。度小满钱包为春晚（2019 年 2 月 4 日）红包活动提现提供全程支付服务。

度小满钱包是中国领先的第三方支付应用和服务平台。全面服务消费领域商户和用户的同时，“度小满金融”提供包括基础支付、财富管理、资产管理、消费金融、保险等多样化创新资金服务。

度小满钱包支持包括国有银行、股份制银行、城商行、农商行、地方性银行等在内的百余家银行。除了支付账户服务，度小满钱包还提供各类期限定期理财、保险、基金、消费贷款等金融服务。

度小满钱包余额除提现外，还可以用于充值话费、交易消费、有钱花还款或转账到他人的度小满钱包中，同时在百度 App 小说、阅读、文库，百度网盘、百度地图、百度贴吧、爱奇艺选择度小满钱包进行支付时也可使用。

行动指南

1. 网上银行开通的步骤

各大银行网上银行开通步骤基本相同，主要分柜台开通和网上自助开通两种，对于个人网上银行主要基于 U 盾和电子银行口令卡两种类型。下面以工商银行网银开通为例，介绍网银申请和开通的程序。

工商银行可以开通网银的卡种包括牡丹灵通卡、牡丹信用卡、牡丹贷记卡、牡丹国际卡和理财金账户卡。客户可携带有效证件和银行卡到工行柜台，申请电子银行口令卡或 U 盾。工行咨询热线为 95588。开通流程如图 3－6 所示。

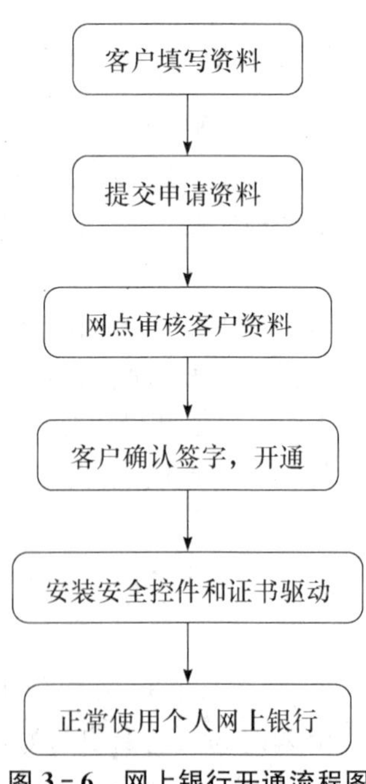

图 3－6　网上银行开通流程图

(1) 需填写的资料：《中国工商银行电子银行个人客户注册申请表》，请务必知悉申请表背面的《中国工商银行电子银行个人客户服务协议》。

(2) 应向工行提交的申请资料：

1) 如已在本地开立账户，需提供《中国工商银行电子银行个人客户注册申请表》、本人有效身份证件、需注册的银行卡。

2）如果客户未在本地开立账户，需提供相应注册卡申请表、《中国工商银行电子银行个人客户注册申请表》和本人有效身份证件。

3）如果客户自带 U 盾，需提供相应介质。

2. 第三方支付工具申请与使用工作程序

以下以支付宝为例，介绍第三方支付工具的申请与使用。

2.1　注册

用支付宝进行网络支付，需要先注册成为支付宝会员。单击支付宝主页上的“注册”按钮，进入注册页面。在支付宝注册会员时，如果已是淘宝网的会员，则可以用淘宝网会员名快速注册。如果还不是淘宝网会员，则可以用电子信箱或手机号码作为用户名注册。一旦注册成功，支付宝就会发出邮件进行确认，并让用户激活注册账户，如图 3－7 所示。

2.2　账户充值

（1）进入支付宝账户，单击“充值”，如图 3－8 所示。

（2）选择网上银行并输入所要充值金额，给本支付宝账户充值，如图 3－9 所示。

（3）支付宝充值成功，如图 3－10 所示。

支付宝 | 注册

通过Email地址，您可以安全、简单、快捷地进行网上付款和收款。

1、填写个人信息

* 账户名：

* 确认账户名：

2、设置登录密码

* 登录密码：

* 确认登录密码：

3、设置支付密码

* 支付密码：

* 确认支付密码：

4、设置安全保护问题

图 3－7　支付宝用户注册页面

图 3－8　支付宝充值

图 3-9　选择网上银行给支付宝充值

图 3-10　支付宝充值成功

2.3　使用支付宝进行在线支付

(1) 浏览商品，选中所要购买的商品，选择支付宝支付，如图 3-11 所示。

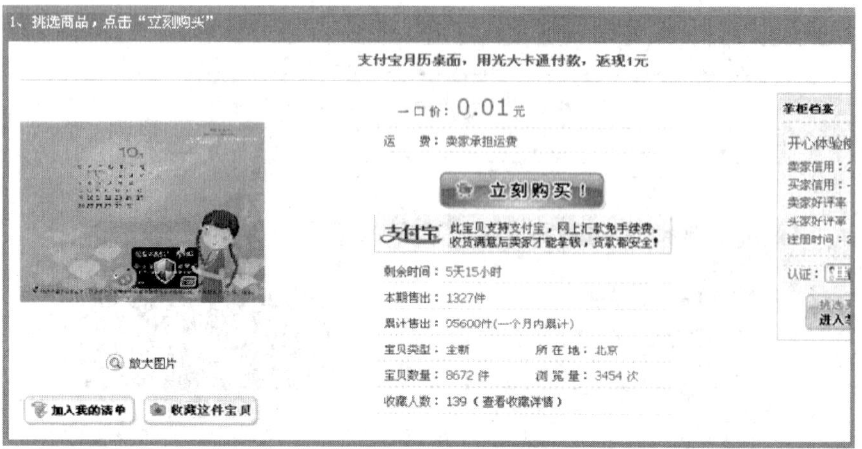

图 3-11　网上购物

(2) 输入支付宝支付密码，将款划到支付宝账户，如图 3-12 所示。

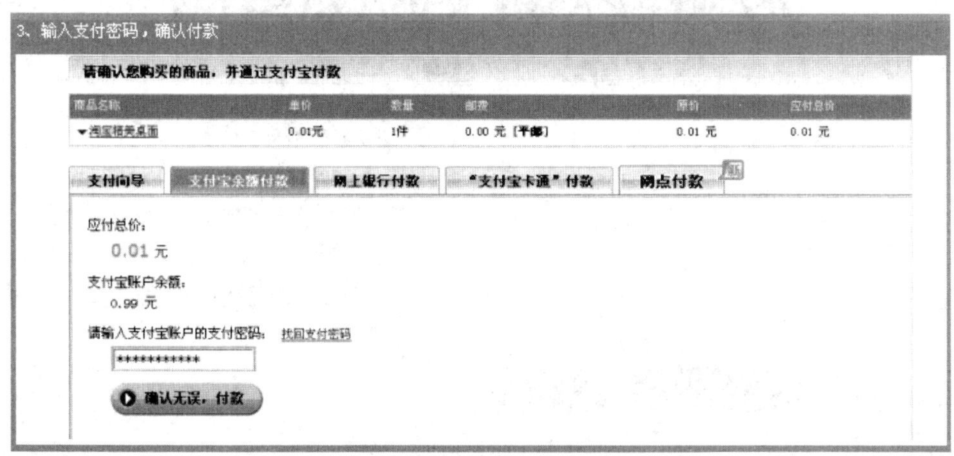

图 3-12　支付宝支付

(3) 确认后付款到支付宝账户，付款成功，如图 3-13 所示。

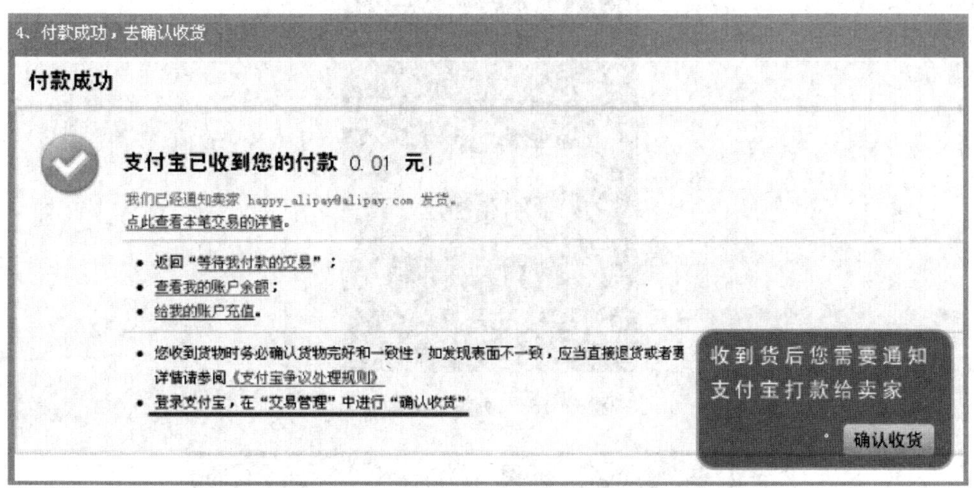

图 3-13　付款成功

3. 微信支付操作流程

微信支付支持以下银行的借记卡及信用卡：招商银行、建设银行、光大银行、中信银行、农业银行、广发银行、平安银行、兴业银行、民生银行，其他银行也在陆续接入中。

使用微信支付购物的流程具体如下所述。

(1) 首次使用，需用微信"扫一扫"扫描商品二维码或直接点击微信官方认证公众号的购买链接，如图 3-14 所示。

(2) 点击"立即购买"，首次使用会有微信安全支付弹层弹出，如图 3-15 所示。

(3) 点击"立即支付"，提示添加银行卡，如图 3-16 所示。

(4) 填写相关信息，验证手机号，如图 3-17 所示。

图 3－14　微信扫描二维码

图 3－15　微信安全支付

图 3－16　添加银行卡

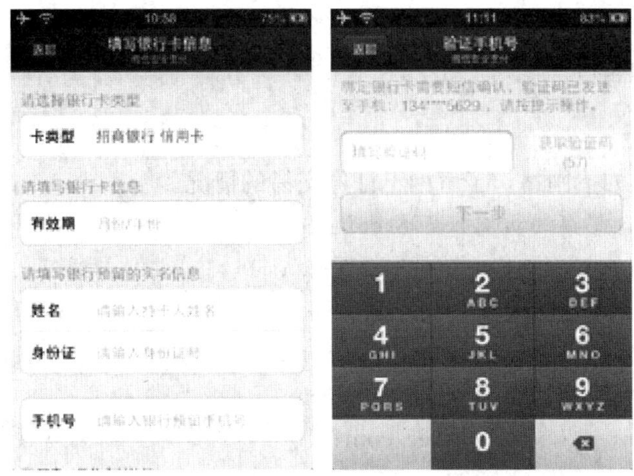

图 3-17　验证手机

（5）两次输入，完成设置支付密码，购买成功，如图 3-18 所示。

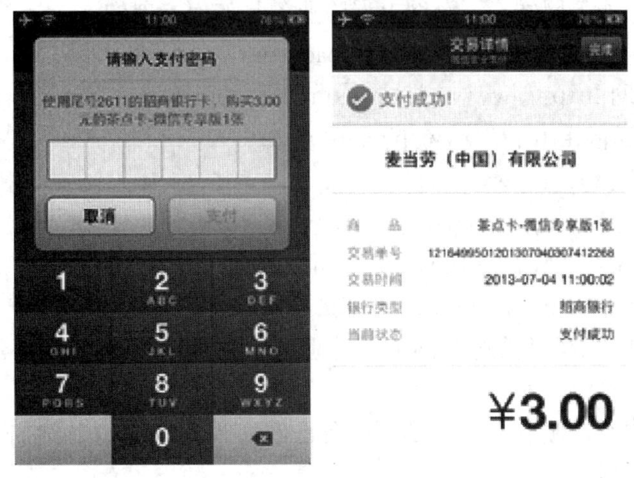

图 3-18　购买成功

项目小结

电子金融、网上银行等都是电子商务领域比较重要的内容，本项目主要从电子金融与网上银行模块进行学习，学生应重点掌握网上银行的具体使用过程。近年来，随着信息安全技术和通信技术的快速发展，网上银行等电子金融技术也在不断发展和进步。不久的将来，移动金融将会配合移动电子商务成为新的应用热点。

习题与课业

简答题：

1. 什么是电子金融？它能提供哪些服务？
2. 什么是网上银行？它有哪些特点？
3. 你认为目前网上银行还存在哪些问题？

4. 什么是网上个人理财？如何进行网上个人理财？

5. 什么是移动支付？

拓展训练

1. 请课下访问如下网站，了解网上证券交易的情况。

（1）华西证券 http://www.hx168.com.cn；

（2）国信证券 http://www.guosen.com.cn；

（3）华泰证券 http://www.htsc.com.cn；

（4）上海证券交易所 http://www.sse.com.cn；

（5）深圳证券交易所 http://www.szse.cn；

（6）海通证券 http://www.htsec.com；

（7）广发证券 http://www.gf.com.cn；

（8）兴业证券 http://www.xyzq.com.cn；

（9）国泰君安证券股份有限公司 http://www.gtja.com。

2. 请课下访问如下网站，了解网上保险业务是如何开展的。

（1）易保网上保险广场 http://www.ebao.com；

（2）中国保险网 http://www.china-insurance.com；

（3）中国平安保险 http://www.pingan.com；

（4）太平洋保险 http://www.cpic.com.cn；

（5）新华人寿保险 http://www.newchinalife.com；

（6）中国人寿保险 http://www.e-chinalife.com；

（7）泰康人寿保险 http://www.taikang.com。

以上各个保险网站都提供哪些网上保险业务？比较分析哪家保险公司网上保险做得好，为什么？

3. 实地调查你所在城市目前有哪些业务已经实现移动支付（例如，乘坐公交、缴费业务、自动售货机等）。

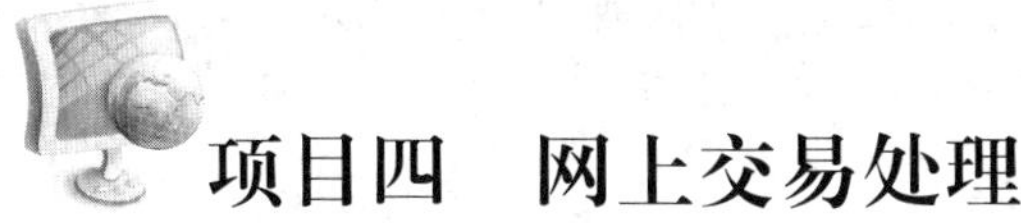

项目四　网上交易处理

项目介绍

网上交易主要是在网络的虚拟环境中进行的交易，类似于现实世界当中到商店购物，差别是网上交易是利用电子商务的各种手段，完成从买到卖的虚拟交易过程。

网上交易是买卖双方利用互联网进行的商品或服务交易。常见的网上交易主要有企业间交易（B2B）、企业和消费者间交易（B2C）、个人间交易（C2C）、企业和政府间交易（B2G）等，近年随着网络的不断发展，又出现了 S2b2C 电子商务交易模式。

本项目主要通过 C2C 交易处理、B2C 交易处理、B2B 交易处理及其他交易模式四个模块和六个学习任务来完成。结合实例向学生介绍几种典型电子商务交易模式的具体操作流程和运作方式，通过实例分析、课堂讨论和实践、实训等形式，帮助学生由浅入深地理解并掌握几种典型的电子商务交易模式的运作流程。

项目目标

通过本项目的学习，学生主要学会几种典型的电子商务模式的交易流程，学会各种模式的业务处理方式，并能进行简单的电子交易相关操作。本项目包含大量的实践操作内容，可以一边实践操作，一边学习，从而提高学习效果。

项目实施

通过案例分析、学生自学、课堂讨论、模拟演练等形式，教师作为组织者、指导者和共同学习者，与学生共同完成本项目，并进行总结。

项目验收点

网上购物单据；网店名称；网店介绍；网上商城管理。

引导案例

苏宁易购：大型商贸企业电子商务转型与融合

苏宁易购(www. suning. com)是苏宁云商集团股份有限公司（简称苏宁，原名为苏宁电器股份有限公司）旗下 B2C 电子商务平台，网站于 2010 年 12 月上线，所销售商品

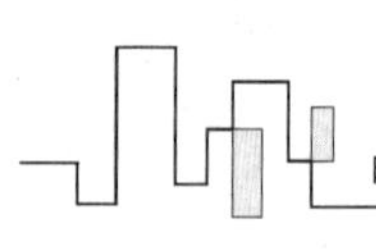

范围涵盖家电、消费电子、百货、母婴和图书等品类。2013 年随着“云商”模式的提出，苏宁实现了向全品类拓展，逐步延伸至金融服务和虚拟服务等领域。同年 9 月，随着开放平台的上线，苏宁易购通过吸引第三方卖家入驻，平台百货、超市类等非电器产品不断丰富。

1. 基本情况

2013 年 3 月，苏宁将发展电子商务提升到战略高度，苏宁易购从独立的电子商务公司整合成为苏宁的电子商务经营总部，并于 2014 年春节后将线上线下业务进行了整合，成立了大运营总部。

在集团架构持续优化的同时，线上业务实现快速发展。苏宁易购销售额持续保持较快增速，2011—2013 年销售收入分别为 59 亿元、152.16 亿元和 218.9 亿元，占苏宁集团总体营业收入比例稳步上升，分别为 5.37%、13.22%、17.77%。

2. 运营特色

实施“云商”战略后，苏宁用互联网思维对线上电商业务和线下实体门店进行整合，以用户体验为出发点，使消费者在消费过程的各个环节，无论线上线下都能享受到同质化的服务。至今，苏宁逐步实现了线上线下商品价格、出样、展示、支付、配送和售后服务等多维度的融合，让消费者能够随时随地享受到苏宁的多种服务，从关注价格高低转为关注自身的消费需求和消费体验。

(1) 价格融合。

比线下店更具价格优势和便利性，是目前线上购物更受消费者欢迎的主要原因。但是这一方面导致了传统渠道的萎缩，另一方面导致了许多线下店徒有客流，无成交量，因为许多消费者只在线下店试穿试用，然后线上下单。

为了应对电商渠道给传统零售业带来的冲击及解决苏宁内部线上线下的渠道矛盾，从 2013 年 6 月起，苏宁开始实施线上线下同价计划，苏宁旗下所有实体店销售的商品将逐步实现与苏宁易购同价，苏宁不再区分线上线下，而是以一个整体的形式面对消费者。苏宁的线上线下同价，并不意味着单纯的“低价”，而是希望彻底打通实体店和线上平台，让线上线下用户以同样的价格享受同样的商品和服务，促进渠道融合。

(2) 渠道融合。

分布在全国的千余家实体门店是苏宁传统零售渠道的重要载体，通过逐步对实体门店进行了互联网化改造，实现实体门店与苏宁易购的渠道融合。改造方式主要是通过在实体门店内设置易购综合直销区、云体验中心、虚拟货架、二维码墙和本地生活服务区等互联网专区，将线下购物的过程互联网化。同时，苏宁也对门店的运营方式进行互联网化，比如增加本地化的营销力度、对产品进行社交化的传播。在对线上线下的渠道进行融合的同时，苏宁还对售后服务部门进行了整合。消费者无论是在线上还是在线下购物过程中出现问题，无须将货物邮寄回去，而是可以联系最近的苏宁线下店进行解决。

(3) 物流融合。

在物流融合之前，苏宁根据其线上线下业务建立了两套物流体系。一是以线下实体店为中心的大件物流和骨干物流，其辐射范围在 70～80 千米。因苏宁的线下店主要集中在一、二线城市，其在三、四线城市的配送能力十分有限。二是以苏宁易购为中心的小件商品配送体系，此前主要依赖第三方物流。在实施“云商”战略之后，为了使线上线下能够更好地融合，苏宁对原有的物流体系进行了改造，主要是对线下物流体系进行改造，使其符合电商物流的特征。

在大家电配送方面，苏宁易购共享苏宁电器配送仓储网，直接就近配送。小家电、图书和百货等品类的配送则以原有仓库为中心，设置配送分支进行补齐。另外，苏宁在全国加大了仓库、物流站点及配送团队的建设，截至2013年年底，苏宁完成全国19个城市物流基地建设项目，17个城市物流基地处于在建，22个城市物流项目完成土地储备，同时北京、南京、广州等全国12个核心城市的自动化仓库陆续开工建设。

目前，苏宁已实现本地仓库出货城市半日达，12个一线城市异地出货全部次日达，并在北上广深等重点城市推行了“一日三送”和“易速达”等特色服务，并在全国1 600家门店设立了自提点。

（4）组织融合。

苏宁在实施“云商”战略后，对管理结构进行了整合，以实现组织的融合。围绕“云商”模式，苏宁将原有的金字塔式组织结构转变为事业群组织。在组织架构上，苏宁将重点构建总部管理层、总部经营层、地区执行层。

3. 发展规划

苏宁易购基于集团互联网转型战略，在苏宁实体门店、物流、售后服务及信息化支持下，形成了与实体零售渠道全面融合的O2O模式，为线上线下用户提供更佳的购物体验。

2020年苏宁易购销售规模预计达到3 000亿元，销售网络拓展至日本和东南亚等地，技术创新、数据研究等能力位居世界前列，成为中国领先的B2C平台之一。

思考：

1. 电子商务为商家带来了什么？又为客户带来了什么？
2. 苏宁为什么能成功？

模块一　C2C交易处理

学习任务单4－1

学习情境	小米开通了支付宝，完成了一次网上购物。拿到商品后小米非常满意，觉得网络太好了，足不出户就买到了物美价廉的商品。通过调查小米发现，现在有很多在校大学生开网店赚到了钱，便和同寝室的姐妹们商量：“咱们能不能合伙也开一家网店，一则锻炼了自己，二则学到了知识，三则赚到了钱，勤工助学，何乐而不为呢？”可是卖什么东西呢？怎样开一个属于自己的网店呢？同学们和小米一起来做吧！

环境需求	1. 互联网接入； 2. 计算机（每人一台），相机（每组一台）； 3. 全班分成若干小组，每组 5～8 人； 4. 身份证； 5. 学习任务考核单（也可到教学资源包下载电子版）。
任务描述	任务 1： 1. 小组内每名学生上网访问淘宝网、拼多多，查看其主页推广商品链接的网店，注意考察所售商品、网店店面和营销策略。 2. 访问淘宝大学(http://daxue.taobao.com)选择免费课程或观看资源包中提供的淘宝开店视频，学习开店流程与技巧。 任务 2： 1. 小组讨论本小组开店经营项目，初步确定经营商品类别，对该商品进行网上调研和市场分析。讨论并确定本小组网店名称、经营思想与策略，对小组进行分工，确定店铺掌柜、客服、营销推广、店面设计、物流人员。 2. 以店铺掌柜身份注册淘宝会员。扫描掌柜身份证并经过处理后，以掌柜名义申请实名认证以期申请免费开店，等待淘宝确认（需 1～2 个工作日），进行淘宝规则网上考试。 3. 利用课余时间阅读资源包中关于“网店开门红——淘宝、易趣开店全攻略或开店指南”的内容，并进行小组分工，一部分人上网收集货源，到淘宝分销平台、阿里巴巴等分销和批发网站考察，一部分人到当地或附近批发市场考察货源。 注：经过考察，小组也可修改网店经营计划，在考察货源时，可以暂不买该商品，获得照片和信息即可，或者作为合作项目网上代卖。 任务 3： 1. 以掌柜身份登录淘宝网，进入免费开店板块，按照开店流程设置信息，设计店面，发布商品（至少 10 种），上传商品图片，设置好价格和其他详细信息。 2. 访问本小组店铺，查看店铺前台情况，发现问题及时修改，直到小组成员全体通过，将店铺地址填写在考核单上。 任务 4： 1. 安装阿里旺旺、千牛并登录。 2. 利用旺旺或 QQ、微信、微博等方式推广自己的店铺。 3. 进行开店实践。 4. 小组之间互相访问网店，并利用学习任务考核单 4－2 进行相互评价，每组给其他小组打分，并分别提交，最后各组的成绩是各组相互评价与指导教师评价的平均值。 以上任务建议 4～6 学时完成。
任务间歇	播放励志 MV（教学资源包提供）。
讨论	淘宝网与拼多多有什么差别？
小调查	1. 你有朋友或亲属开工厂吗？ 工厂名称： 经营项目： 2. 你有朋友或亲属做商品批发吗？ 批发项目：
任务拓展	尝试在拼多多免费开店。

学习任务考核单 4－1

组名：　　　　　　　　　　　　　　　　　　　　　　　　　　编号：4－1

店名：

口号：

掌柜：

店员：

序号	任务	分值		成绩
1	网上开店流程	30 分		
2	网店经营商品	30 分		
3	网店经营计划	40 分		
合　　计				

学习任务考核单 4－2

组名：　　　　　　　　　　　　　　　　　　　　　　　　　　编号：4－2

序号	任务	分值	小组互评	成绩
1	第一组	100 分		
2	第二组	100 分		
3	第三组	100 分		
4	第四组	100 分		
5	第五组	100 分		
6	指导教师	100 分		
平均分				

* 请学生填写完学习任务考核单后上交。

学习指南

1. C2C 模式简介

1.1　C2C 电子商务的含义

C2C（Customer to Customer），即消费者与消费者之间的电子商务。通过互联网，消费者之间也可以互相买卖商品，特点是消费者与消费者之间可以讨价还价。例如，网上拍卖网站、全球性在线竞价交易网站，每天均可提供上万件在线商品供用户竞价。C2C 电子商务交易平台的成功之处在于它正确的市场定位，网站可以是多客户类型、多交易类型、多拍卖类型，以各种网上拍卖的方式运营。网站通过提供交易平台和相关服务，收取交易佣金。

1.2　C2C电子商务的主要利润来源

由于C2C电子商务交易平台是以一种第三方平台的身份参与C2C模式的，此特性注定C2C企业的网上盈利点不会很多。列举如下：

（1）交易手续费。交易平台在交易成功的双方中收取占交易额相对比例的佣金。例如，拼多多的收费政策便在此处得以体现。

（2）增值服务费。网站为提高用户满意度，满足用户个性化服务的要求，可以向用户提供基本服务以外的特色服务，并从中收取一定比例的佣金，这称为增值服务费。目前此种收费模式在C2C网站得到广泛应用，如店铺管理增值服务、卖家推广服务、网站主页广告服务、个性化广告推广增值服务等，比如淘宝直通车、店铺装修等。

（3）广告费。网站向有关行业出售一定版面作为广告的展示平台，从中收取佣金，这也是互联网企业最稳定的收入来源。

2. C2C电子商务交易平台的经营模式

中国C2C简史

C2C网站的主要经营模式就是网上拍卖。目前国内外拍卖网站采用的交易方式主要有网络英式拍卖、网络荷兰式拍卖、集体议价、逢低买进、标价求购和一口价等几种。

2.1　网上拍卖的概念

网上拍卖指网络服务商利用互联网通信传输技术，向商品所有者或某些权益所有人提供有偿或无偿使用的互联网技术平台，让商品所有者或某些权益所有人在其平台上独立开展以竞价、议价方式为主的在线交易模式。

2.2　网上拍卖交易方式

目前在互联网上出现的网上拍卖交易方式中，有一些是从传统拍卖中的某些交易方式演变而来，另一些是针对互联网本身的特点和消费者的喜好而出现的新的交易方式，这些交易方式主要有以下几种。

2.2.1　网络英式拍卖

英式拍卖（English Auction），也称为“公开拍卖”或“增价拍卖”，是传统拍卖中最常见的拍卖方式。这种拍卖方式被网上拍卖所采用，成为网上拍卖中最基本、最常见的在线交易方式。网络英式拍卖采用的是正向竞价形式。网络英式拍卖的规则是后一位出价人的出价要比前一位的高，竞价截止时间结束时的最高出价者可获得竞价商品的排他购买权。买方可以通过浏览历史价格（当前其他买家的出价）决定自己对物品的最高报价，然后提供给系统，系统自动更新后，其所出的价格和历史价格就可以显示在网页上。

2.2.2　网络荷兰式拍卖

荷兰式拍卖（Dutch Auction）是一种公开的减价拍卖，又称“出价渐降式拍卖”。网络荷兰式拍卖针对的是一个卖家有大量相同的物品要出售的情况而产生的，它采用的是逆向竞价形式。网络荷兰式拍卖不存在价格下降的情况，一般是竞价截止时间结束时，出价最高者获得他所需要的数量，如果物品还有剩余，就由出价第二高的人购买。网络荷兰式拍卖的原则是价高者优先获得宝贝，相同价格先出价者先得，成交价格是最低成功出价的金额。

2.2.3　集体议价

集体议价是一种不同于传统拍卖的网上拍卖类型，集体议价多采用C2B的形式，并无竞价过程，提供集体议价的网站会将物品的基础价格（初始价）公布，由众多买家构成一个庞大的购物集团，然后根据卖方在登录物品前登记的表格中所标明不同数量、等级的物品的单价进行购买，买家人数越多，价格越低，但通常会有一个最低价（即集合底价）。集体议价实质上更像网站替一批不认识的人去批发购买他们想要的商品。

2.2.4　逢低买进

逢低买进也是不同于传统拍卖的一种交易形式，买家可以暂不投标加入，而是根据商品的价格曲线，选一个自己认可的价格段，一旦价格降到此价格段上，系统会发送通知，告诉买家目前集合的人数已达到他所期望的价位，并将他自动加入购买集体。逢低买进与集体议价的显著不同在于，消费者加入竞买时尚未取得购买资格，能否取得购买资格也是不确定的。

2.2.5　标价求购（反拍卖）

标价求购（反拍卖）是由卖方出价，卖方成为“买方”，其竞争的是向消费者提供服务的机会，反拍卖具体指消费者可以提供自己所需的产品、服务需求和价格定位等相关信息，由商家之间以竞争方式决定最终产品、服务供应商，从而使消费者以最优的性能价格比实现购买。

2.2.6　一口价

一口价指在交易前卖家预先确定一个固定的价格，让买家没有讨价还价的余地。交易完成后，买家根据卖家预先设定好的价格（即一口价）进行付款。如果卖家出售数量是大于1的多数商品，则交易将持续到买家以一口价购完全部商品或在线时间（竞价截止时间）结束。一般在网上拍卖的实际运用中，一口价的买卖方式可以单独使用，也可以结合其他交易类型（如网络英式拍卖）一起使用。

2.3　拍卖网站类型

由于网上拍卖的交易活动本身与《中华人民共和国拍卖法》（以下简称《拍卖法》）中对拍卖活动所作的规定有很大的区别，因此，网上拍卖在拍卖标的、拍卖程序、交易类型、交易场所、竞价时间、拍卖方式、交易成本、中介机构的服务以及法律责任等方面与传统拍卖活动都有很大的区别，因此，根据网站所组织的拍卖活动是否符合《拍卖法》，又可以将拍卖网站分为两类：一类是符合《拍卖法》的专业拍卖网站，另一类是不符合《拍卖法》的网上竞价买卖型网站。

2.3.1　专业拍卖网站

此类网站的经营者是有拍卖企业营业执照的企业，具有《拍卖法》所规定的拍卖人资格，由经验丰富的拍卖师严格按拍卖规则主持网上拍卖活动。中国拍卖网(http://www.paiorg.com，如图4-1所示)、雅昌拍卖网(https://auction.artron.net)都是取得拍卖法人资格的网站。

2.3.2　网上竞价买卖型网站

此类网站的经营者没有相应的拍卖资质，多是一些互联网企业，经营目标是为买卖双方搭建一个信息交流平台，并促成买卖双方之间的在线交易，其拍卖服务主要采用 C2C 或 B2C 模式，如阿里拍卖（如图 4－2 阿里拍卖站首页）和京东拍卖（如图 4－3 京东拍卖站首页）中的竞价买卖部分、转转 App 中的拍卖等。另外，还有一些网站是互联网企业和传统拍卖企业联合推出的。

图 4－1　中国拍卖网网站首页

图 4－2　阿里拍卖站首页

网上竞价买卖型网站虽然也采用公开竞价机制进行商品交易，但是没有专业拍卖师，竞拍活动均由电脑程序自动完成。另外，国内多数网上竞价买卖型网站都是给众多个体提供一个虚拟店铺空间，并借助网站的聚集效应吸引大量个体消费者网上购物，其中转转 App（见图 4－4）是一个网上二手商品交易 App。转转上面的降价拍卖，是通过降价拍卖

图 4-3　京东拍卖站首页

方式进行商品销售，吸引消费者购买，即商品从原价开始，匀速降价，直至单个商品价格下降至保留价，在降价过程中，消费者可以随时点击“马上抢”，将价格停止并以当前价格支付购买商品。

图 4-4　转转 App 的降价拍卖

3. C2C 电子商务交易的一般流程

3.1　一口价交易流程

(1) 登录 C2C 网站，注册会员。

(2) 卖家用一口价的方式发布多个商品，然后上架。

(3) 买家进入系统后，搜索自己所需的产品，并浏览该商品，选择一口价的商品后，立刻购买。然后通过支付平台付款，但在付款时需注意该支付平台账户必须有足够的钱。

(4) 卖家在买家下订单后发货，找到买家购买商品的订单，选择合适的物流公司进行发货，选择物流公司即可以选择网站推荐的物流公司、自己联系物流公司、可以不需要物流公司3种方式进行发货。

(5) 买家确认收货。买家输入支付平台支付密码确认收货，这样一口价的交易就完成了。

(6) 交易完成后进行评价。

3.2 拍卖流程

(1) 登录C2C拍卖网站，注册会员。

(2) 经过拍卖网站认证，成为拍卖方后，可上传所要拍卖的商品。

(3) 买家查看拍卖的商品。拍卖分为单拍和多拍。在这，单拍即多人竞拍一个商品，最后谁的价格高，谁将获得商品。多拍即荷兰式拍卖[指拍卖标的的竞价由高到低依次递减直到第一个竞买人应价(达到或超过底价)时击槌成交的一种拍卖]。

(4) 买家出价。

(5) 买家付款，卖家发货，买家确认收货。

行动指南

以下以淘宝网为例介绍网上开店指南。

(1) 用户注册。登录淘宝网首页(www.taobao.com)或下载手机淘宝App，选择“会员注册”，输入本人手机号并进行验证，按步骤要求填写账号相关信息，设置支付方式即可注册，已经注册淘宝网会员的可以直接登录(见图4-5)。

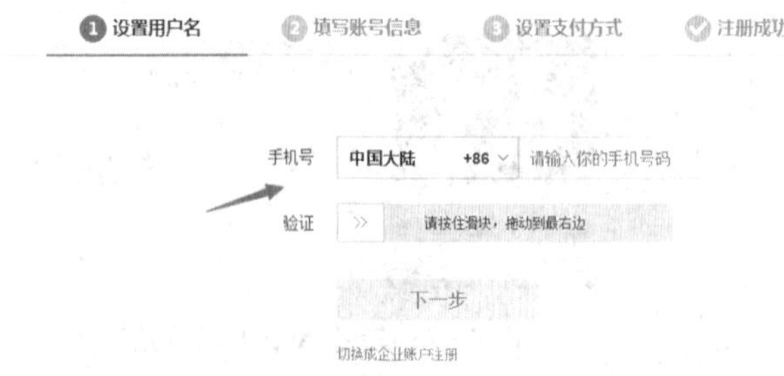

图4-5 淘宝会员注册

(2) 创建店铺。点击右上角的“千牛卖家中心”，点击“免费开店”。

选择个人店铺进行认证，完成支付宝实名认证操作之后，点击返回“免费开店”页面，阅读开店须知，进行“淘宝开店认证”(见图4-6、图4-7、图4-8、图4-9)。

图 4－6　免费开店

图 4－7　选择个人店铺

图 4－8　阅读开店须知

点击“立即认证”后，你会进入“淘宝网身份认证”的页面，请点击该页面“立即认证”（见图 4－10）。

图 4-9　淘宝开店认证

图 4-10　立即认证

点击“立即认证”后，进入“淘宝网身份认证”页面，请根据页面提示进行操作（系统会根据您的网络安全做出推荐），资料审核时间为 48 小时（见图 4-11）。

图 4-11　手机淘宝客户端扫码认证

审核通过后就可以进入千牛卖家中心了（见图 4-12）。

图 4-12　千牛卖家工作台

（3）宝贝（商品）发布。店铺创建成功后就可以发布宝贝了，登录淘宝，点击“我的淘宝”，然后点击“我要卖”，点击“一口价发布”，选择商品所属类别等相关的详细商品信息后，即可发布产品。选择好类别后，进入宝贝信息填写页面，填写好商品信息、上传商品图片，如图 4-13 所示，就可以发布宝贝了。

图 4-13　商品发布

也可以下载千牛手机端，使用手机进行接单、改价、发货、看数据等店铺后台操作（见图 4-14）。

（4）网店推广。不要以为网店开张了就万事大吉，淘宝上有成千上万个店铺，若不做推广，没人会知道你的小店，所以网店推广将是店铺下一步工作的核心。网店推广的方式很多，具体可参见教学资源包中有关开店攻略的内容。

（5）订单处理。经过网店推广以后，店铺会有订单，应该及时处理订单。登录淘宝后，在交易管理模块选择“已卖出去的宝贝”，进入订单页面。图 4-15 所示为订单页面，可以查看不同状态的订单。

进入订单页面，找到订单核实后，再找到需要发货的订单，选择发货，确认收货信息、交易详情、发货信息后选择物流公司发货。图 4-16 所示为发货处理。

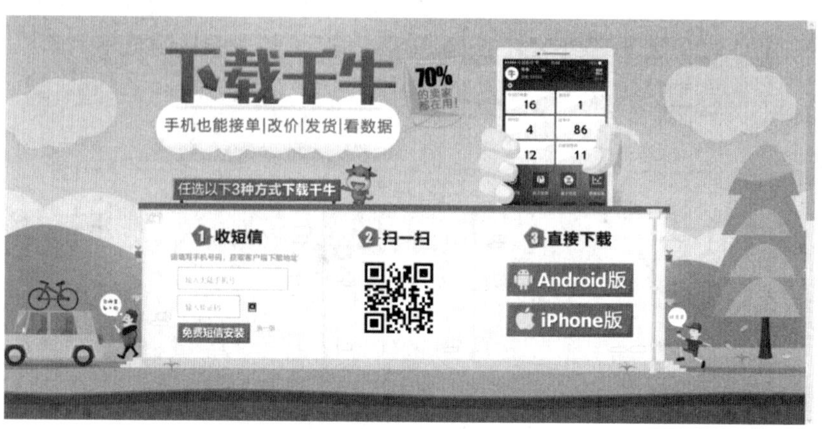

图 4-14　下载千牛手机端

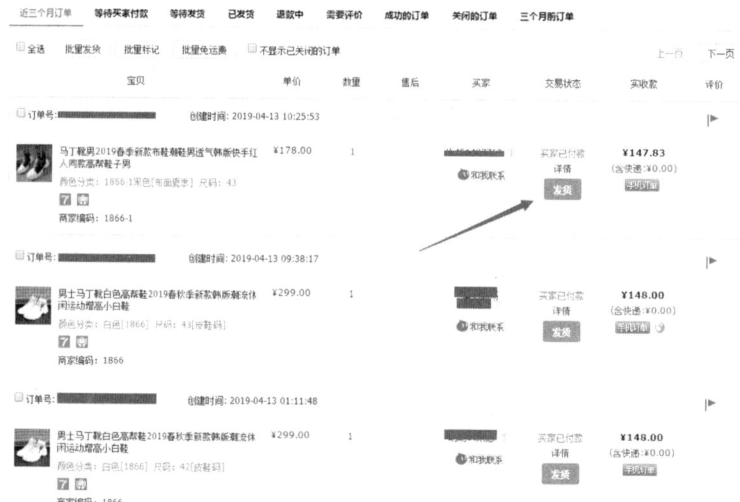

图 4-15　订单页面

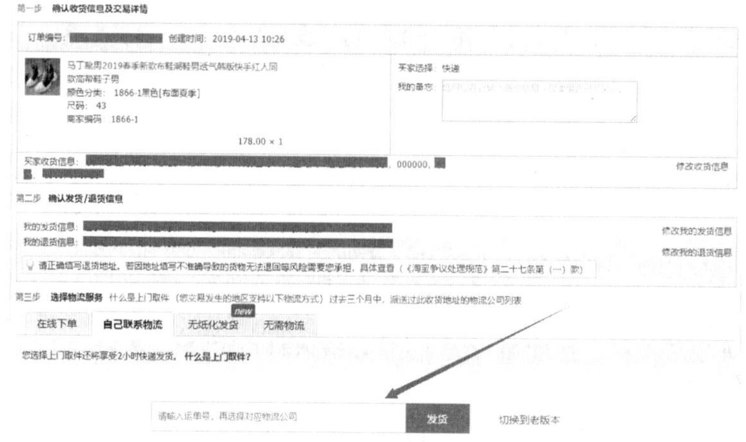

图 4-16　发货处理

模块二　B2C 交易处理

学习任务单 4－2

学习情境	小米和同学在淘宝网上开了个店，在经营过程中，小米发现淘宝店网址很难记，店铺的设置也有局限性，店铺没有自己的会员群，信息的发布量也有限。另外，小米自从体验购物后，喜欢上了网购，在网购过程中她发现有一些独立的网上商城很不错，小米想知道网上商城和网店之间有什么不同。她想，将来自己毕业了，有条件了，能否也开个这样的网上商城。同学们还是和小米一起去探索吧！
环境需求	1. 互联网接入； 2. 计算机（每人一台）； 3. 学习任务考核单（也可到教学资源包下载电子版）。
任务描述	任务 1： 每名学生上网访问如下网站，并就以下问题进行讨论： （1）http://www.tmall.com； （2）http://www.jd.com； （3）http://www.suning.com； （4）http://www.amazon.cn； （5）http://www.kaola.com； （6）http://www.vip.com； （7）http://www.dangdang.com. 问题 1：上述 B2C 电子商务网站主要经营的商品可分为哪几类？ 问题 2：通过访问典型的 B2C 电子商务网站，总结 B2C 电子商务网站前台系统主要包括哪几个部分。 问题 3：当前 B2C 电子商务的典型运作方式有哪些？ 任务 2： 1. 利用百度搜索“B2C 网站排行”，对搜索结果中的前五名电子商务网站进行研究，了解它们的创业史及运营模式。 2. 体验 B2C 购物，针对自己的需求，在知名 B2C 网站上选购一件商品，体验 B2C 购物流程和服务，并对该网站做出自己的评价。 以上任务建议 2 学时完成。
任务间歇	播放励志 MV（教学资源包提供）。
小调查	1. 你家买电器一般去哪里买？ □商场　□电子市场　□网上 2. 你或你的亲友在网上买过小家电吗？ □买过　□没有
任务拓展	通过淘宝开店经营和你对网上商城的学习，总结淘宝店和独立网上商城有什么异同。

学习任务考核单 4-3

姓名： 学号： 编号：4-3

序号	任务	分值	总结与归纳	成绩
1	B2C 网站主营商品	20 分		
2	B2C 网站前台系统主要包括哪几个部分?	20 分		
3	B2C 电子商务的典型运作模式有哪些?	20 分		
4	B2C 网站排行	20 分		
5	体验 B2C 购物	20 分		
合　计				

* 请学生填写完学习任务考核单后上交。

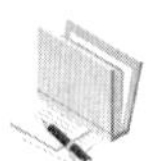

学习指南

B2C（Business to Customer）电子商务是指企业与消费者之间以互联网为主要服务手段进行的商务活动。它是一种电子化零售模式，采用在线销售，以网络手段实现公众消费和提供服务，并保证与其相关的付款方式电子化。它是随着 WWW 的出现而迅速发展起来的，目前在互联网上遍布各种类型的网上商店和虚拟商业中心，提供从鲜花、书籍、饮料、食品、玩具到计算机、汽车等的各种消费品和服务。WWW 网上有很多这一类型电子商务成功应用的例子，如全球最大的虚拟书店 Amazon. com，为了获得消费者的认同，网上销售商在“网络商店”的布置上往往煞费苦心。网上商品不是摆在货架上，而是做成了电子目录，里面有商品的图片、详细说明书、尺寸和价格信息等。

1. B2C 交易商品的特点

B2C 电子商务模式最大的特点是商品的交易完全通过网络进行，从消费者到网上挑选和比较商品开始，到网上购物支付和物流配送以及售后服务，都是以网络为媒介完成的，企业和消费者之间不进行面对面的交易。

2. B2C 网站系统构成

具备在线交易功能的电子商务系统和普通企业网站相比，要复杂得多，通常包括前台系统和后台系统两个部分。

前台系统就是直接面向客户的网站，用于发布商务信息、接受客户需求。其主要功能模块有用户注册、商品目录、商品信息发布、商品信息查询、组合检索、网上购物、购物车、支付处理、订单查询、售后服务等。其中，商品目录、购物车、支付处理构成了 B2C 网站的三大基本构架。

后台系统的主要功能是受理客户订单，满足客户需求。其主要功能模块有用户管理、商品管理、订单管理、退换货管理、供应商管理、物流管理、网站经营管理、网站监控、消费商品统计与分析等。电子商务系统前台与后台是相互联系、相互支持的两个部分，企业在应用电子商务时，不仅要重视前台电子商务网站，更要重视后台系统的集成功能。

3. B2C电子商务消费者购物的一般流程

（1）注册为商城会员。

1）点击页面顶部“免费注册”，进入注册页面；

2）填写用户名、密码等个人信息进行注册；

3）选中“我已阅读并同意《×××商城用户协议》”，并点击“完成”按钮完成注册。

在注册时务必详细填写个人信息。如果忘记密码，网站提供了找回密码的功能，只要在忘记密码的页面中输入用户的ID号或注册时的电子邮箱，系统将发送找回密码的链接到用户注册的邮箱里。

（2）查找商品。

可以按分类浏览或搜索商品。

（3）放入购物车。

找到满意的商品后选择购买，修改数量，放入购物车，可选“继续购买”或“去结算”。

（4）提交订单并付款。

选择“去结算”后进入订单页面，填写配送方式及地址和支付方式，提交订单，进行货款支付。

2018年上半年10家B2C电商上市公司榜

（5）查看订单状态。

（6）收货与评价。

学习任务单4-3

学习情境	小米在网上商城买了一件商品，她觉得这种模式与淘宝网不同。她的淘宝店是在淘宝网这一平台上建立的，相当于在大集市租赁了一个柜台卖产品，而像凡客诚品等网上商城则相当于自己独立开了一家商场，自主经营，更灵活。当然前期成本较高，但是发展空间相对大。小米已经学会了在淘宝网上开店，那么在网上建一个独立商城和在淘宝网免费开店一样吗？怎么才能开一家网上商城呢？小米已经被这些精美的网上商城所吸引。她下决心一定要弄个明白。小米想，如果自己的淘宝店经营好了，有了资金，注册一个企业，自己也做个独立网上商城或入驻天猫商城，或者直接把自己淘宝店的商品移到商城上来卖。同学们，如果你也有梦想就一起来学习吧！
环境需求	1. 互联网接入； 2. 计算机（每人一台）； 3. 京东商家入驻视频； 4. 仿天猫商城源代码/壹佰分商城源代码； 5. 学习任务考核单（也可到教学资源包下载电子版）。

任务描述	任务 1： 1. 播放京东商家入驻视频，并登入京东网站(www.jd.com)网页底部找到“招商合作”和“商家帮助”，了解京东入驻规则及费用标准。 2. 登录天猫商城(http://www.tmall.com)，找到“帮助中心”，进入“商家入驻”模块，学习以下内容并进行归纳：(1) 招商对象；(2) 入驻流程；(3) 资质材料；(4) 收费标准；(5) 试运营介绍。在此找到“规则与违规举报”板块，学习以下内容：1) 天猫规则；2) 消保服务；3) 店铺扣分处罚；等等。在搜索栏中搜索“各类目技术服务费年费”，找到天猫当年年度各类目技术服务费年费一览表，查看各类技术服务年费。回到商城首页，选择“商家入驻”，查看“商城介绍”“入驻商城指南”等内容。 3. 登录几家品牌商品入驻商户店面，仔细查看，并与淘宝免费店铺比较。 4. 从教学资源包中下载仿天猫网站程序，配置 IIS 程序包，并发布网站或直接使用调试工具打开网站，模拟天猫运营商和商户两个角色，了解天猫运营模式。 任务 2： 从教学资源包中下载壹佰分商城源代码，配置 IIS 程序包，并发布网站或直接使用调试工具打开网站，进行商城管理模拟实训，要求自定义网站店名、风格、产品类别（一级目录 3 个以上、二级目录 5 个以上)、产品信息（至少添加 10 种以上产品）等。以消费者身份注册会员并购物，以订单处理员身份处理订单。 以上任务建议 4～8 学时完成。
任务间歇	播放励志 MV（教学资源包提供)。
讨论	淘宝商城与京东商城有区别吗?
小调查	1. 每年“双十一”你上网购物吗? □ 购物 □没有购物 □不感兴趣 2. 你觉得淘宝和天猫最大的区别是什么?
任务拓展	调查你所在的城市都有哪些特产，以及有哪些批发市场。

学习任务考核单 4-4

姓名： 学号： 编号：4-4

序号	任务	分值	总结与归纳	成绩
1	京东、天猫商城入驻资质	20 分		
2	京东、天猫商城入驻流程	20 分		
3	仿天猫商城运营体验	10 分		
4	淘宝店与天猫商城的区别	20 分		
5	独立网上商城模拟体验	30 分		
合计				

* 请学生填写完学习任务考核单后上交。

学习指南

1. B2C 电子商务的商务模式

可以从不同角度对 B2C 的商务模式进行分类。

首先，从企业和消费者买卖关系的角度，B2C 的商务模式主要分为卖方企业-买方个人的电子商务及买方企业-卖方个人的电子商务两种模式。

其次，根据交易客体的不同，可把 B2C 电子商务分为无形商品和服务的电子商务模式及有形商品和服务的电子商务模式，前者可以完整地通过网络进行，而后者则不能完全在网上实现，要借助传统手段的配合才能完成。

1.1　从企业和消费者买卖关系的角度分类

1.1.1　卖方企业-买方个人的电子商务模式

这是商家出售商品和服务给消费者个人的电子商务模式。在这种模式中，商家首先在网站上开设网上商店，公布商品的品种、规格、价格、性能等，或者提供服务种类、价格和方式，由消费者个人选购、下订单、在线或离线付款，商家负责送货上门。这种网上购物方式可以使消费者获得更多的商品信息，虽足不出户却可货比千家，买到价格较低的商品，节省购物的时间。当然这种电子商务模式的发展需要高效率和低成本的物流体系的配合。

1.1.2　买方企业-卖方个人的电子商务模式

这是企业在网上向个人求购商品或服务的一种电子商务模式。这种模式应用最多的就是企业用于网上招聘人才。在这种模式中，企业首先在网上发布需求信息，后由个人上网洽谈，这种方式在企业与个人之间建立起了联系平台，使人力资源得以充分利用。

1.2　根据交易客体的不同分类

1.2.1　无形商品和服务的电子商务模式

计算机网络本身具有信息传输和信息处理功能，无形商品和服务（如电子信息、计算机软件、数字化视听娱乐产品等）一般可以通过网络直接提供给消费者。无形商品和服务的电子商务模式主要有网上订购模式、付费浏览模式、广告支持模式和网上赠予模式。

（1）网上订购模式。消费者通过网络订购企业提供的无形商品和服务，并在网上直接浏览或消费。这种模式主要被一些商业在线企业用来销售电子刊物、在线信息服务、在线娱乐游戏等。网上订阅模式有三种主要方式：在线服务（Online Services）、在线出版（Online Publication）和在线娱乐（Online Entertainment）等。

在线娱乐是无形产品和服务在线销售中令人注目的另一个领域。一些网站向消费者提供在线游戏和视频，并收取一定的订阅费。目前这一领域成功的实例有不少。爱奇艺、腾讯视频、优酷网等视频网站都是典型案例，普通用户可以看有限的视频内容，付费会员可以享受更多的内容和服务。图 4-17 所示为优酷网首页。

（2）付费浏览模式。企业通过网站向消费者提供计次收费的网上信息浏览和信息下载的电子商务模式。付费浏览模式让消费者根据自己的需要，在网站上有选择地购买自己所需的知识产品。如中国知网(http://www.cnki.net)、万方数据(http://www.wanfangda-

图 4-17　优酷网首页

ta. com. cn)大都是以数据库方式盈利。在万方数据库中下载一篇论文，按篇收费，每篇为 3 元。图 4-18 所示为中国知网首页。

图 4-18　中国知网首页

(3) 广告支持模式。在线服务商免费向消费者或用户提供在线信息服务，而其营业收入完全依靠网站上的广告来获得。这种模式虽然不直接向消费者收费，但却是目前最成功的电子商务模式之一。例如，雅虎（Yahoo）就是依靠广告收入来维持经营活动的，新浪（Sina）和搜狐（Sohu）在某种程度上也是依靠广告收入来支持运作的。最大的中文搜索引擎百度，90%的收入来源于竞价排名的广告费。在信息浩瀚的互联网上，搜索引擎是寻找信息的最基础的服务手段，很多企业愿意在门户网站上设置广告，特别是设置旗帜广告，网民单击旗帜广告就可直接到达广告企业的网站，了解更多更详细的内容。图 4-19 所示为搜狐网首页。

(4) 网上赠予模式。这种模式经常被软件公司用来赠送软件产品，以扩大其知名度和市场份额。一些软件公司将测试版软件通过网络向用户免费发送，用户自行下载试用，也可以将意见或建议反馈给软件公司。用户对测试软件试用一段时间后，如果满意，则有可能购买正式版本的软件。采用这种模式，软件公司不仅可以降低成本，还可以扩大测试群体，改善测试效果，提高市场占有率。

图 4-19 搜狐网首页

由于赠送的是无形的计算机软件产品，用户可以通过网络传输自行下载，无须配送等服务，因而企业投入较低。只要软件确实有其实用特点，很快就会得到消费者的接受。这种电子商务模式一般用于软件公司和出版商。

1.2.2 有形商品和服务的电子商务模式

有形商品是指传统的实物商品。采用这种模式，有形商品和服务的查询、订购、付款等活动在网上进行，但最终的交付不能通过网络实现，还是用传统的方式完成。这种电子商务模式也叫在线销售。

目前，企业实现在线销售主要有两种方式：一种是独立 B2C 网站模式；另一种是 B2C 电子交易市场模式。

(1) 独立 B2C 网站模式。

独立 B2C 网站主要是由企业自行搭建交易平台，企业拥有较强的资金和技术实力，能够自行完成电子商务平台的前台和后台系统的构建。其优势在于可以根据企业特点搭建更能满足个性化需求的网站平台，但由于缺乏规模效应，此类网站需要大力推广，否则难以吸引大量的用户访问，此类网上商店又可细分为新生网上商店、传统商店自办网上商店和进行在线直销业务的网上商店。

1) 新生网上商店。

新生网上商店是完全的虚拟企业，无实体店，其典型代表是亚马逊和当当网（见图 4-20）。新生网上商店主要经营的产品包括书籍、软件、光盘、贺卡、报纸、在线服务、在线娱乐、在线出版、广告支持等。

2) 传统商店自办网上商店。

互联网的迅猛发展，使得传统商店为未来生存所迫，纷纷扩大经营范围，进行网上网下同时经营，如苏宁（见图 4-21）、国美、沃尔玛、麦德龙、银泰百货集团等传统企业。传统零售商企业多年的经营经验和资源优势使其具备了开展网络业务的条件。这些传统零售企业，用良好的品牌知名度和信誉去助力网上业务的拓展，可以让网购用户买得放心。用线下的购物体验、服务门类和效率，弥补了纯线上零售模式鞭长莫及的地方。在统一的数据后台下，线上的大数据、物流等服务能力，也对其线下的产业进行赋能。

图 4-20　当当网主页

图 4-21　苏宁易购主页

3）进行在线直销业务的网上商店。

与前两者不同的是，此类网上商店是由生产制造商所开设的，实现的是最原始的直销方式，但是，网络平台给传统直销模式注入了更青春、更鲜活的因素。典型的网站有戴尔（Dell）（见图 4-22）、联想、海尔等。需要注意的一点是，生产制造商的电子商务交易平台通常是 B2B、B2C 的混合模式，其业务既有面向终端客户的零售业务，也有面向上下游企业的电子采购、电子招投标、客户关系管理等业务。

（2）B2C 电子交易市场模式。

电子交易市场指的是在互联网的环境下利用通信技术、网络技术等手段把参与交易的买卖双方集成在一起的虚拟交易环境，可分为网上零售市场（B2C）和网上批发市

图 4-22　Dell 官方商城首页

场（B2B）。

B2C 电子交易市场也称为网上商厦（E-mall），这是指在一个大的网上商城里分为若干个独立商铺，每个商铺独立经营，但也要接受统一管理。天猫商城就是典型，如图 4-23 所示。

图 4-23　天猫商城主页

2. B2C 电子商务交易的一般流程

B2C 电子商务的基本业务形式主要有商家进行网络商品直销和通过电子交易市场进行交易两种，其业务流程具体如下所述。

2.1　网络商品直销的业务流程

网络商品直销是指消费者和生产者或商家直接利用网络形式开展的买卖活动。其业务流程如图 4-24 所示。这种交易的最大特点是供需方之间直接联系，减少中间环节，速度快，费用低。

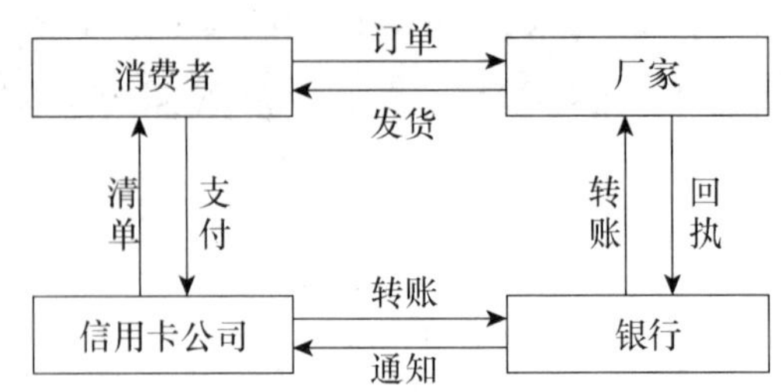

图 4-24　网络商品直销业务流程

网络商品直销过程分为以下几个步骤：

(1) 消费者注册并登录在线商店网站；

(2) 消费者搜索选购商品，并下订单，通过购物对话框填写姓名、地址、商品品种、规格、数量、价格等订单信息；

(3) 消费者选择支付方式，如信用卡（也可选用借记卡、电子货币或电子支票等）；

(4) 在线商店的客户服务器检查支付方服务器，确认支付是否成功；

(5) 确认付款成功后，厂家通过物流中心配送发货给消费者；

(6) 确认收货后，信用卡公司与厂家开户行之间完成资金转账，购物完成。

这种网络商品直销方式有效减少了交易环节，降低了交易成本，从而降低了消费者所购得的商品的最终价格；同时，提高了厂家的销售利润，增强了其产品在同类产品中的竞争力。当然，网络商品直销模式也有其不足之处，主要表现在产品实物与网络广告宣传的产品不符、交易安全等方面。

为确保交易过程中的安全，需要权威认证机构在网络上对交易双方进行身份认证，这一般由 CA 中心来完成。

2.2　通过电子交易市场进行的 B2C 交易的业务流程

电子交易市场又称网络商品交易中心，它以互联网为基础，利用先进的通信技术和计算机软件技术，将商品、消费者和银行紧密地联系起来，为消费者提供市场信息、商品交易、仓储配送、货款结算等服务。B2C 的电子交易市场交易即通过电子交易市场，建立起产品生产厂商与消费者之间的购物平台，从产品的生产厂商处进货后，将产品直接销售给最终消费者。

由图 4-25 可以看出，通过电子交易市场所进行的交易流程可分为如下几步：

(1) 买卖双方将各自的供应和需求信息通过网络通知网络商品交易中心，网络商品交易中心通过信息发布服务，向参与者提供大量的、详细的交易数据和市场信息。

(2) 买卖双方根据网络商品交易中心提供的信息，选择自己的贸易合作伙伴，网络商品交易中心从中撮合，促成双方交易。

(3) 买方在网络商品交易中心按市场支持的支付方式办理支付手续；银行通知网络商品交易中心买方货款已到账。

(4) 网络商品交易中心通知卖方将货物发送到离买方最近的配送部门；配送部门送货给买方。

(5) 买方验证货物后通知网络商品交易中心货物已收到；网络商品交易中心通知银行买方收到货物。

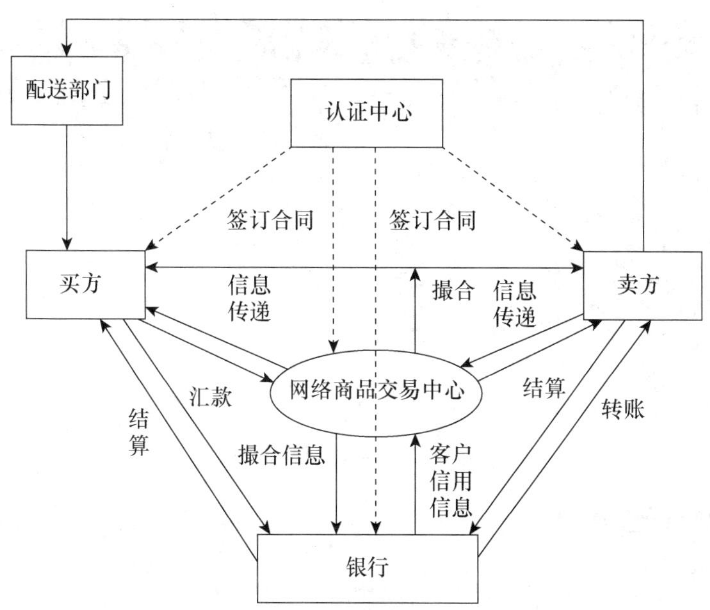

图 4-25　网上商品交易中心交易流程

（6）银行将买方货款转交卖方；卖方将回执送交银行。至此，交易结束。

行动指南

1. 仿天猫商城模拟运营

1.1　模拟环境要求

系统应为 WinXP/Win7 以上，安装 IIS（Internet Information Services，互联网信息服务）。如没有安装，请从教学资源包下载安装，安装设置请参照教学资源包提供的 IIS 的安装使用说明书，也可直接利用 asp 调试工具模拟环境。

1.2　工作程序与任务

（1）从教学资源包中下载天猫商城源代码程序。

（2）解压缩天猫商城源代码程序到某磁盘目录下，在目录下找到 asp 网站调试器，双击启动，进入仿天猫商城首页，进行测试，包括会员注册和购物测试。

（3）在 IE 地址栏输入 http://localhost：*****/s_admin/,（*****个人电脑随机号），进入登录界面，用户名与密码都是“admin”，进入商城后台管理页面。

（4）选择系统模块，进行系统参数设置和添加不同角色的管理员，如图 4-26 所示。

（5）重新进入商城首页，选择商家开店或商家中心申请开店，注册个人店铺或实体店铺。注册成功后登录，进行装修店铺、添加商品等操作，如图 4-27 所示。

重新进入商城后台管理模块，以网店管理员或商品管理员等身份登录，进行商家店铺管理，须生成 html 网页才能显示前台。

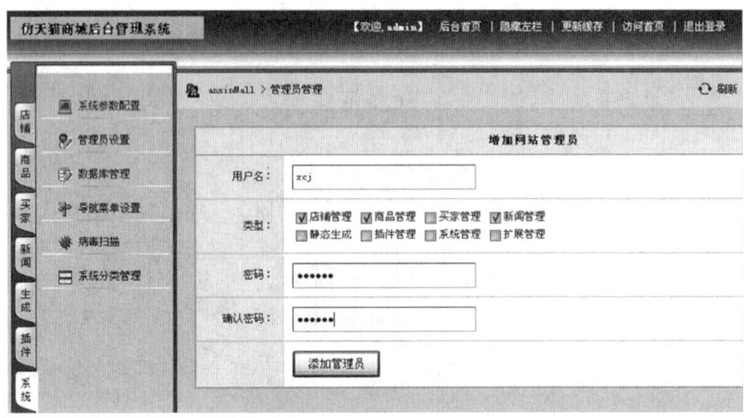

图 4-26　商城后台管理

图 4-27　商家入驻管理

2. 壹佰分商城模拟运营

2.1　模拟环境要求

环境配置参照 1.1“模拟环境要求”部分的介绍。

2.2　工作程序与任务

(1) 从教学资源包中下载壹佰分商城源代码程序。

(2) 解压缩程序到某磁盘目录下，在目录下找到 asp 网站调试器，双击“启动”，进入商城首页进行测试，查看各功能。

(3) IE 地址栏输入 http://localhost: ***** /admin/,(***** 个人电脑随机号) 进入登录界面，用户名与密码都是“admin”，进入商城后台管理页面。首先进行商城系统配置，自定义商城名称及其他信息，如图 4-28 所示。然后进行商品管理，添加商品，进行管理员管理，添加不同权限的管理员。

(4) 返回前台首页，注册会员并登录，选择某种商品并购买，提交订单。重新进入网站后台，进入商品销售管理模块，找到刚才提交的订单，进行处理，如图 4-29 所示。

图 4-28　商城参数设置

图 4-29　订单处理

模块三　B2B 交易处理

学习任务单 4-4

学习情境	小米学习了如何在网上建立商城，知道了消费者和消费者可以在网上交易（C2C），企业和消费者也可以网上交易（B2C）。小米想，网上交易太方便了，那么企业和企业之间能不能在网上交易呢？如果能，它们是怎么交易的？小米和同学进入了更深入的学习。
环境需求	1. 互联网接入； 2. 计算机（每人一台）； 3. 学习任务考核单（也可到教学资源包下载电子版）。

任务描述	任务： 每名学生上网访问如下网站，并就以下问题进行讨论： (1) http://www.dell.com； (2) http://www.intel.com； (3) http://www.cisco.com； (4) http://www.haier.cn； (5) http://www.1688.com； (6) http://www.globalsources.com； (7) http://www.hc360.com； (8) http://www.zgw.com； (9) http://www.wjw.cn； (10) http://www.chinawatchnet.com。 问题1：通过访问上述电子商务网站，分析B2B电子商务能够为企业带来什么。 问题2：上述B2B电子商务网站主要可以分为几类？ 以上任务建议2学时完成。
任务间歇	播放励志MV（教学资源包提供）。
讨论	企业单独建立网站和在阿里巴巴建立网站有什么区别？
小调查	1. 你的亲友或你认识的人有开工厂的吗？ □有 □没有 2. 他们开通了阿里巴巴“诚信通”了吗？ □有 □没有
任务拓展	B2B电子商务网站是如何盈利的？

学习任务考核单 4-5

姓名：　　　　　　　　学号：　　　　　　　　编号：4-5

序号	任务	分值	总结与归纳	成绩
1	B2B电子商务能为企业带来什么？	40分		
2	B2B电子商务网站的主要类型	30分		
3	网站归类	30分		
合　计				

* 请学生填写完学习任务考核单后上交。

学习指南

1. B2B简介

B2B电子商务是指以企业为主体，在企业之间通过专用网络或互联网进行的电子商务活动。它包括企业与其供应商之间的采购；物料管理人员与仓储、物流公司的业务协调；销售部门与其产品批发商、零售商之间的协调；等等。

企业与企业之间的电子商务将是电子商务业务的主体之一。就目前来看，电子商务在供货、库存、运输、信息流通等方面大大提高了企业的效率，降低了企业的运作成本，提高了企业的市场竞争力，从而为企业带来更大的利益。B2B不仅仅是建立一个网上的买卖者群体，它也为企业间的战略合作提供了基础。企业之间可以通过网络在市场、产品或经营等方面建立互补互惠的合作，形成水平或垂直形式的业务整合，以更大的规模、更强的实力、更经济的运作，真正达到全球运筹管理的模式。

1.1　B2B电子商务分类

企业间电子商务可以分为两种：

第一种是非特定企业间的电子商务，是指在开放网络中对每笔交易寻找合作伙伴，并与伙伴进行从订购到结算的全面交易行为。

第二种是特定企业间的电子商务，是指过去一直有交易关系且以后仍要继续进行交易的企业间围绕交易进行的各种商务活动。特定企业间的电子商务活动可以由买卖双方通过公共网络进行，也可以利用企业间的专门网络实现。

B2B模式的电子商务已有多年历史，特别是基于增值网（Value-added Network，VAN）运行的电子数据交换，使得企业间电子商务迅速发展和扩大。公司间可以通过网络进行电子贸易、电子采购、网上招标、电子合同签订、电子资金转账（EFT）等电子化商业活动。

1.2　B2B电子商务的优势

与传统商务相比，B2B电子商务的优势主要表现在以下几个方面。

1.2.1　降低企业经营成本

传统的企业间的交易往往要耗费企业的大量资源和时间，无论是销售、分销还是采购，都要占用产品成本。通过B2B的交易方式，买卖双方能够在网上完成整个业务流程，从建立最初印象，到货比三家，再到讨价还价、签单和交货，最后到客户服务。B2B使企业之间的交易减少许多事务性的工作流程和管理费用，降低了企业经营成本。网络的便利及延伸性使企业扩大了活动范围，发展跨地区、跨国界的电子商务更方便，成本更低廉。

1.2.2　优化库存管理

以信息技术为基础的电子商务可以通过网络将市场需求信息即时、准确地传递给企业决策层和企业供货商，从而缩短了企业的“订货—运输—付款”环节，降低了库存成本，使企业库存维持在一个最适当的水平上。

1.2.3　缩短企业生产销售周期

电子商务环境下，企业需要赢得市场，就要不断地为消费者提供更优质、更高效的个性化服务，因此，产品从设计、研发，到生产、销售，都需要多个企业的相互协作。通过电子商务可以减少因信息交流手段落后而产生的信息滞后或差错现象，从而大大加快企业资金流和物流的流动，缩短企业的整个生产销售过程。例如，20世纪80年代初，设计制造一款新型汽车，从提出方案到批量生产，美国汽车制造公司一般需要4～6年。现在，汽车制造商通过EDI系统与其供应商交流生产计划与需求，整个生产过程仅需要8～10个星期。

1.2.4　促进买卖双方信息交流

传统商务活动主要通过电话、电报或传真等工具进行信息交流，形式单一，成本较高。而B2B电子商务通过互联网传递文本、图片、音频、视频、动画等多种形式信息，或以EDI标准报文传递订单、发票等重要商务文档信息。

2. B2B电子商务交易平台的类型

当前，国内B2B电子商务交易平台主要分为三种类型：一是企业自建的B2B电子商务交易平台；二是以阿里巴巴为代表的水平式B2B交易平台，或称作综合门户网站平台；三是垂直式B2B交易平台，或称作专业门户网站平台。从平台的构建者来看，企业自建的B2B电子商务交易平台的构建者是经营实体依托的企业（传统企业），而水平式和垂直式交易平台都属于纯粹的B2B网站，是网络企业。

2.1 企业自建的B2B电子商务交易平台

大型企业为了提高效率、减少库存、降低成本，建立企业B2B电子商务交易平台，以实现企业间电子商务。独立建站的典型企业有Dell(http://www.dell.com)、Intel(http://www.intel.com)、Cisco(http://www.cisco.com)、联想(http://www.lenovo.com)、海尔(http://www.haier.net/cn)等。这种交易平台是几种B2B交易平台中最灵活的，企业可以根据运作流程随时改变交易平台的设计，如Dell的网站就先后调整了几百次。另外，由于平台由企业控制，网站到管理信息系统的连接不难，但由于各企业的信息系统的提供商不尽相同，跨企业的互联存在一定的障碍，因此，这种交易平台对合作伙伴间的信息系统提出了更高的要求。从企业建立网站、宣传企业形象，到将网站和内部信息系统相连，再到企业间高度互联互通，这也是企业B2B电子商务发展的三个阶段。

这种交易平台不仅能够宣传企业形象，同时利用现代化的信息网络，可以加大产品市场的推销力度，提高企业产品竞争力。以海尔集团为例，自1996年年底开始建立海尔网站，经过多次改版，并不断推出新的业务，2000年4月推出基于Web的产品订制业务，到2000年9月底，海尔B2C、B2B交易总额已超过12亿元，2018年11月11日00:01海尔电商战报：成交额1亿元。图4-30所示为海尔集团网站首页。

图4-30 海尔集团网站首页

2.2　水平式 B2B 交易平台

水平式 B2B 交易平台，可以将买方和卖方集中到一个市场上来进行信息交流、广告、拍卖竞标、交易、库存管理等。水平式 B2B 交易对参与企业没有特殊限制，行业范围广，也不以持续交易为前提，这种信息平台型的网站对企业的价值主要表现为增加市场机会、比较供货渠道、促成项目合作、企业形象宣传等。此类网站的典型代表有阿里巴巴全球贸易信息网（http://www.1688.com）、环球资源网（http://www.globalsources.com）和慧聪网（http://www.hc360.com）。

从电子商务的模式上来讲，阿里巴巴网属于“交易平台服务模式”，图 4-31 所示为阿里巴巴网中文首页。电子商务网站最基本的功能是提供商务平台，目前，B2B 电子商务从单纯的信息平台逐渐演变成真正的交易平台，平台的会员企业会被买家和卖家认为是有限交易的标准，具有 B2B 交易平台参与的交易过程被认为是降低风险的选择。独立网站浏览量统计机构 Alexa.com 2006 年统计数字显示，阿里巴巴网被列为电子商务及国际商贸领域中浏览量最高的全球性网站之一，每天逾 50 万人访问阿里巴巴国际网站，其中大多数为有意在中国及其他主要生产国寻找卖家的国际买家及进口商。

图 4-31　阿里巴巴网中文首页

而慧聪网属于“信息资讯服务模式”，图 4-32 所示为慧聪网首页。从信息资讯入手，

图 4-32　慧聪网首页

通过信息资讯服务来聚集人气，以资讯平台来带动商务平台，这是水平式 B2B 交易平台的第二种类型。慧聪网有着很好的线下服务基础，并由此逐渐扩展进而延伸到线上服务，然后融合线上和线下服务。在商务平台的设计方面，慧聪网按照企业最为关心的要点信息组织信息发布模式，用户通过该平台可以直接替代原有的采购数据库，极大地节省了资料收集成本。慧聪网是信息资讯服务模式的成功案例。

2.3 垂直式 B2B 交易平台

相对于水平式 B2B 交易平台，垂直式 B2B 交易平台的特点是专业性强，容易吸引针对性较强的客户，并易于建立起忠实的客户群。此类网站的创办者大都是该行业的从业者，拥有丰富的行业背景资源，熟悉行业的细枝末节。垂直式 B2B 交易平台又可以分为两个方向，即上游和下游。生产商可以与上游的供应商之间形成供货关系，如 Dell 公司与上游芯片和主板制造商就是通过这种方式进行合作的；生产商与下游经销商之间可以形成销货关系，如 Cisco 与其分销商之间进行的交易。

当前，国内 B2B 网站很大一部分是从事行业专业的网站，如中国钢铁网（http://www.steelkey.com）、中国化工网（http://china.chemnet.com）、全球五金网（http://www.wjw.cn）、中国钟表网（http://www.chinawatchnet.com）、中国粮油商务网（http:// www.fao.com.cn）等。不同行业的 B2B 网站在功能上可能有一定的差别，但从 B2B 电子商务交易模式总体上来说，垂直式 B2B 交易平台都属于“行业专业服务模式”，提供的都是行业专业信息。如全球五金网（见图 4－33），它是五金类 B2B 网站的代表，专注于给五金企业提供网上咨询服务，从而带动商务平台的形成。全球五金网的服务包括三个方面：(1) 给企业中高层做培训，与五金企业高层就网络商务达成共识；(2) 帮助企业建设网站并推广；(3) 吸引企业成为交易平台会员，让它们活跃在平台上，最终帮助企业实现网络生存，逐渐建立与五金企业互信、互助、互荣的关系。

2018 年中国 B2B 电商行业百强榜

图 4－33 全球五金网首页

学习任务单 4－5

学习情境	小米通过上一个任务的学习了解了 B2B 的相关知识，很想亲自实践去了解 B2B 是如何实现的、企业和企业之间在网上是如何交易的。同学们和小米一起来学习吧。
环境需求	1. 互联网接入； 2. 计算机（每人一台）； 3. 仿阿里巴巴网站程序； 4. 学习任务考核单（也可到教学资源包下载电子版）。
任务描述	任务 1： 1. 登录阿里巴巴中文网站（http://www.1688.com），注册成为阿里巴巴网站会员。 2. 了解企业建站流程，实践“产品信息发布”“产品信息管理”“已卖出货品处理”等操作。 3. 了解什么是“诚信通”，如何申请“诚信通”。 4. 下载安装阿里旺旺，添加企业会员并交流。 任务 2： 从教学资源包中下载并安装仿阿里巴巴网站程序，体验阿里巴巴网站运营及企业建站流程与管理。有条件的还可以利用助理电子商务师培训平台模拟完成完整的 B2B 交易过程。 以上任务建议 4～6 学时完成。
任务间歇	播放励志 MV（教学资源包提供）。
讨论	开通阿里巴巴“诚信通”有什么好处？
小调查	据你了解哪些企业开通了自己的网站？
任务拓展	在慧聪网上注册，并进行相关操作。

学习任务考核单 4－6

姓名：　　　　　　　　　　学号：　　　　　　　　　　编号：4－6

序号	任务	分值	总结与归纳	成绩
1	阿里巴巴网站注册信息	20 分		

序号	任务	分值	总结与归纳	成绩
2	企业建站流程	30 分		
3	如何申请“诚信通”	30 分		
4	仿阿里巴巴网站程序安装	20 分		
合　计				

* 请学生填写完学习任务考核单后上交。

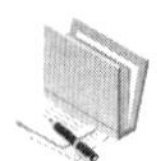

学习指南

1. B2B 电子商务交易的一般流程

B2B 电子商务交易的一般流程如下：

第一步，商业客户向销售商订货，首先要发出“用户订单”，该订单应包括产品名称、数量等一系列有关产品的说明。

第二步，销售商收到“用户订单”后，根据“用户订单”的要求向供货商查询产品情况，发出“订单查询”。

第三步，供货商在收到并审核完“订单查询”后，给销售商返回“订单查询”的回答，基本上是有无货物等情况。

第四步，销售商在确认供货商能够满足商业客户“用户订单”要求的情况下，向配送中心发出有关货物运输情况的“运输查询”。

第五步，配送中心在收到“运输查询”后，给销售商返回运输查询的回答，如有无能力完成运输及有关运输的日期、线路、方式等要求。

第六步，在确认运输无问题后，销售商即刻给发出“用户订单”的商业客户一个满意的回答，同时要给配送中心发出“发货通知”，并通知配送中心运输。

第七步，配送中心接到“发货通知”后开始发货。接着商业客户向支付网关发出“付款通知”，支付网关和银行结算票据等。

第八步，支付网关向销售商发出交易成功的“转账通知”。

B2B 交易一般支付金额较大，网上支付需要承担的风险也较大；并且，客户如果在签订电子合同后马上付款，就跳过了验货这一环节，交易的风险也会提高，因此，货到付款、验货付款已经成为多数 B2B 交易的惯例。

当然，也存在先付款后发货的情况，首先由商业客户支付货款，支付完成之后，供货商通知配送中心发货，配送中心完成拣货、分类包装、装运、发货等一系列任务。商业客户确认货物后，双方交易结束。当然，中间也可能出现配送中心货品不足，或者商业客户因货物质量问题要求退货等现象。这种情况的 B2B 交易流程如图 4－34 所示。

在有些 B2B 电子商务交易平台上，双方交易结束后，可能增加“双方互评”的功能，以促进买卖双方在电子商务交易平台上更好地合作，提高电子商务平台的服务质量。

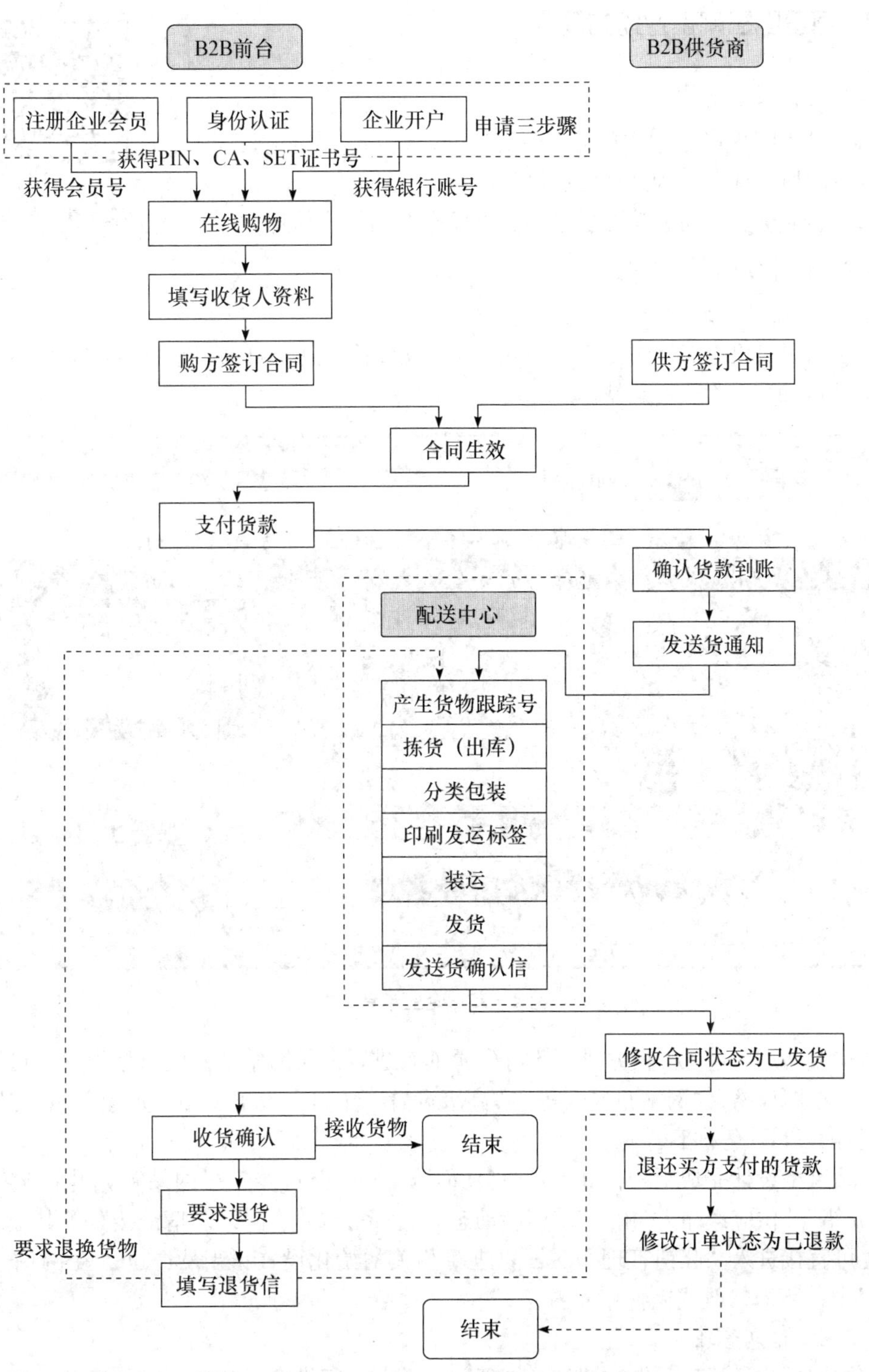

图 4－34　B2B 电子商务交易流程图

2. 阿里巴巴网企业建站简介

中国 B2B 电子商务平台盈利模式基本情况

2.1 会员注册程序

(1) 进入阿里巴巴中文网站(http://www.1688.cn)主页，选择免费注册，注册成为阿里巴巴网站会员。

(2) 企业会员注册成功并登录后就可发布产品供应信息。

2.2 企业建站工作介绍

2.2.1 企业建站初始化

登录阿里巴巴中文网站主页，点击“企业建站”，进入页面，如图 4-35 所示，点击“立即申请旺铺”，为企业建站。

图 4-35 企业申请建站

申请成功后，进入“网站外观设计”页面，进行公司网站个性化风格设计，可以选择网站的“主题风格”“网站布局”等，“高级设置”中可以设置网站“形象首页”“网站标志”“显示栏目”等内容。

网站风格设计完成后，点击“切换页面”，进一步完善公司网站初始化内容，包括“公司介绍”“供应产品”“相册”“产品动态”“联系方式”“网站友情链接”等其他选项设置，也可直接进入“旺铺管理”页面，进行相关初始化设置。当然，也可在网站后期运营过程中，不断修改或完善相关内容。

2.2.2 信息管理

完成初始化设置后，进入“信息管理”页面，进行供求信息的发布与管理，也可进行批量发布信息。

在“发布供求信息”页面(如图 4-36 所示)，可进行“产品信息”“小额批发信息”“加工信息”“代理招商信息”“服务信息”“合作信息”“招聘信息”等不同类型信息的发布。

图 4-36　发布供求信息

以发布“产品信息”为例，可设置相应的产品内容，包括“产品名称”“产品所属类目”“信息标题”“信息有效期”以及产品属性的详细信息，如材质、规格、品种、形态、产地等，如图 4-37 所示。

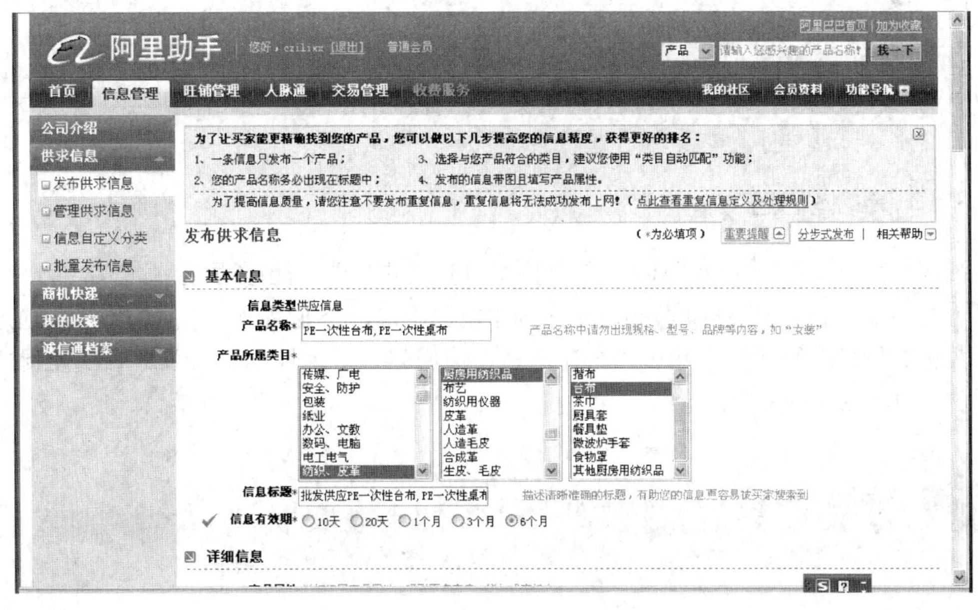

图 4-37　发布产品信息

在“管理供求信息”页面，可对已发布的供求信息进行修改、完善或重发，可根据信息的类别进行筛选，查看信息发布的状态（已发布上网、审核中、审核未通过、已过期四种状态）。同时，可以查看选中信息的访客记录，从而对已发布信息的浏览情况进行深入分析，进一步修改或完善。

此外，在管理信息页面，企业还可以进行“信息自定义分类”和“批量发布信息”等操作。

小提示

“批量发布信息”注意事项

（1）需先下载 Excel 批量发布表单，填写完成后再上传发布；

（2）该模板仅支持 Office 97、Office 2000 和 Office 2003 版本；

（3）由于批量发布信息目前只能发布不带价格的供应信息，也无法同时上传图片，用户需要在信息上网后，通过“管理供求信息”进行修改，补充价格或添加图片。

除此之外，还可进行“订阅供求信息”“订阅商业资讯”“管理商业快递”“我的收藏”等内容的管理和操作。

小提示

发布销售信息要点

（1）销售主题应简洁明了，且引人注意；

（2）对产品，可从产品性能、用途、包装、售后服务等方面来描述，帮助买家了解产品的详细信息；

（3）所销售商品信息最好图文并茂，有展示样品，并说明价格；

（4）可充分利用“产品所属类目”组织产品信息。

3. 申请“诚信通”

“诚信通”是阿里巴巴针对内贸企业量身打造的电子商务会员服务，成为“诚信通”会员可以在全球最大的采购批发市场——阿里巴巴中进行企业品牌、产品的推广，通过多种方式建立与买家的联系，并通过企业认证、信用累积、个性化增值服务等功能促成交易，打开电子商务的大门。

小提示

“诚信通”会员为年费制，2019 年诚信通服务年费为 6 688 元。

（1）打开阿里巴巴首页，点击右上角的“诚信通服务”，如图 4－38 所示；进入后点击“申请加入诚信通”按钮。

（2）勾选“已经阅读并同意以下服务协议：诚信通协议”和“已经拥有工商营业执照”后，点击“同意协议”，如图 4－39 所示。

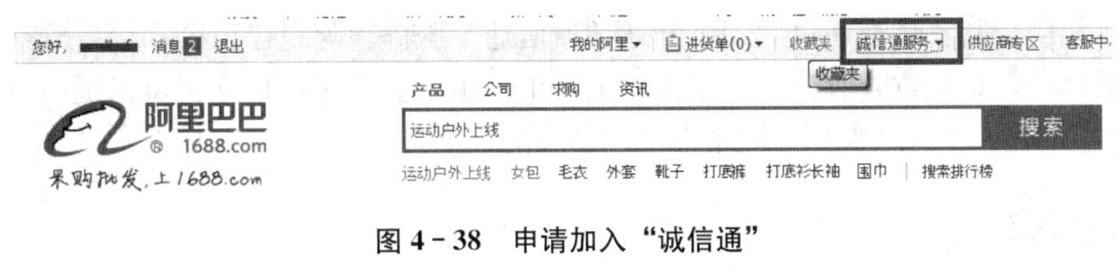

图 4－38　申请加入“诚信通”

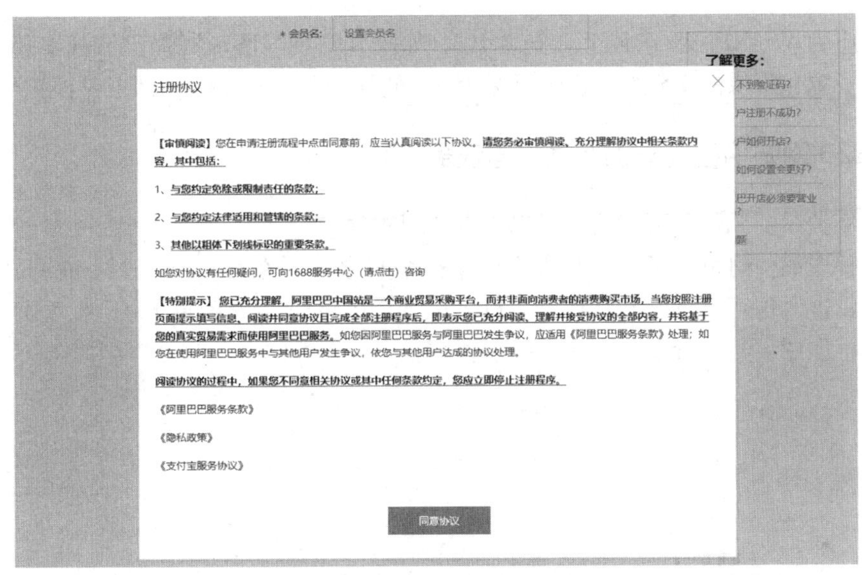

图 4－39　确认加入“诚信通”

（3）进入“我的阿里”，找到并进入“应用市场”应用，在“我的订单—待付款订单”中点击“请确认认证信息”，即可进入线上认证信息确认页面，确认并提交认证信息，如图 4－40 所示。

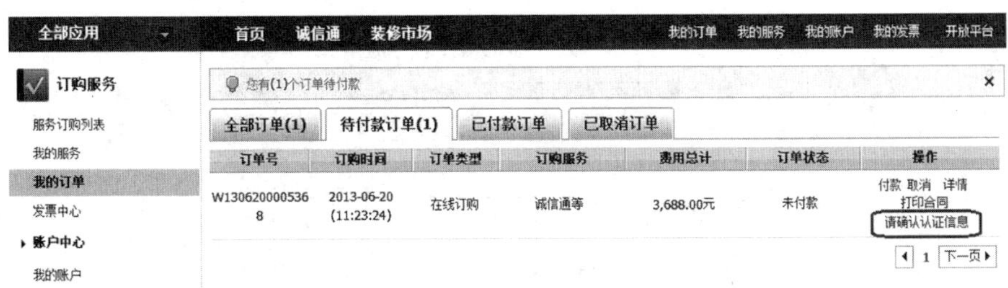

图 4－40　确认认证信息

（4）确认认证信息后，点击“确认提交”，页面会提示再次确认认证信息。点击“确认无误，提交认证”后，认证信息会在 2～3 个小时内送至认证公司，认证公司接手后，页面上会显示负责贵公司的认证公司及联系方式。

（5）在年费款项到账后的 5～7 个工作日是认证周期，在这期间第三方认证机构会对你的公司进行认证。届时需要配合认证公司的认证工作，应注意接听电话，按认证公司的要求传真相应资料，认证通过后即可开通“诚信通”服务。阿里巴巴公司会发开通信件到你的注册邮箱，请注意查收。从汇款到开通“诚信通”会员账户期间，可以随时进入“我的阿里”，并进入“消息中心”应用中查询办理的进度。

行动指南

1. B2B网站平台运营模拟环境要求

系统应为 WinXP/Win7 以上，安装 IIS，如没有安装，请从资源包下载安装。安装设置请参照资源包提供的 IIS 的安装使用说明书，也可直接利用 asp 调试工具模拟环境。

2. B2B网站平台运营工作程序与任务

（1）从教学资源包中下载仿阿里巴巴源代码程序。

（2）解压缩仿阿里巴巴源代码程序到某磁盘目录下，在目录下找到 asp 网站调试器，双击启动，进入仿阿里巴巴网站首页。首先进行会员注册，要求注册为企业 VIP 会员，按要求填写，如图 4－41 所示，提交后返回首页。

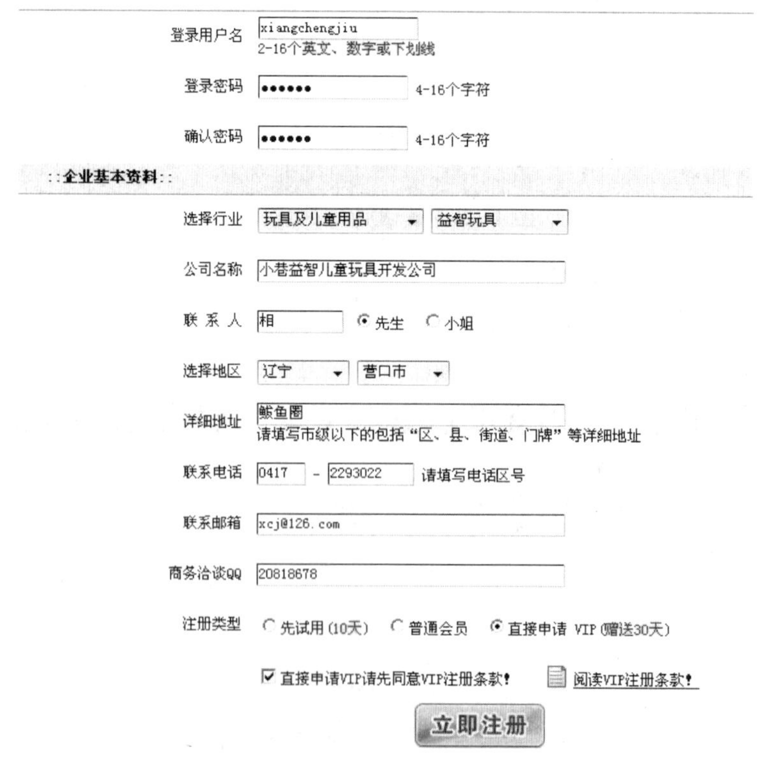

图 4－41 企业 VIP 会员注册

（3）IE 地址栏输入 http://127.0.0.1:8081/admin，进入登录界面，用户名与密码都是“admin”，进入后台管理页面。选择“企业会员管理”—“VIP 会员待审”，如图 4－42 所示，选择“操作”，勾选“VIP 会员”“推荐”等选项后提交，如图 4－43 所示。

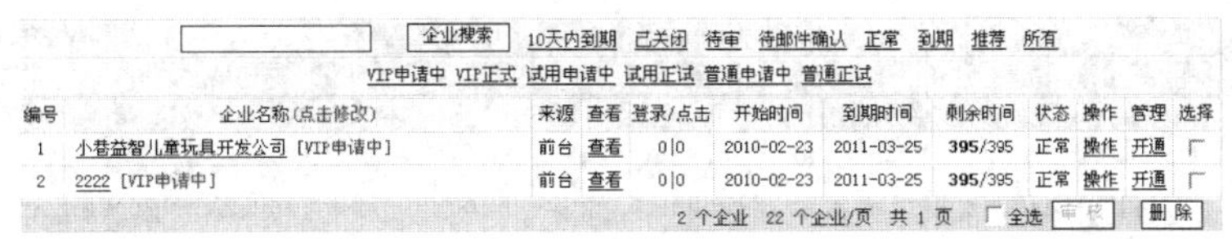

企业搜索　10天内到期　已关闭　待审　待邮件确认　正常　到期　推荐　所有

VIP申请中　VIP正式　试用申请中　试用正试　普通申请中　普通正试

编号	企业名称(点击修改)	来源	查看	登录/点击	开始时间	到期时间	剩余时间	状态	操作	管理	选择
1	小巷益智儿童玩具开发公司 [VIP申请中]	前台	查看	0|0	2010-02-23	2011-03-25	395/395	正常	操作	开通	☐
2	2222 [VIP申请中]	前台	查看	0|0	2010-02-23	2011-03-25	395/395	正常	操作	开通	☐

2 个企业　22 个企业/页　共 1 页　☐全选　审核　删除

图 4-42　VIP 会员待审

会员类型管理 - 小巷益智儿童玩具开发公司

○ 试用申请中	○ 试用会员
○ 普通申请中	○ 普通会员
○ VIP 申请中	◉ VIP 会员

在线支付工具　○不支持　◉支持

○待审　○正常　○到期　◉推荐　○待邮件确认

☐ 重新计算时间　(选择则该企业收费计算时间从现在开始)

重新设定会员开放天数 395　(指从会员开始到结束的总天数，对各申请中会员无用)

提 交　恢复密码为 123

图 4-43　审批 VIP 会员

(4) 返回选择会员管理下“VIP 会员”，使刚才审批的 VIP 会员在“管理”下为“开通”。完成 VIP 会员审批与开通，如图 4-44 所示。

企业搜索　10天内到期　已关闭　待审　待邮件确认　正常　到期　推荐　所有

VIP申请中　VIP正式　试用申请中　试用正试　普通申请中　普通正试

编号	企业名称(点击修改)	来源	查看	登录/点击	开始时间	到期时间	剩余时间	状态	操作	管理	选择
1	小巷益智儿童玩具开发公司 [VIP会员]	前台	查看	0|0	2010-02-23	2011-03-25	395/395	推荐	操作	开通	☐
2	网域高科信息技术有限公司 [VIP会员]	前台	查看	22|26	2007-04-08	2034-08-24	8948/10000	推荐	操作	关闭	☐

图 4-44　开通 VIP 会员

(5) 关闭后台管理，重新打开首页，在会员登录窗口填入刚才申请的账号与密码，如图 4-45 所示，登录后进入“会员管理中心”进行各项信息的设置和自助建站，如图 4-46 所示。设置完成后查看企业网站。

注意：如果所建网站不能访问，请修改 B2B 网站后台 IP 地址，IP 地址要与企业建站的 IP 地址一致。

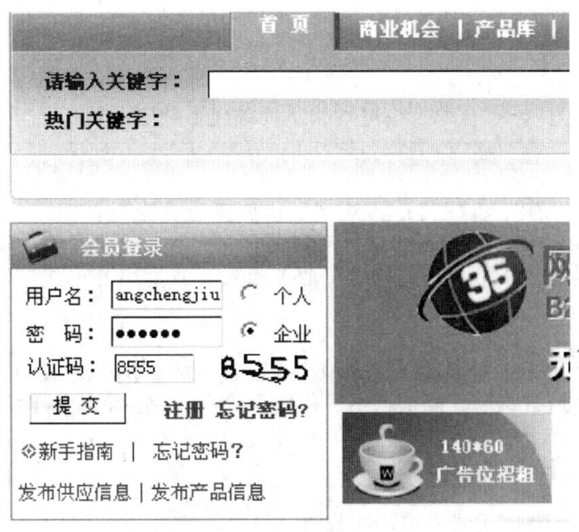

图 4-45　会员登录

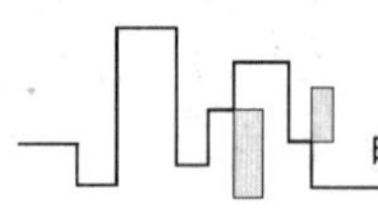

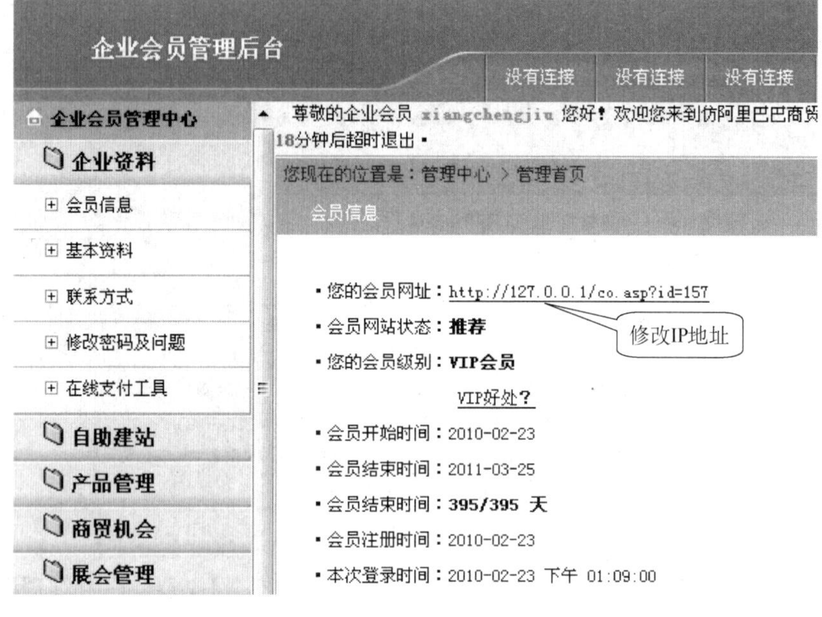

图 4-46　企业设置

模块四　其他交易模式

学习任务单 4-6

学习情境	小米学习了如何在网上建立商城，知道了消费者和消费者可以在网上交易（C2C），企业和消费者也可以进行网上交易（B2C）。小米想，网上交易太方便了，那么网上交易是否能随时随地实现呢？如果能，如何实现呢？除此之外，电子商务又出现了哪些新的交易模式呢？小米和同学进入了更深入的学习。
环境需求	1. 互联网接入。 2. 计算机（每人一台）；智能手机一部。 3. 学习任务考核单（也可到教学资源包下载电子版）。
任务描述	任务 1： 每名学生用手机或移动终端浏览街库网、大众点评网、美团网、窝窝团、拉手网、赶集网、爱日租（www.airizu.com）等网站，并以其中一个网站为例，完成一笔实际交易，分析上述网站的电子商务模式，并指出此模式与 B2C、C2C 等模式的主要区别是什么。 任务 2： 每名学生用手机或移动终端浏览人民网、中新网、环球网、凤凰网、潇湘网、携程网、航班查询网、新浪微博、优酷网等移动网站，对各网站进行分析，总结移动电子商务涉及的主要服务内容有哪几类。 以上任务建议 2～3 学时完成。
任务间歇	播放励志 MV（教学资源包提供）。

讨论	移动电子商务主要涉及哪些技术？
小调查	1. 你用手机购过物吗？ □有 □没有 2. 你觉得手机购物有什么优缺点？ 3. 你参加过团购吗？ □有 □没有
任务拓展	O2O电子商务平台的盈利点在哪儿？

学习任务考核单 4－7

姓名：　　　　　　　　　　学号：　　　　　　　　　　编号：4－7

序号	任务	分值	总结与归纳	成绩
1	O2O模式与B2C、C2C等模式的主要区别	30分		
2	O2O电子商务平台的盈利点	20分		
3	S2b2C模式、各环节的功能及其相互关系	30分		
4	S2b2C电子商务平台的盈利点	20分		
合　计				

＊请学生填写完学习任务考核单后上交。

学习指南

1. O2O模式

O2O是指线上营销和线上购买带动线下营销和线下消费，也即将线下商务的机会与互联网结合在一起，让互联网成为线下交易的前台。O2O通过打折、提供信息、服务预订等方式，把线下商店的消息推送给互联网用户，从而将他们转换为自己的线下客户，这就特别适合必须到店消费的商品和服务，比如餐饮、健身、看电影和演出、美容美发等。

1.1 O2O模式的特点

1.1.1 O2O为用户带来的优势

(1) 获取更丰富、更全面的商家及服务的内容信息。

(2) 更加便捷地向商家在线咨询，并进行预售。

(3) 获得相比线下直接消费较为便宜的价格。

1.1.2 O2O为商家带来的优势

(1) 能够获得更多的宣传、展示机会，吸引更多新客户到店消费。

(2) 推广效果可参考并查看，每笔交易可跟踪。

(3) 掌握用户数据，大大提升对老客户的维护与营销效果。

(4) 通过与用户的沟通、释疑，更好地了解用户心理。

(5) 通过在线有效预订等方式合理安排经营节约成本。

(6) 对拉动新品、新店的消费更加快捷。

(7) 降低线下实体对黄金地段旺铺的依赖，大大减少租金支出。

1.1.3 为 O2O 平台本身带来的优势

(1) 与用户日常生活息息相关，并能给用户带来更多的便捷、优惠和消费保障，能吸引大量高黏性用户。

(2) 对商家有强大的推广作用及可衡量的推广效果，可吸引大量线下生活服务商家加入。

(3) 带来数倍于 C2C、B2C 的现金流。

(4) 巨大的广告收入空间及形成规模后带来的更多的盈利模式。

1.2 B2C、C2C、团购与 O2O 的比较

1.2.1 相同点

(1) 均以互联网为平台。

(2) 在线支付都是其核心。无论是 B2C、C2C，还是团购或 O2O，均是在消费者能够在线支付后，才形成了完整的商业形态。

1.2.2 不同点

(1) O2O 与 B2C、C2C 的区别。B2C、C2C 是在线支付，购买的商品会通过物流公司送到用户手中。而 O2O 虽然也是在线支付，但用户购买线下的商品、服务，再到线下去享受服务。

(2) O2O 和团购的区别。O2O 是网上商城，团购是低折扣的临时性促销。

上述四者的关系可以简单用图 4-47 表示。

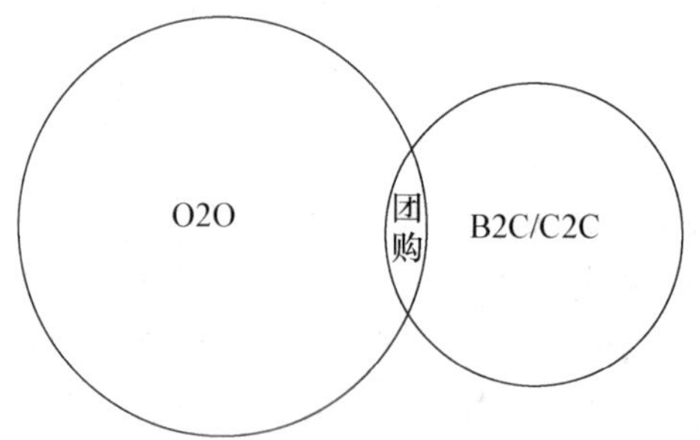

图 4-47 B2C、C2C、团购与 O2O 的关系

1.3 O2O 模式发展历程

在 1.0 早期的时候，O2O 线上线下初步对接，主要是利用线上推广的便捷性等把相关的用户集中起来，然后把线上的流量导到线下，主要领域集中在以美团、大众点评为代表的线上团购和促销等领域。在这个过程中，存在着主要是单向性、黏性较低等特点。平台和用户的互动较少，基本上以交易的完成为终结点。用户更多是受价格等因素驱动，购买和消费频率等也相对较低。

发展到 2.0 阶段后，O2O 基本上已经具备了目前大家所了解的要素。这个阶段最主要的特色就是升级为了服务性电商模式：包括商品（服务）、下单、支付等流程，把之前简单的电商模块，转移到更加高频和生活化场景中来。由于传统的服务行业一直处在一个低效且劳动力消化不足的状态，在新模式的推动和资本的催化下，出现了 O2O 的狂欢热

潮，于是上门按摩、上门送餐、上门生鲜、上门化妆、滴滴打车等各种 O2O 模式层出不穷。在这个阶段，由于移动终端、微信支付、数据算法等环节的成熟，加上资本的催化，用户出现了井喷，使用频率和忠诚度上升，O2O 和用户的日常生活开始融合，成为生活中密不可分的一部分。但是，在这中间，有很多看起来很繁荣的需求，由于资本的大量补贴等，虚假的泡沫掩盖了真实的状况，有很多并不是刚性需求的商业模式开始浮现，如按摩、洗车等。

到了 3.0 阶段，开始了明显的分化。一个是真正的垂直细分领域的一些公司开始凸显出来。比如专注于快递物流的速递易，专注于高端餐厅排位的美味不用等，专注于白领快速取餐的速位。另外一个就是垂直细分领域的平台化模式发展。由原来的细分领域的解决某个痛点的模式开始横向扩张，覆盖到整个行业。

比如饿了么从早先的外卖到后来开放的蜂鸟系统，开始正式对接第三方团队和众包物流。以加盟商为主体，以自营配送为模板和运营中心，通过众包合作解决长尾订单的方式运行。配送品类包括生鲜、商超产品，甚至是洗衣等服务，实现平台化的经营。

1.4　O2O 模式应用实例

1.4.1　预付费消费平台

首先，机票和部分酒店预订属于预付费消费平台的一部分，不过这类预付费消费其实更多是因为机票、酒店的消费行为习惯所决定的。例如，7 天连锁酒店有 70%的订单和房费都来自官网的在线预订。携程亦是这类平台中的代表，即使并没有预付费，但其通过呼叫中心及积分激励等依然可以对用户的消费行为进行追踪。

其次，以美团网为代表的团购网站无疑是目前最火的预付费消费平台，不过由于团购的代名词可以说就是超低折扣，它通过超低折扣的代价来实现用户预付费，因此对于商家来说，通过团购拉来的新客户大部分留不下来，从而缺乏长期的价值，更多的是鸦片式的临时促销。同样，对用户来说，由于对商家的长期价值不大，导致商家对于提升对团购客户的服务质量的积极性很难提高，以至于整体上的用户体验都不是很乐观。因为模式的天然缺陷，也由于国内团购行业的无序发展和竞争，导致了团购网站的数量急剧下降。目前，不少团购网站也在向生活商城等模式转型，但由于超低折扣等因素留下的用户商家忠诚度低等后遗症，团购网站能否转型成功还充满变数。

同时，近两年也涌现了不少新兴的在线预订平台，如电影票在线订座平台格瓦拉(www.gewara.com)，在线订餐平台哗啦啦(www.hualala.com)等，这类平台基本上抛弃了呼叫中心，更多是靠打通线上线下信息化系统自动实现预订、订座及在线支付等功能。但是同样由于用户对大部分生活服务消费的付费习惯是后付费，这类线上预付费的平台要改变用户的付费习惯，也还有较长一段路要走。

1.4.2　组织线下闲置资源

在整合线下闲置资源方面的主要案例有基于闲置房屋出租的 Airbnb(爱彼迎，www.airbnb.cn)和国内的小猪短租(www.xiaozhu.com)等各类短租平台，基于个人出租车服务的 Uber(优步，www.uber.com.cn)和国内的易到用车(www.yongche.com)，还有基于个人代驾服务的 e 代驾(www.edaijia.cn)等。

以 Airbnb 为例，Airbnb 让有闲置空间的人将空间提供出来并自行定价，出租给需要短期居住的人。想要短租房屋的人不仅可以通过该平台寻找各地满足自己需求的房屋，甚至可以迅速找到所在地附近的住宿，以解决临时性、突发性的住宿需求。并且，从预订到支付的各个环节都可以在平台上进行，消费者只需入住即可。这种平台还可以展现消费者对商品和服务的评价，方便对商户的监测。

从以上几个实例中，我们还可以看出另外一个共同点，即这类服务行业多数是没有线下门店的，这就决定了这些商家或个人对线上的需求更加强烈，因为这类商家不像餐饮等有门店的商家那样，即使没有任何线上推广，也能有一定的线下自然客流进店消费。同样，它们有一个共同的短板就是这类服务的消费频次基本上不是太高，随之会带来平台营销成本较高的问题，不过由于没有线下门店，其利润空间整体上要相对高一些。

在 O2O 的实际操作中，航空企业做了很好的榜样。截至目前，南方航空、海南航空、东方航空、国航和春秋航空都已建立了自己的电子商务平台，人们也逐渐开始习惯了在网上订购机票，再按照时间到机场换取。在未来的发展中，如何有效地整合线上线下资源，加强 O2O 硬软件资源的建设，创新服务，保证服务质量，将是平台在 O2O 竞争中取得胜利的关键。

2. S2b2C 模式

S2b2C 是一种集合供货商赋能于分销商并共同服务于顾客的全新电子商务营销模式。一方面，将优秀的供货商筛选出来供分销商集中采购；另一方面，提供 SaaS 工具、技术支持、培训给分销商使其能更好地为顾客服务。

2.1 S2b2C 模式各环节的功能及相互关系

2.1.1 S 端：大的供应链平台

(1) S 端的定义。

既能提供 SaaS 化工具，也能整合上游供应链，提供增值服务，帮助 b 共同服务 C，其核心能力是供应链整合能力，核心表现是对 b 的各种赋能，包括供应链、渠道、营销、场景、服务、金融、物流、数据、信息系统等赋能。

(2) S 端常见的业态。

1) 百货地产：商业百货升级改造、商业地产项目运作。

2) 本土 O2O 平台：城市商圈、区域供销、区域商超、区域便利店等。

3) 品类大零售商：比如母婴、生鲜、农特、日化、食品等行业巨头。

2.1.2 b 端：基于 S 端赋能的个体

(1) 定义：b 是有独立意志和行事自由的个体，一般指销售渠道、本地服务商、各地供应商。

(2) 赋能：b 必须调用 S 提供的某种服务或商品，与 S 共同服务好 C。这种服务或商品，除了供应链环节的商品输出外，更多的是透明化、在线化、协同化、软件化、实时反馈的服务。另外，根据 S 对 b 的赋能，b 有更多自主性提供差异化产品和增值服务。所以 b 端既能提供标准化的 S 端赋能的服务，也能根据差异性，提供个性化的服务给 C。

2.1.3 C 端：顾客

(1) 定义：C 是指“Customer”顾客。“顾客”着重指门店或公司的具体服务对象，与店主、导购相对应，是客与主的关系。

顾客是因品牌而来，并忠诚于品牌，以此带来复购、传播。而品牌的构造不是一般的b就能完成，必须由S倾力打造标准化的产品及服务体系，并赋能b提供本地化、个性化的服务，以适应不同顾客的诉求。

（2）核心：顾客是S2b2C环节终极核心环节，平台所有的布局都是围绕顾客展开。企业必须有不断完善的商业模式，更需要可持续发展的盈利模式，而顾客是可持续发展的根基。

2.1.4　SaaS化的软件系统

（1）定义：再好的商业模式，必须有落地的工具。所以S2b2C模式的可行性，最重要的是要有一套软件去支撑，而这类软件应该是SaaS化的。

（2）软件体系：

1）链接后端供应链的全渠道销售管理ERP；

2）链接导购、顾客的CRM会员体系；

3）顾客使用、供应商入驻的App商城；

4）线下渠道智能销售POS系统；

5）线下门店店中店触屏商城，可以让小店变大店，无限陈列商品；

6）其他。

（3）整套SaaS化体系必须能融合线上线下全渠道零售、分销系统，打通全渠道的商品、订单、会员、库存、仓储、营销、财务、服务等，最终积淀平台大数据，形成智能化的数据分析平台，才能更好地服务于末端会员。

简单来说，如图4-48所示，S可以理解为供货商、厂家；b则是指直接服务于消费者的商户或者企业；C就是我们熟悉的顾客。三者之间的关系很微妙，S2b2C模式最核心的是S和b要共同服务C。b服务C离不开S平台提供的种种支持，但是S也需要通过b来服务C。

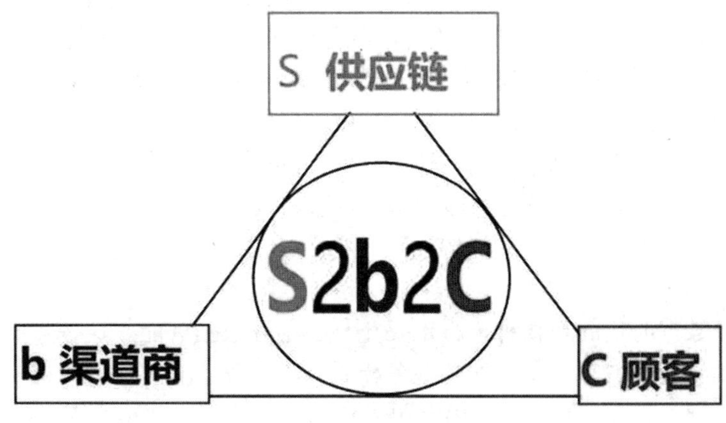

图4-48　S2b2C模式

2.2　S对b的五个赋能分析

在S2b2C模式中（如图4-49所示），S2b不是传统的加盟体系，而是一个创新的协同网络，S通过五个维度对b进行赋能，共同深化对C的服务。

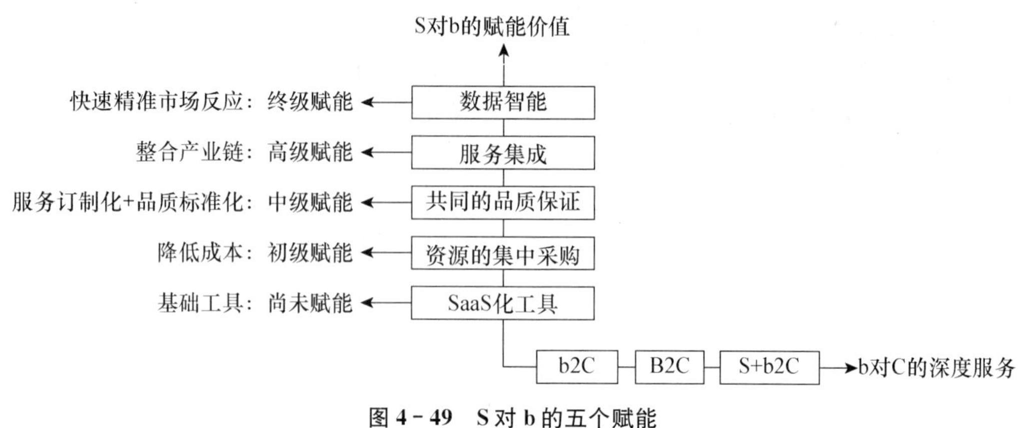

图 4-49　S 对 b 的五个赋能

赋能一：SaaS 化工具。

在大型平台企业，应该投入的重资产就是“运营”＋“IT”。运营是一切的基础，但是随着规模扩大，没有 IT 的支撑，运营会是一个灾难。IT 是科学管理、规模化、数据化、效率提升的助推器。而 IT 离开运营，对 b 的价值就成了一个记账软件。

赋能二：资源的集中采购。

S 平台赋能 b 的第二个重要的方面，也是一个重要的价值点，就是提供 b 都共同需要的某些服务。

S 完成了 b 的在线化支持，可以实时准确地获取 b 对某些公共服务的需求，帮助它们向上游供应商集成采购，获得更好的价格和服务。

赋能三：共同的品质保证。

赋能的第三个方面是 S2b2C 模式和传统的特许加盟不一样的地方，是一个重要的模式创新的环节。因为连锁和特许加盟用的都是品牌商的品牌，是一个标准的 B2C 模式。品牌商通过加强内部管理，实现服务的标准化，保证连锁店或者加盟店也能达到同样的服务品质。但是在 S2b2C 的模式下，因为 S 这个平台必须借助于 b 的创造性和服务能力，那么 b 提供的服务就必然不是完全标准化的，b 必须在 S 提供的标准化的产品和服务的基础之上，发挥再创造再发挥的空间和能力，这样 b 和 S 的合作伙伴关系才有价值。

赋能四：服务集成。

S2b2C 的模式本质上是网络协同，通过互联网的方式让更多元的角色可以参与，共同服务海量的 C，其中涵盖的服务有仓储配送、客服、技术、培训、IT 系统等，提供全方位的商业支持，降低经营一个门店的门槛。

赋能五：数据智能。

S2b2C 作为数据时代的新物种，肯定要充分运用好数据智能。这一点上 S 是有相当的天然优势的，因为起步就是一个在线的服务模式，b 服务于 C，它的数据是可以沉淀并积累下来的。然后通过这个过程，S 利用资源优势、人才优势、投入优势给 b 提供数据智能的决策支持。

2.3　S2b2C 模式应用实例

目前把 S2b2C 模式归类为社群电商，云集、贝店、环球捕手、花生日记、达人店、楚楚推、达令家、每日拼拼、云品仓、爱库存等都属于这种模式，而在众多企业中，云集是最有代表性的。

云集于 2015 年 5 月正式上线，是一家由社交驱动的精品会员电商，为会员提供美妆个护、手机数码、母婴玩具、水果生鲜等全品类精选商品，致力于通过“精选”供应链策略，以及极具社交属性的“爆款”营销策略，聚焦商品的极致性价比，帮助亿万消费者以“批发价”买到全球好货。2018 年成交总额为 227 亿元，进入 2018 年中国新消费产业独角兽榜单。2019 年 3 月 21 日，会员电商平台云集正式向美国 SEC 提交了上市招股书，代码为 YJ。

阿里巴巴学术委员会主席、湖畔大学教育长曾鸣这样解释云集的 S2b2C 模式（见图 4－50）：S 是云集集成的一张大服务网络，即精选式采购和平台化支持，通过上述服务网络的支持，赋能 b（即个人店主），个人店主利用社交工具传播商品信息，借助个人信用，服务于 C（即消费者）。

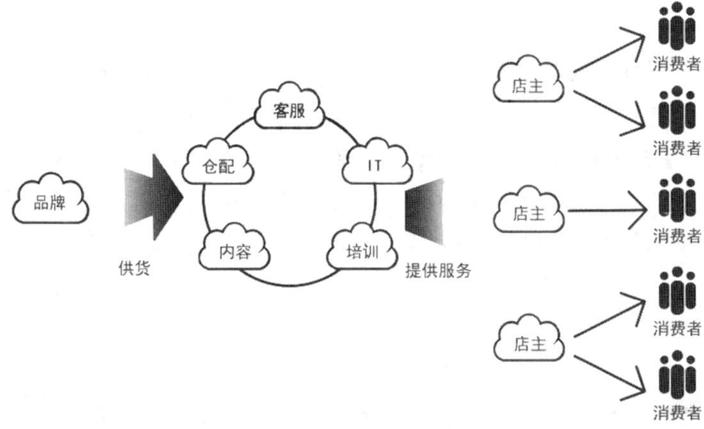

图 4－50　云集的 S2b2C 模式

在平台化支持方面，云集通过控制商品供应链、物流、IT、客服、内容、培训六大资源，并将其开放给店主，实现了多维度的云端资源共享。也就是说，整个消费路径中，早期个人店主接受的销售培训，发布的卖货术语和图片，消费者下单后的商品打包发货、配送、售后服务这一系列的事宜，都由云集作为平台方统一处理。

云集会先挑选一定数量的优质商品，并将其集中到仓库里，然后通过平台分配给有消费号召力的意见领袖，即个人店主，依靠他们在社交圈的推荐、宣传，带来顾客流量和交易行为。云集通过建立云端服务体系（见图 4－51），为个人店主提供云端服务。

3. 综合商务模式

前面所分析的电子商务网站案例并不是某种特定的模式，实际上，很多电子商务网站在经营上并非采取单纯的某一种电子商务的交易模式，而是采用综合模式，把各种模式结合起来实施，因此会出现 B2B2C、B2C2C 等混合模式。例如，B2B2C 就是 B2B 模式和 B2C 模式的整合，产生这种模式的主要原因是在 B2C 模式中，零售的特点决定商家的配送任务繁重，同时消费者不愿为原本低值的商品支付相对较高的配送费用，为了解决这个问题，在 B2C 模式中引入了 B2B，即把经销商作为销售渠道的下游引入，从而形成了

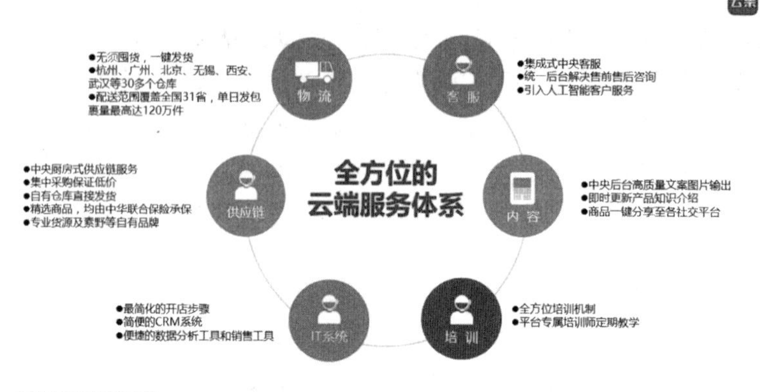

图 4-51　云集的云端服务体系

B2B2C 模式。

例如，一家旅行社的网页向客户提供旅游在线预订业务，同时还可以接受度假村、航空公司、饭店的促销广告，如果可能还可给客户一点折扣或优惠，以招揽更多的生意，携程旅行网（见图 4-52）即属于此种类型。再如，一家书店不仅可以销售书籍，而且可以举办“读书俱乐部”“在线阅读”等活动，以及销售与读书学习相关的其他商品，还可以接受来自其他行业和其他零售商店的广告。在网上尝试综合的商务模式可能会为企业带来很多额外的收入。

图 4-52　携程旅行网首页

随着电子商务的发展，电子商务模式之间的界限越来越模糊，并且还会出现许许多多的新模式，这些新模式应该说都是电子商务基本模式的衍生。例如，近来有人提出的 P2P 模式，即伙伴对伙伴的关系，实际上就是 B2B 模式的发展。对于要进行电子商务活动的企业，首先要考虑的是哪种电子商务模式更适合本企业，在确定了电子商务的基本模式之后，也不妨考虑采用综合模式。

项目小结

电子商务的参与者很多，有顾客、企业、政府、网络服务的提供者（ISP）、在线服务的提供者、配送和支付服务的提供者、认证中心等。根据参与者性质和交易对象的不同，形成了 B2C、B2B、C2C 等不同的电子商务模式。本项目重点应掌握如下内容：C2C 电子商务，指的是消费者与消费者之间的电子商务；B2C 电子商务，指的是以互联网为主要手段，由商家或企业通过网站对消费者提供产品或服务的一种商务模式；B2B 电子商务，指的是商家（泛指企业）对商家的电子商务，即企业与企业之间通过互联网进行产品、服务及信息的交换。

习题与课业

简答题：

1. 简要说明通过 B2C 网上电子交易市场进行交易的业务流程。
2. 简述 B2B 电子商务涉及的环节及一般流程。
3. 简述无形商品和服务的电子商务模式有哪些。
4. 简述 C2C 电子商务的支付流程。
5. 简述 O2O 电子商务，B2C、C2C、团购与 O2O 的比较。
6. 简述 S2b2C 模式、各环节的功能及其相互关系。

论述题：

1. 为什么在目前的 B2B 交易中合同的签订和货款的支付主要在网下完成？
2. 论述网络拍卖与传统拍卖的异同。

拓展训练

1. 选择一个 B2C 电子商务零售网站，购买一件自己喜欢的商品，体验从网上查询信息、购物、网上支付、收到所购物品等环节，全面实践 B2C 交易的全过程。结合实践，谈谈消费者如何避免在网上购物过程中上当受骗。

2. 联系一家企业，帮助该企业在阿里巴巴贸易信息网或慧聪网等 B2B 电子商务平台上发布采购或供求信息。

3. 联系附近商业街上卖服装或其他商品的商户，帮助其开建淘宝店。

项目五　电子商务物流配送

项目介绍

近年来，电子商务作为一种新的商务模式给人类带来了一次史无前例的产业革命，这次革命的结果是将人类真正带入信息社会。然而在电子商务的发展过程中，人们发现，作为支持有形商品网上商务活动的物流不仅成为有形商品网上商务活动的障碍，而且成为有形商品网上商务活动能否顺利进行的关键因素。因而物流已经成为电子商务发展的瓶颈。

本项目主要通过电子商务与物流、现代电子商务物流模式、电子商务物流解决方案三个模块、三个学习任务和若干工作子任务完成，通过实例分析、课堂讨论和实践实训等形式，帮助学生由浅入深地理解并掌握电子商务物流解决方案。

项目目标

通过本项目的学习，主要理解物流与电子商务的关系；掌握物流的基本知识；能够正确地选择电子商务物流服务。

项目实施

通过案例分析、学生自学、课堂讨论、模拟演练等形式或通过组成小组团队分工协作，教师作为组织者、指导者、共同学习者与学生共同完成本项目，并进行总结。

项目验收点

电子商务对物流的要求；现代物流模式；电子商务物流解决方案。

引导案例

不一样的物流——京东快递

中国物流业的发展得益于电子商务的繁荣。2018 年，中国的快递年业务量突破 500 亿件，平均每人年收寄包裹近 35 个，每天有超 2 亿人使用快递，是名副其实的快递大国。

与中国第一大电商公司阿里巴巴不同，京东走了不一样的路：在成立近 10 年后，京东于 2007 年开始自建物流基础设施和配送团队，为消费者配送他们在京东商城上购买的商品。

而阿里则逐步搭建起菜鸟这一物流服务平台，只建仓库，不建配送团队，通过股权投资和紧密合作绑定“四通一达”和顺丰这几大物流公司，将订单导流给这些合作方，由合作方配送阿里旗下电商平台淘宝、天猫的商品。京东做垂直一体化的闭环供应链，阿里类似快递中的滴滴打车，做的是快递员和快件的撮合匹配服务。

自建物流的优势明显，完整的物流基础设施保证了京东商城的包裹隔天送达，速度远快于淘宝、天猫等竞争对手。不少消费者认为，如果京东和天猫上有相同产品，京东吸引他们下单的理由就是具备配送速度优势的物流服务。没有配送物流支持，京东商城就不可能脱颖而出成为中国高品质垂直电商平台。

但劣势也在成本中完全体现：投资大、资产重，京东物流长年亏损，同时也拖累了京东整体的业绩表现，这家公司自 2014 年在纳斯达克上市后年净利润一直为负，自公司成立之初已积累 240 亿元的亏损额。

京东物流亏损的核心原因是外部业务太少。长期以来，京东物流完全依赖京东商城的业务，订单有限，它亟须提升来自外部的业务量。自建物流的商业模式是成立的，问题在于如何做大规模，提升竞争力。

京东物流依然处于重投入阶段。2018 年它引入了来自高瓴资本、红杉中国、招商局集团、腾讯、中国人寿等首批投资方的 25 亿美元融资，彼时京东希望京东物流三年内独立上市，无论是出于资本要求还是业务发展需求，京东都亟须加速提升业务量和市场份额。

打破封闭模式，将物流服务开放给京东商城之外的个人、商家和公司等第三方，不仅仅服务于京东商城，这是京东物流的出路。

2018 年年中，京东曾对外表示，京东物流超越了单纯的快递公司、仓储公司、快运公司，这些公司只能提供物流服务里的一个类别、一个产品，京东可以全面覆盖大件、中小件、冷藏冷链、短距配送 O2O，以及跨境和快递服务。京东 CFO 黄宣德亦表示，京东物流的利润率应该略高于世界知名物流快递公司，运营利润率应达到 5%～10%。

思考：

你觉得京东物流怎么样，有发展前景吗？

模块一　电子商务与物流

学习任务单 5－1

学习情境	小米和同学开的网店有了订单，这让她们很高兴，但对方询问自己买的东西什么时候能到货，这让小米她们很为难。怎么发货啊？小米她们以前从未接触过物流行业，只是邮寄过包裹。想要做好电子商务，物流配送很关键，对此，小米和同学们对物流行业展开了研究与学习。

环境需求	1. 互联网接入； 2. 计算机（每人一台）； 3. 全班分成若干小组，5～8 人一组； 4. 物流案例资料； 5. 学习任务考核单（也可到教学资源包下载电子版）。
任务描述	任务 1： 每名学生到教学资源包中下载如下四个案例进行学习： (1) 戴尔直销体系电子商务物流系统研究案例； (2) 物流成就“亚马逊神话”； (3) 成功地利用业务电子化盈利的物流配送公司； (4) 物流自控的高手——海尔。 任务 2： 小组内就如下问题进行讨论，各组把讨论结果填入学习任务考核单后上交，教师针对各组意见进行总结。 问题 1：你认为电子商务与物流是什么关系？ 问题 2：目前的电子商务发展需要什么样的物流？ 上述任务建议 2 学时完成。
任务间歇	播放励志 MV（教学资源包提供）。
小调查	1. 你接到过哪些快递公司的快件？ □顺丰 □EMS □圆通 □中通 □韵达 □其他 2. 你认为以上快递公司哪家的服务好？ □顺丰 □EMS □圆通 □中通 □韵达 □其他
任务拓展	设计个人所在小组的淘宝网店物流配送方案。

学习任务考核单 5-1

组名：　　　　　　　　　　　　　　　　　　　　　　　编号：5-1

组长：

组员：

序号	任务	分值	总结与归纳	成绩
1	电子商务与物流的关系	30 分		
2	现代物流技术	30 分		
3	电子商务对物流配送的要求	40 分		
合　计				

* 请学生填写完学习任务考核单后上交。

学习指南

电子商务与现代物流业的关系是一种互为条件、互为动力、相互制约的关系。若关系处理得当，采取的措施得力，二者可以相互促进，共同加快发展；反之，二者可能互相牵制。

1. 现代物流是电子商务发展的必备条件

1.1　现代物流技术为电子商务快速推广创造了条件

电子商务是各参与方之间以电子方式完成的业务交易。通常，每笔成功的电子商务交易都会涉及四个方面：商品所有权的转移、货币的支付、有关信息的获取与应用和商品本身的转交，即商流、资金流、信息流和物流。其中，商流是本质，物流是基础，信息流是桥梁，资金流是目的。每天在全球范围内发生着数以百万计的商业交易，每一笔商业交易的背后都伴随着物流和信息流，贸易伙伴需要这些信息以便对产品进行发送、跟踪、分拣、接收、存储、提货以及包装等。在信息化高度发展的电子商务时代，物流与信息流的相互配合变得越来越重要，在供应链管理中必然要用到越来越多的现代物流技术。

物流技术是指与物流要素活动有关的所有专业技术的总称，包括各种操作方法、管理技能等，如流通加工技术、物品包装技术、物品标识技术、物品实时跟踪技术等。物流技术还包括物流规划、物流评价、物流设计、物流策略等。当计算机网络技术的应用普及后，物流技术中综合了许多现代技术，如 GIS（地理信息系统）、GPS（全球卫星定位系统）、EDI（电子数据交换）、Bar Code（条码技术）等。物流业在采用某些现代信息技术方面的成功经验和规范集成，为电子商务的推广普及铺平了道路。

由于电子商务的发展还处于成长期，人们对电子商务中物流的作用还有待进一步认识，但可以基本明确物流对电子商务可以起到如下作用：

（1）集成电子商务中的商流、信息流与资金流，提高电子商务的效率与效益；

（2）扩大电子商务的市场范围；

（3）协调企业电子商务发展目标，优化资源组合，实现基于电子商务的供应链集成；

（4）支持电子商务的快速发展，使电子商务成为 21 世纪最具竞争力的商务形式。

知识链接

GIS、GPS、EDI 和 Bar Code

（1）地理信息系统（Geographic Information System 或 Geo-Information System，GIS），有时又称为“地学信息系统”或“资源与环境信息系统”。它是一种十分重要的特定的空间信息系统。它是在计算机硬、软件系统支持下，对整个或部分地球表层（包括大气层）空间中的有关地理分布数据进行采集、储存、管理、运算、分析、显示和描述的技术系统。地理信息系统处理、管理的对象是多种地理空间实体数据及其关系，包括空间定位数据、图形数据、遥感图像数据、属性数据等，用于分析和处理在一定地理区域内分布的各种现象和过程，解决复杂的规划、决策和管理问题。

(2) 全球卫星定位系统 (Global Positioning System, GPS) 是一种结合卫星及通信发展的技术，利用导航卫星进行测时和测距。全球卫星定位系统是美国从 20 世纪 70 年代开始研制，历时二十余年，耗资 200 亿美元，于 1994 年全面建成的具有海陆空全方位实时三维导航与定位能力的新一代卫星导航与定位系统。经过近十年我国测绘等部门的使用表明，全球卫星定位系统以全天候、高精度、自动化、高效益等特点，成功地应用于大地测量、工程测量、航空摄影、运载工具导航和管制、地壳运动测量、工程变形测量、资源勘察、地球动力学等多种学科，取得了良好的经济效益和社会效益。

(3) 电子数据交换 (Electronic Data Interchange, EDI) 是指按照同一规定的一套通用标准格式，将标准的经济信息通过通信网络传输，在贸易伙伴的电子计算机系统之间进行数据交换和自动处理。由于使用 EDI 能有效地减少直到最终消除贸易过程中的纸质单证，因而 EDI 也被俗称为“无纸交易”。

(4) 条码技术 (Bar Code) 是在计算机的应用实践中产生和发展起来的一种自动识别技术。它是为实现对信息的自动扫描而设计的，是一种实现快速、准确而可靠地采集数据的有效手段。条码技术的应用解决了数据录入和数据采集的瓶颈问题，为现代物流及供应链管理提供了有效的技术支持。

1.2 物流配送体系是电子商务的支持系统

现代物流配送可以为电子商务用户提供多方面的服务，能根据电子商务的特点，对整个物流配送体系实行统一的信息化管理。按照用户网上输入的订货要求，物流配送企业在物流基地进行理货、配货作业，并根据计算机选择的最优送货路线将配好的货物送交收货人。先进的配送方式对物流企业提高服务质量、降低物流成本、优化社会库存配置，从而提高企业的经济效益及社会效益具有重要意义。现代配送作为物流的一种有效的组织方式，代表了现代市场营销的发展方向，是对传统物流方式的革命。

1.3 物流配送系统提高了社会经济运行效率

物流配送企业采用网络化的计算机技术和现代化的硬件设备、软件系统及先进的管理手段，严格按照用户的订货要求进行分类、编配、整理、分工、配货等一系列理货工作，定时、定点、定量地交给各类用户，满足其对商品的需求。物流配送以一种全新的面貌，成为流通领域革新的先锋，代表了现代市场营销的主方向。新型物流配送比传统物流方式更容易实现信息化、自动化、现代化、社会化、智能化、简单化，使货畅其流，物尽其用，既能减少生产企业库存、加速资金周转、提高物流效率、降低物流成本，又能刺激社会需求，促进经济的健康发展。

2. 电子商务对物流配送的要求

2.1 加快信息化进程

通过物流信息系统，可以对整个物流和配送体系实行统一的管理和调度。按照用户订货要求，物流中心进行理货工作，并将配好的货物送给收货人，从而实现物流的数字化管理，保证企业外部信息的畅通，实现企业内部员工之间信息的共享，大大提高服务质量，降低物流成本，优化库存配置，提高企业经济效益和社会效益，提高客户服务水平。物流信息系统的建设包括条码技术（BC）、电子数据交换（EDI）、管理信息系统（MIS）、全面质量管理（TQM）、射频技术（FR）、地理信息系统（GIS）和全球卫星定位系统（GPS）等多方面，各物流企业不可能立刻就具备以上提到的所有系统，但把信息化建设列入企业发展规划，在条件具备的情况下不遗余力地进行建设是必要的。只有实现物流配送信息化，才能承担起电子商务时代赋予物流配送企业的历史任务。

2.2　完善物流管理系统，提高物流服务质量

电子商务环境下的物流与一般的配送供货系统相比，面临更复杂的情况，其部分业务活动在网上完成，商品采购和配送等服务从虚拟走向实体。电子商务环境下的物流已经不仅仅局限于传统的物流运输和仓储，而是参与到客户物流体系中去，旨在提高效率和效益，进行整体运作，其业务领域已广泛深入到客户销售计划、库存管理计划、生产计划等整个生产经营过程中。这就要不断完善物流管理系统，提高专业化水平，为电子商务提供高效、低成本的物流配送服务。

2.3　降低配送服务价格

在我国发展电子商务的过程中，实现大规模的网上购物一直困难重重，物流配送费用偏高，特别是零售型的网上交易，为每个客户实现送货上门是高成本的，必须努力降低成本，解决电子商务公司与物流配送企业之间在配送服务价格方面的矛盾。

2.4　完善法律政策

针对电子商务物流配送出现的种种问题，政府有关部门应该积极研究，迅速制定有针对性的法律、法规和政策，以规范物流配送活动，增加企业和广大消费者对电子商务的信任感。

2.5　积极发展第三方物流企业

第三方物流一般在物流管理经验、人才、技术、理念等方面都具有一定的优势，能够对电子商务交易中供求双方的所有物流活动进行全权代理，同时第三方物流资金雄厚，具有建立在现代信息网络技术基础上的物流管理软件，可以充分利用现代物流技术，保证客户在任何时间、任何地点查看货物及获得配套的服务。参与电子商务交易的双方可以把物流委托给专业物流企业，专心于电子市场的开拓和商务效率的提高。

2.6　建立全国物流公共信息平台，发展第四方物流

世界物流企业 100 强排行榜（节选）

发展第四方物流是解决整个社会物流资源配置问题的最有力手段，同时，把当前蓬勃发展的电子商务和现代物流产业结合起来的最佳途径就是培育第四方物流。建立全国物流行业平台，通过国际互联网形式整合不同物流企业的资源，能增加物流的透明度，给客户提供更加全面的供应链集成服务。这样可以使物流产业得到真正有质的提高，也只有这样

才能提高我国物流产业的综合协同能力，从容应对跨国物流公司的竞争。

模块二　现代电子商务物流模式

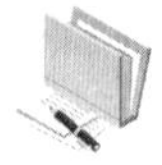

学习任务单 5－2

学习情境	小米通过学习知道物流对电子商务的发展至关重要，那么什么是物流呢？它都有哪些类型？对于电子商务而言，目前有哪些物流模式？对此，小米和同学们展开了学习。
环境需求	1. 互联网接入； 2. 计算机（每人一台）； 3. 学习任务考核单（也可到教学资源包下载电子版）。
任务描述	任务 1： 学生上网访问如下网站，查看网站提供的物流行业新闻和物流服务项目。 （1）锦程物流 http://www.jctrans.com； （2）宝供物流 http://www.pgl-world.com； （3）中国物流网 http://www.china-logisticsnet.com； （4）中国物流与采购网 http://www.chinawuliu.com.cn； （5）深圳顺丰速运 http://www.sf-express.com； （6）中国邮政 http://www.ems.com.cn； （7）中远集团 http://www.cosco.com/cn； （8）UPS（联合包裹服务公司）http://www.ups.com/cn。 任务 2： 学生就以下问题进行讨论： 问题 1：什么是物流？物流有哪些功能和作用？ 问题 2：什么是电子商务物流？如何理解？电子商务物流与传统物流有什么关系？ 问题 3：哪种物流模式最适合网上销售？ 以上任务建议 2 学时完成。
任务间歇	播放励志 MV（教学资源包提供）。
小调查	1. 你用过 EMS 特快专递吗？ □用过　□没有 2. 在选择快递公司时，你主要考虑哪些方面的因素？ □速度　□价格　□服务
任务拓展	调查你所在城市的物流行业发展情况，都有哪些快递公司？经营状况如何？

学习任务考核单 5－2

姓名：　　　　　　　　　　　　编号：　　　　　　　　　　　　编号：5－2

序号	任务	分值	总结与归纳	成绩
1	物流的含义、功能和作用	30 分		
2	电子商务物流的含义和内容	30 分		
3	电子商务物流与传统物流的关系	20 分		
4	你认为哪种物流模式最适合网上销售？	20 分		
合　计				

＊请学生填写完学习任务考核单后上交。

学习指南

1. 物流的含义

物流源于美国。美国早期物流的含义是实物配送（Physical Distribution，简称 PD）。第一次世界大战期间，英国有位勋爵成立了“即时送货股份有限公司”。第二次世界大战期间，出于军事需要，美国首先采用了 Logistics Management（后勤管理）这一概念，对军火的运输、补给、调配等进行全面管理，对战争胜利起了保障作用。其中所提出的“后勤”是指战时的物资生产、采购、运输、配给等活动。后来，“后勤”这一概念在商业活动中得到了广泛应用，包含了生产过程和流通过程的物流，形成了范围更广的概念。这里所说的后勤供销服务是一种以“供应链理论”“虚拟工厂理论”等为背景的新型物流服务模式，是供销环节与运输环节有机结合的产物和物流理论的新的升华。现在欧美国家更多地把物流称作 Logistics 而不是 Physical Distribution。20 世纪 50 年代日本派团考察美国的物流技术，引进了“物流”的概念，日本的“物流”概念是直接从英文的 Physical Distribution 翻译的，到了 70 年代日本已成为世界上物流最发达的国家之一。80 年代初，我国从日本直接引入“物流”概念。

物流的定义有很多，目前在国内、国际普遍采用的有以下几种：

（1）我国国家标准《物流术语》（GB/T18354—2006）中对现代物流的定义为：物品从供应地向接收地的实体流动过程，根据实际需要，将运输、储存、装卸、搬运、包装、流通加工、配送、信息处理等基本功能实施有机结合。

（2）美国物流管理协会的定义：物流是供应链流程的一部分。物流是为满足消费者需求而进行的对货物、服务及相关信息从起始地到消费地的有效率与效益的流动与储存的计划、实施与控制的过程。

（3）联合国物流委员会对物流作了新的界定：物流是为了满足消费者需要而进行的从起点到终点的原材料、中间过程库存、最终产品和相关信息有效流动和储存的计划、实现和控制管理的过程。

从物流的定义可知，物流过程一方面包含运输、存货、管理、仓储、包装、物料搬运及其他相关活动，另一方面包含效率与效益两方面，其最终目的是满足客户的需求与企业的盈利目标。

知识链接

物流的 7R 原则

物流的 7R 原则把物流定义成：保证恰当的商品以恰当的数量和恰当的质量，在恰当的地点、恰当的时间，以恰当的价格（成本）送到顾客手中，给顾客留下良好的印象。7R 原则具体如下：

（1）恰当的数量（Right Quantity）。

（2）恰当的时间（Right Time）。

（3）恰当的商品（Right Commodity）。
（4）恰当的质量（Right Quality）。
（5）恰当的地点（Right Place）。
（6）恰当的价格（Right Price）。
（7）良好的印象（Right Impression）。

2. 物流的功能

物流的功能是物流系统所具有的基本能力，将这些基本能力有效结合就能合理地实现物流的总目标。其功能是通过信息、运输、仓储等的协调以及材料的搬运、包装、流通加工、配送等活动来实现的。

2.1 传统的物流功能

（1）运输。运输的任务是对物品进行较长距离的空间移动。运输的主要方式有铁道运输、汽车运输、船舶运输、航空运输和管道运输。运输应选择经济、便捷的运输方式和运输路线，以达到安全、迅速、及时和经济的管理要求。

（2）储存。储存功能包括堆存、保管、保养及维护等活动。物流系统需要仓储设备来保证市场分销活动，同时要以始终与最低的总成本相一致的最低限度的存货来实现所期望的顾客服务。

（3）包装。包装是在商品输送和保管过程中，为保证商品的价值和形态而从事的流通活动，包括产品的出厂包装、生产过程中制品和半成品的包装以及在物流过程中换装、分装和再包装等活动。从机能上来看，包装可以分为保持商品的品质而进行的工业包装和为使商品顺利抵达消费者手中、提高商品价值、传递信息等以促进销售为目的进行的商业包装等两类。

（4）装卸。装卸包括对运输、储存、包装、流通加工等物流活动进行的衔接的活动，以及在储存等活动中为进行检验、维护和保养所进行的装卸活动。安全、方便的装卸活动，可以加快商品在物流过程中的流通速度。

（5）流通加工。流通加工是在物流过程中进行的辅助加工活动。它既存在于社会流通过程中，也存在于企业内部的流通过程中，用来弥补生产过程中加工的不足。如今流通加工作为提高商品附加价值、促进商品差别化的重要手段，其重要性越来越强。

（6）配送。配送是物流进入最后阶段，以配货、送货形式最终完成物流的活动。配送是一种短距离、少量的输送，在电子商务物流中的作用非常突出，它已不是简单的送货，而是集经营、服务、社会集中库存于一身的重要物流环节。

（7）信息处理。信息包括进行与上述各项活动有关的各项活动的计划、预测以及对物流动态信息及其有关的费用、生产、市场信息的收集、加工、整理和提炼等活动。不准确的信息会削弱物流工作，信息质量和及时性是物流工作的关键因素。

2.2 增值性的物流服务功能

除了传统的物流功能外，现代物流还具有增值性的服务功能。增值性的物流服务包括以下几种：

（1）增加便利性的服务；

（2）加快响应速度的服务；

（3）降低成本的服务；

（4）延伸服务。

在以上物流功能中，前七项传统功能需要经验和实力，后四项增值功能则需要智慧和远见。

3. 物流的分类

3.1　按照物流业务活动的范围分类

（1）社会物流：企业外部物流的总称，包括企业向社会的分销物流、购进物流、回收物流、废弃物物流等，也称大物流或宏观物流。

（2）行业物流：在一个行业内部发生的物流活动被称为行业物流。在一般情况下，同一个行业的各个企业往往在经营上是竞争对手，但为了共同的利益，在物流领域中却又常常互相协作，共同促进行业物流系统的合理化。

（3）企业物流：企业内部的物品实体流动。企业物流主要是企业内部的生产经营工作和生产中所发生的加工、检验、搬运、储存、包装、装卸、配送等物流活动。

3.2　按照物流的作用分类

（1）供应物流（Supply Logistics）：为生产企业提供原材料、零部件或其他物品时，物品在提供者与需求者之间的实体流动，包括原材料等一切生产资料的采购、进货、运输、仓储、库存管理和用料管理。

（2）生产物流（Production Logistics）：生产过程中，原材料、在制品、半成品、产成品等在企业内部的实体流动，包括生产计划与控制、厂内运输（搬运）、在制品仓储与管理等活动。

（3）销售物流（Distribution Logistics）：生产企业、流通企业出售商品时，物品在提供方与需求方之间的实体流动，包括产成品的库存管理、仓储发货运输、订货处理与顾客服务等活动。

（4）回收物流（Returned Logistics）：包括不合格物品的返修、退货以及周转使用的包装容器从需求方返回到供给方所形成的物品实体流动。

（5）废弃物物流（Waste Material Logistics）：将经济活动中失去原有使用价值的物品，根据实际需要进行收集、分类、包装、搬运、储存，并分送到专门处理场所时所形成的物品实体流动。

3.3　按照物流活动的空间分类

（1）地区物流：指在某一区域内发生的物流活动，物流活动的空间范围局限在一定地区内。对地区的划分，可以按不同的目的进行，如按涉及行政区域划分，按一定的经济圈划分等。对地区物流的研究应根据所在地区的特点，从本地区的利益出发组织好相应的物流活动，并充分考虑到利弊两方面的问题，要与地区和城市的建设规划相统一并妥善安排。

（2）国内物流：指在一个国家内发生的物流活动，物流活动的空间范围局限在一个国家内。

（3）国际物流：指不同国家（地区）之间的物流，是随着世界各国（地区）之间进行国际贸易而发生的商品实体从一个国家（地区）流转到另一个国家（地区）的物流活动。

4. 电子商务物流

目前国际上对电子商务物流并没有明确的定义，我们在此阐述的电子商务物流指的是服务于电子商务活动的物流。在本质上，它从属于现代物流，是现代物流的重要组成部分。与其他物流不同的是，它更强调物流的电子化、第三方物流、第四方物流以及物流配送。

4.1 第三方物流

第三方物流（Third Party Logistics，简称 TPL/3PL）是指由物流劳务的供方、需方之外的第三方去完成物流服务的物流运作模式。第一方的物流是指销售方的物流，第二方物流的物流是指采购方的物流，那么第三方的物流就是针对第一方和第二方物流而言的，是指物流交易双方的部分或全部物流功能的外部服务提供者。它本身不拥有商品，而是通过签订合作协定或结成合作联盟，在特定的时间段内按照特定的价格向客户提供个性化的物流代理服务，具体内容包括商品运输、储存配送以及附加的增值服务等。

我国第三方物流企业的基本形式

4.2 第四方物流

第四方物流（Fourth Party Logistics，简称 4PL）的概念是由美国埃森哲咨询公司率先提出的，将其定义为“一个调配和管理组织自身的及具有互补性的服务提供商的资源、能力与技术，来提供全面的供应链解决方案的供应链集成商”。它实际上是一种虚拟物流，是依靠业内最优秀的第三方物流供应商、技术供应商、管理咨询顾问和其他增值服务商，整合社会资源，通过整个供应链的影响力，为用户提供独特的供应链解决方案，为顾客带来更大的价值。

同第三方物流相比，第四方物流服务的内容更多，覆盖的地区更广，对从事货运物流服务的公司要求更高，要求它们必须开拓新的服务领域，提供更多的增值服务，即迅速、高效、低成本和人性化服务等。例如 UPS、联邦快递（Fedex）等全球知名物流公司都开始利用自己的物流优势为企业提供供应链管理解决方案。

4.3 绿色物流

随着环境资源恶化程度的加深，其对人类生存和发展的威胁越来越大，人们对环境的利用和环境的保护越来越重视，现代物流的发展必须优先考虑环境问题。从一定程度上来说，我国的物流发展也是以环境为代价的，短期的环境牺牲为经济发展带来了些许的好处，但毕竟不是长久之计。实施绿色物流越来越成为一种必要的选择。

绿色物流（Environmental Logistics）是指在物流过程中抑制物流对环境造成危害的同时，实现对物流环境的净化，使物流资源得到最充分利用。这就需要从环境角度对物流体系进行改进，即需要形成一个环境共生型的物流管理系统。这种物流管理系统建立在维护全球环境和可持续发展基础上，在抑制物流对环境造成危害的同时，采取与环境和谐相处的态度和全新理念，设计和建立一个环形的、循环的物流系统，达到使传统物流系统末端的废旧物质能回流到正常的物流过程中来，形成一种能促进经济与消费健康发展的物流系统，即向绿色物流转变。因此，现代绿色物流管理强调全局和长远的利益，强调对环境的全方位关注，体现了企业绿色形象，是一种新的物流管理趋势。

4.4　电子物流

电子物流是利用电子化的手段，尤其是利用互联网的技术来完成物流全过程的协调、控制和管理，实现从网络前端到最终客户端的所有中间过程服务，其最显著的特点是各种软件与物流服务的融合应用。

4.5　配送

4.5.1　配送的含义

配送是指在经济合理区域范围内，根据客户要求，对物品进行拣选、加工、包装、分割、组配等作业，并按时送达指定地点的物流活动。

配送是物流中一种特殊的、综合的活动形式，是商流与物流的紧密结合，既包含了商流活动和物流活动，也包含了物流中的若干功能要素。

4.5.2　配送的要素

（1）集货。即将分散的或小批量的物品集中起来，以便进行运输、配送的作业。集货是配送的重要环节，为了满足特定客户的配送要求，有时需要把从几家甚至数十家供应商处预订的物品集中，并按要求将物品分配到指定容器和场所。

（2）分拣。即将物品按品种、出入库先后顺序进行分门别类堆放的作业。分拣是配送不同于其他物流形式的功能要素，也是配送成败的一项重要支持性工作。它是完善送货、支持送货准备性工作，以及不同配送企业在送货时进行竞争和提高自身经济效益的必然延伸。所以，可以说分拣是送货向高级形式发展的必然要求。有了分拣，就会大大提高送货服务水平。

（3）配货。即使用各种拣选设备和传输装置，将存放的物品按客户要求分拣出来，配备齐全，送入指定发货地点。

（4）配装。在单个客户配送数量不能达到车辆的有效运载负荷时，就存在如何集中不同客户的配送货物，进行搭配装载以充分利用运能、运力的问题，这就需要配装。跟一般送货的不同之处在于，通过配装送货可以大大提高送货水平及降低送货成本，所以配装是配送系统中有现代特点的功能要素，也是现代配送不同于以往送货的重要区别之一。

（5）配送运输。将装配好的货物利用运输工具进行运输，实现物品的空间转移。

（6）送达服务。将配好的货运输到客户处，还不算配送工作的结束，这是因为货物送达和客户接货往往还会出现不协调，使配送前功尽弃。因此，要圆满地实现运输货物的移交，并有效、方便地处理相关手续并完成结算，还应讲究卸货地点、卸货方式等。送达服务也是配送独具的特殊性。

（7）配送加工。即按照配送客户的要求所进行的流通加工。在配送中，配送加工这一功能要素不具有普遍性，但往往是有重要作用的功能要素。这是因为通过配送加工，可以大大提高客户的满意程度。配送加工是流通加工的一种，但配送加工有它不同于流通加工的特点，即配送加工一般只取决于客户要求，其加工的目的较为单一。

模块三　电子商务物流解决方案

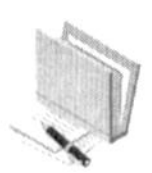

学习任务单 5－3

学习情境	小米已经学习了电子商务物流模式，可是小米想，不同的企业选择的物流模式也不一样，那怎样才能选择适合自己需要的物流配送呢？小米的网店现在正面临这一问题，为此，小米和同学一起进行调研，通过学习其他做得比较好的网店物流解决方案，小米和同学设计出了自己网店的物流配送方案。
环境需求	1. 互联网接入； 2. 计算机（每人一台）； 3. 学习任务考核单（也可到教学资源包下载电子版）。
任务描述	任务 1： 每名学生上网访问如下电子商务企业网站和一些个人网店，查看其物流配送方式，有的需要下订单才能看到，可以到选择物流配送后取消订单。归纳网上销售一般都采用哪些物流配送方式，电子商务企业如何选择物流方案。 （1）http://www. kaola. com； （2）http://www. amazon. cn； （3）http://www. suning. com； （4）http://www. taobao. com； （5）http://www. tmall. com； （6）http://www. dangdang. com； （7）http://www. vip. com； （8）http://www. jd. com。 任务 2：百度搜索“快递 100”找到快递查询，了解其合作的快递有哪些？访问快递 100(http://www. kuaidi100. com)，下载 App 和免费体验“快递管家”。访问菜鸟物流(http://www. cainiao. com)，了解其合作伙伴有哪些？ 任务 3： 从教学资源包中下载资料 1～5，认真阅读，结合上一模块任务拓展（所在城市有哪些快递公司）的结果，小组内讨论并设计本小组淘宝店物流配送方案。直接下载或打印教学资源包中的快递单据，练习填写，并上传。 以上任务建议 2 学时完成。
任务间歇	播放励志 MV（教学资源包提供）。
讨论	在网上购物选择什么样的物流最理想？
任务拓展	利用业余时间，以小组为单位和当地快递公司协商配送合作事宜。

学习任务考核单 5-3

姓名：　　　　　　　　　　　　　学号：　　　　　　　　　　　　　编号：5-3

序号	任务	分值	总结与归纳	成绩
1	电子商务企业有哪些物流模式？	30 分		
2	电子商务企业如何选择物流模式？	30 分		
3	制定本小组网店物流方案	40 分		
合　计				

* 请学生填写完学习任务考核单后上交。

学习指南

1. 电子商务企业物流模式选择

国内外一些企业组建电子商务公司时解决物流和配送系统问题的办法主要有以下三种。

1.1　借助传统流通渠道

对于已经开展传统商务的企业，可以建立基于网络的电子商务销售系统，同时也可以利用原有的物流渠道承担电子商务的物流业务。

传统流通渠道在电子商务环境下依然有其不可替代的优势：首先，传统商业历史悠久，有良好的顾客基础，已经形成的品牌效应在很大程度上是配送信用的保证。其次，那些具有一定规模的连锁店、加盟经营店使得准确及时的物流在全国范围内成为可能。最后，由于传统流通渠道本身也存在商品配送的任务，如果网站把商品配送任务交给传统流通渠道解决，那样可以充分利用一些闲置的仓储、运输资源，相对于使用全新的系统，降低了成本。

目前从事传统销售业务的企业主要包括制造商、批发商、零售商等。制造商进行销售的倾向在 20 世纪 90 年代表现得比较明显，从专业分工的角度看，制造商的核心业务是商品开发、设计和制造，但越来越多的制造商不仅有庞大的销售网络，而且还有覆盖整个销售区域的物流、配送网，国内大型制造商的生产人员可能只有 3 000～4 000 人，但营销人员却有 1 万多人。制造企业的物流设施普遍要比专业流通企业的物流设施先进，这些制造企业完全可能利用原有的物流网络和设施支持电子商务业务，开展电子商务不需新增物流、配送投资。对这些企业来讲，比投资更为重要的是物流系统的设计、物流资源的合理规划。和制造商相比，批发商和零售商具有组织物流的优势，因为它们的主业就是流通，在美国，如 Wal-Mart（沃尔玛）、Kmart（凯马特）、Sears（西尔斯）等；在国内像苏宁、国美等都开展了电子商务业务，其物流业务都与其一般销售的物流业务一起安排。

1.2　企业自营物流

电子商务企业物流配送的各个环节由企业自己筹建并组织管理，实现对企业内部及外部货物配送的模式称为自营物流。电子商务企业自身组织商品配送，可以说是自己掌握了交易的最后环节，有利于控制交易时间。特别是在本城市内的配送上，网站组织自己的配送队伍可以减少向其他配送公司下达配送要求的手续，在网上接受订购之后，可以立即进行简单的分区处理，然后立即配送，这样往往使得当日配送、限时送达成为可能。有些网站提出的本城区 1 小时内送达也是建立在自身有一支随时出动的配送队伍的基础上的。2009 年 3 月，国内知名的电子商务企业京东商城成立了自有快递公司，在华北、华东、华南、西南建立了四大物流中心，又陆续在天津、苏州、杭州、南京、深圳、宁波、无锡、济南等 23 个重点城市建立了城市配送站，最终，配送站将覆盖全国 200 个城市，均由自建快递公司提供物流配送、货到付款、移动 POS 刷卡、上门取换件等服务。物流配送速度、服务质量得以全面提升。

但是对于企业来说，如果采取这种方式投资应十分慎重，因为电子商务的业务与物流业务是截然不同的两种业务，企业必须对跨行业经营产生的风险进行严格的评估，其中成本控制和程序管理是最大的麻烦。任何一个公司，拥有一支自己的配送队伍都将会是一笔庞大的开支。出于对成本的考虑，配送队伍的规模必须与公司的业务量相适应。另外，如何保持适当的库存规模、如何制定恰当的配送路线、如何选择合适的物流工具、如何确定合理的送达时间都是需要严格管理的。不是所有的电子商务公司都有必要、有能力自己组织商品配送。

1.3　外包给专业物流公司

将物流外包（Outsourcing）给第三方物流公司是跨国公司管理物流的通行做法。按照供应链的理论，将不是自己核心业务的业务外包给从事该业务的专业公司去做，这样从原材料供应到生产，再到产品的销售等各个环节的各种职能，都是由在某一领域具有专长或核心竞争力的专业公司互相协调和配合来完成的，这样所形成的供应链具有最大的竞争力。因此，Compaq（康柏）和 Dell 分别将物流外包给 Exel（英运物流）和 FedEx（联邦快递），Amazon 在美国国内的电子商务物流业务由自己承担，但对于美国市场以外的业务则外包给 UPS 等专业物流公司。中国境内的跨国公司在从事电子商务业务时，物流业务一般都外包给中国当地的第三方物流服务商。可以认为，将物流、配送业务外包给第三方物流服务商是电子商务经营者组织物流的可行方案。但中国的第三方物流经营者要适应电子商务的需求变化还需要进行大量的努力，因为这一行业比较落后，中国加入 WTO 后，发达国家的物流公司很快就进入中国为电子商务企业提供物流服务，这一方面加剧了国内物流行业的竞争，另一方面对促进国内物流行业和电子商务的发展也大有好处。

国际及国内第三方物流公司比较

2. 电子商务企业选择物流模式应考虑的主要因素

电子商务企业在进行物流决策时，应根据自己的需要和资源条件，综合考虑以下主要因素，慎重选择物流模式，以提高企业的市场竞争力。

2.1　物流对企业成功的影响度和企业对物流的管理能力

物流对企业成功的重要度高，企业处理物流的能力相对较低，则采用第三方物流；物流对企业成功的重要度较低，同时企业处理物流的能力也低，则采用外购物流服务；物流对企业成功重要度很高，且企业处理物流能力也高，则采用自营物流。

2.2　企业对物流控制力的要求

越是竞争激烈的产业，企业越是要强化对供应和分销渠道的控制，此时企业应该自营物流。一般来说，主机厂或最终产品制造商对渠道或供应链过程的控制力比较强，往往选择自营物流，即作为龙头企业来组织全过程的物流活动和制定物流服务标准。

2.3　企业产品自身的物流特点

对于大宗工业品原料的回运或鲜活产品的分销，则应利用相对固定的专业物流服务供应商和短渠道物流；对全球市场的分销，宜采用地区性的专业物流公司提供支援；对产品线单一的或为主机厂做配套产品生产的企业，则应在龙头企业统一下自营物流；对于技术性较强的物流服务如口岸物流服务，企业应采用委托代理的方式；对非标准设备的制造商来说，企业自营物流虽有利可图，但还是应该交给专业物流服务公司去做。

2.4　企业规模和实力

一般来说，大中型企业由于实力较雄厚，有能力建立自己的物流系统，制订合适的物流需求计划，保证物流服务的质量。另外，还可以利用过剩的物流网络资源拓展外部业务（为别的企业提供物流服务）。而小企业则受人员、资金和管理的资源的限制，物流管理效率难以提高。此时，企业为把资源用于主要的核心业务上，就应把物流管理交给第三方专业物流代理公司。

2.5　物流系统总成本

在选择物流模式时，必须弄清不同的模式物流系统总成本的情况。其计算公式为：

物流系统总成本＝总运输成本＋库存维持费用＋批量成本＋总固定仓储费用
＋总变动仓储费用＋订单处理和信息费用＋顾客服务费用

这些成本之间存在着二律背反现象：减少仓库数量时，可降低仓储费用，但会带来运输距离和次数的增加而导致运输费用增加。如果运输费用的增加部分超过了仓储费用的减少部分，总的物流成本反而增大。所以，在选择和设计物流系统时，要对物流系统的总成本加以论证，最后选择成本最小的物流系统。

2.6　第三方物流的客户服务能力

在选择物流模式时，考虑成本尽管很重要，但第三方物流为本企业及企业顾客提供服务的能力是选择物流服务时需重点考察的，即第三方物流在满足企业对原材料及时需求的能力和可靠性。企业应把第三方物流对自己的零售商和最终顾客不断变化的需求的反应能力等作为首要因素来考虑。

3. 网店交易物流配送的选择

近年来，网上购物迅速发展，越来越多的消费者选择上网购物，越来越多的商家看好了商机也选择在网上开店。对于商家来说，物流是网上开店的一个重要环节，是卖家与买家之间物品流通的渠道，如果不重视物流问题，往往会出现各种各样的物流纠纷：收件发件延时；包裹被调包；邮件寄丢；邮寄过程导致商品破损；快递公司拒绝赔偿；等等。为此商家要付出很大的代价。因此，物流服务的选择无疑是网商的一门必修课。

网店交易可以把物流分为邮局平邮、快递和货运三种方式。

3.1 邮局平邮

（1）邮局平邮的特点：价格便宜，经济实惠，但是邮寄的时间较长，一般适用于非紧急邮件。

（2）邮局平邮费用的计算方法：平邮收费实行分区计费方式，费用按照寄递里程分区核定，具体标准详见现行《国内包裹资费表》，可到当地邮局去咨询，其具体计算公式为：

每件包裹资费＝包裹每千克资费×包裹重量＋挂号费＋包装费＋保价费

说明：

1）挂号费为 3.00 元。

2）包装费按实际收取。

3）保价费由客户自愿选择，保价费为订单产品价值的 1%。客户选择不保价，则保价费＝0 元。

4）包裹重量不满 500 克的，按 500 克计费。包裹按毛重重量计费，不以净重重量计费。

（3）邮局平邮的基本程序：卖家亲自到附近邮局办理邮寄事宜。普通包裹用的是绿色邮单，寄达时间需 7～15 天（邮寄所需时间视两地距离而定），货到买家所在地的附近邮政网点后，邮局工作人员通知买家携带身份证亲自到邮局办理提货事宜。

3.2 快递

（1）快递的特点：方便、快捷，邮寄时间短，但价格比较高，一般适用于紧急邮件。

（2）快递邮寄东西的基本程序：卖家可以电话通知快递公司收件员上门收件，也可以网上下单，快递公司自行安排工作人员上门收件。以国内快递为例，邮寄一般只需要三天左右（但快递公司不同，两地距离的远近不同，时间也会有变化），货到买家所在地的快递公司网点之后，快递公司安排工作人员送件上门。

（3）快递的类型：

1）邮局快递。

邮局快递包裹与特快专递 EMS 不同，与普通包裹大致相同。首重 1 000 克，1 001 克以上每 500 克为一个计费单位，一般以 500 克起的最低价就得要 7 元左右。邮局快递的费用一般是邮局平邮的 2～2.5 倍，邮局快递不上门取货，客户拿着需要邮寄的物品到邮局填写包裹单，进行邮寄。在许多地区，邮局快递能够做到送货上门，送货时间一般是 5～7 天。邮局快递包裹单为黄色。

邮局快递资费表

2）邮局 EMS。

EMS 到达时间为 3 天左右，到货方式为送货上门。

EMS国内资费标准如表5-1所示。

表5-1　EMS国内资费标准

起重资费	续重资费		
	续重每500克或其零数		
起重500克及以内20元	一区	二区	三区
	6元	9元	15元
备注：具体分区方式，请寄件人拨打电话或到当地邮局营业窗口咨询，客服电话11185			

注：国外资费标准和注意事项请登录中国邮政网查询。

3）快递公司。

近年来，我国涌现出了一大批快递公司，国外一些知名的快递公司也纷纷进入中国市场。这些快递公司一般是私有的性质，速度比较快，价位不等，要了解具体情况，最好登录其官方网站进行查询。

快递公司网站

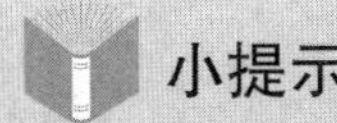

选择快递公司的十大要点

(1) 尽量选择通过总公司开设分公司的方式来拓展网络的快递公司。

(2) 尽量选择本地经过正规注册的规模较大的快递公司。

(3) 尽量选择业内口碑比较好的快递公司。

(4) 尽量选择网点比较多的快递公司。

(5) 尽量根据不同的情况选择不同的快递公司（要考虑地点、费用、时间、物品性质等）。

(6) 尽量选择有胶袋包着快递单或快递单最后一联是不干胶的快递公司。

(7) 尽量选择快递单用纸质量比较好的快递公司。

(8) 尽量选择赔偿金额或倍数高而且保价率低的快递公司。

(9) 尽量选择开着货车去客户那里取件的快递公司。

(10) 尽量选择快递单上条形码的印刷质量比较好的快递公司。

3.3　货运

(1) 货运物流的特点：价格便宜，经济实惠，但邮寄时间比较长，且不能送货上门，与邮局平邮很类似，但是价格肯定比邮局便宜好多。一般要邮寄物品体积比较大，或者物品比较重，又或者邮寄物品数量比较多时，可以选择货运物流，适合邮寄不是很紧急的大宗物品。

(2) 货运邮寄东西的基本程序：货运物流可以由货运公司上门收货，也可以由寄件人亲自将货送到货运公司，价钱当然不同。货运所需时间大约为一个星期（视两地距离和交通而定）。货运物流一般不会送货上门，需要收件人自行到本地货运公司网点去提取。

4. 快递单据的填写

4.1 寄件人

（1）寄件人姓名、电话：详细填写寄件人姓名、有效的联系电话。

（2）寄件人单位名称：详细填写寄件人的单位名称，如是个人地址，则无须填写。

（3）寄件人地址：详细填写寄件人单位或个人地址、邮政编码，如有用户代码，也需填写。为邮件安全及迅速传递，应详细、准确填写。

4.2 内装何物及数量

（1）内件分类：注明邮件的内件性质。

（2）内件品名：注明内装物品的具体名称。

（3）数量：注明内装物品的具体数量。

4.3 保价栏

如需保价，选择此项并注明需保价的金额，最高不应超过10万元人民币。

4.4 交寄人签名

交寄人确认所填写内容，认可详情单背面使用须知后签名。

4.5 收件人

（1）收件人姓名、电话：详细填写收件人姓名、有效的联系电话。

（2）收件人单位名称：详细填写收件人的单位名称，如寄往收件人个人地址，则无须填写。

（3）收件人地址：详细填写收件人的单位或个人地址、邮政编码及相应的城市名。为邮件安全及迅速传递，应详细、准确填写。

（4）收件人签名：收到邮件时请签名（章）确认，并填写具体收到邮件的日期、时间。若是他人代签收，签名（章）后，还需注明有效证件名称、号码和代收关系。

4.6 如需说明情况，应在详情栏填写

详情单上其他项目由工作人员填写，如与实际情况不符，应当即指出。

项目小结

本项目主要让同学们通过学习了解物流对电子商务的作用和意义，学会电子商务物流解决方案。重点理解以下问题：电子商务与物流的关系；电子商务对物流的要求；如何选择物流解决方案。

习题与课业

简答题：

1. 电子商务与物流有什么关系？
2. 简述我国物流发展现状。
3. 物流的“7R原则”是什么？
4. 电子商务物流包括哪些新型的物流方式？

5. 电子商务对物流配送的要求有哪些？

论述题：

试述电子商务公司解决物流和配送系统问题的办法。

案例分析题：

作为传统的专业物流企业，中国邮政积极发展现代物流服务，目前中国邮政已经拥有一个覆盖全国、较为完善的物流配送网络，在全国各省都普遍开展了邮政物流配送业务。为了适应电子商务的发展，中华人民共和国邮政集团公司成立了全国邮政电子商务运营中心。请据此分析：(1) 中国邮政物流属于哪种物流模式？(2) 中国邮政发展电子商务物流有哪些优势？(3) 中国邮政发展电子商务物流存在哪些不足？

拓展训练

假如你的淘宝店在经营过程中因为物流问题遭到客户投诉，你应该如何解决？如何避免此类问题发生？

项目六　电子商务交易安全保障

项目介绍

电子商务安全，就是保护电子商务系统里的企业或个人资产不受未经授权的访问、使用、篡改或破坏。电子商务安全覆盖整个电子商务链的各个环节，由客户端到通信传输，再到服务器端，包括相关企业的后台信息系统、网上银行系统等。

本项目包括电子商务安全现状调查与分析、网络安全技术保障两个模块、两个学习任务和若干个工作子任务。学生可通过具体的学习任务考核单，借助互联网资源和教学资源包提供的资料展开自学、模拟、实操、网上调研等，充分认识电子商务交易中存在的威胁与安全隐患，对电子商务安全引起重视，能够在今后的工作中注意并解决好这一问题。

项目目标

通过本项目的学习，学生可了解当前电子商务安全现状，掌握电子商务对网络安全的特殊要求，掌握目前流行的电子商务交易安全保障策略，学会简单的网络安全设置与电子交易安全防范技术。

项目实施

通过案例分析、网上调研、实验等形式，教师作为组织者、指导者、共同学习者与学生共同完成本项目，并进行总结。

项目验收点

电子商务交易安全威胁；计算机病毒与木马检测报告；数字证书安装；计算机系统安全设置；加密与数据恢复；安全协议。

引导案例

黑客“入侵”了

案例 1：2016 年 9 月 27 日中午，喜欢在业余时间搞文学创作的沈阳市民刘先生，像往常一样打开电脑准备工作的时候，却发现电脑似乎被人“动了手脚”，所有的文档和照片及文件名都变成了英文。接下来的情况更奇怪，刘先生的电脑仿佛瘫痪了，所有文件都无法打开了。连续重启了几次，电脑依旧没有任何反应。随后，刘先生带着自己

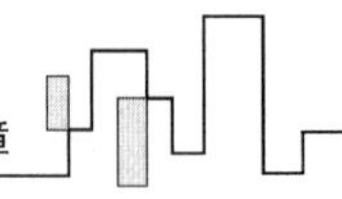

的电脑前去修理。开机的一瞬间，维修人员便说“情况不妙”。工作人员告诉他，他的电脑是被一种境外病毒入侵了。

很快，维修人员在刘先生的电脑中找到了一个名为“Cerber Ransomware”的类似信件的全英文文档。文档显示：“Can't you find the files you need? Is the content of the files that you looked for not readable? It is normal because the files'names, as well as the data in your files have been encrypted.”（找不到你要的文件了吧？你文件的内容都看不了了吧？这很正常，因为你的文件名和数据都被加密了。）在英文信件中，对方提出，如果想要解密文件，需要支付1.25个比特币。“赎金算下来大概是5 000元人民币，里面还有支付的具体方法。”维修人员告诉刘先生，目前没有太好的办法解决，只能格式化电脑，但电脑里的全部资料就都丢失了。刘先生从维修人员口中得知，最近几天，有好几个人的电脑遇到了相同的问题。

一位从事网络安全的专家告诉《沈阳晚报》、沈阳网记者，刘先生遭遇的情况，是黑客将他的所有文件用一种“新算法”重新进行了编码，虽然看起来面目全非，但有其内在规律，只是掌握这个规律的“钥匙”在黑客手中，就像“拆炸弹”一样，不能硬拆。若真不幸遭病毒绑架，仅能等待警方破获黑客集团、公布解密金钥，或试试过去警方破获的旧解密金钥。

据了解，此类黑客行为，国内已经有一些相关案例。为防止境外黑客的攻击，市民一定要注意，联网时务必时刻开启防火墙和杀毒软件，同时保持备份习惯，不要乱点陌生网站。

案例2：2017年10月，雅虎公司证实，其所有30亿个用户账号可能全部受到了黑客攻击的影响，公司已经向更多用户发送“请及时更改登录密码以及相关登录信息”的提示。

据悉，雅虎此次被盗信息内容包括用户名、邮箱地址、电话号码、生日以及部分用户加密或未加密安全识别的问题和答案。有中国互联网分析师表示，其中包括至少几千万中国用户。同时安全专家提醒所有用雅虎邮箱登录微博的用户，可能随时存在信息泄露的风险，所以需提高警惕，及时修改相关信息。

思考：

当前电子商务交易过程中可能存在哪些安全风险？如何有效避免？

模块一　电子商务安全现状调查与分析

学习任务单6-1

学习情境	小米和同学的网店经营得很顺利，无意中小米听说外系一同学的QQ号码被盗了，这位同学很郁闷。小米想QQ号码能被偷，那网银或者支付宝账号也有被偷的危险啊！想到这小米就紧张起来，她到网上一搜索，吓了一跳，网络安全事件真是层出不穷啊，那么怎么才能保障自己账号和交易的安全呢？你能告诉小米吗？

环境需求	1. 互联网接入; 2. 计算机(每人一台); 3. 学习任务考核单(也可到教学资源包下载电子版)。
任务描述	任务1: (1)百度搜索"钓鱼网站",了解钓鱼网站的存在; (2)搜索"网络安全大事记"; 通过搜索,认识电子商务安全的存在。 任务2: 百度搜索电子商务安全类问题案例,并进行总结: 问题1:结合以上案例总结当前电子商务交易各方所面临的威胁。 问题2:目前,无论是电子商务交易,还是电子商务网站本身,都存在大量的不安全因素,假定某公司怀疑自己的电子商务网站受到不怀好意的人的攻击,从技术人员的角度讨论该电子商务网站的服务器可能会受到哪些安全威胁,并对此给出相应的防范策略。 问题3:面对如此多的黑客、病毒和蓄意破坏者,作为网上消费者的我们应在哪些方面进行防范? 问题4:电子商务安全中技术安全与人文安全哪个更重要? 以上任务建议2学时完成。
任务间歇	播放励志MV(教学资源包提供)。
小调查	1. 你的QQ号被盗过吗? □被盗过 □没有 2. 你在网上购物中上过当吗? □上过当 □没有 3. 你的电脑时常中病毒吗? □是的 □没有
任务拓展	分析网络安全和电子商务安全的关系。

学习任务考核单 6-1

姓名: 学号: 编号:6-1

序号	任务	分值	总结与归纳	成绩
1	网络安全大事记	30分		
2	电子商务交易所面临的威胁	20分		
3	网上消费者如何防范安全威胁?	30分		
4	技术安全与人文安全比较	20分		
合 计				

*请学生填写完学习任务考核单后上交。

学习指南

1. 电子商务的安全需求

由于电子商务是在开放的网上进行的,支付信息、订单信息、谈判信息、机密的商务往来文件等大量的商务信息将在计算机系统中存放、传输和处理,因此,其安全问题显得尤为重要。IP欺骗、计算机病毒等造成商业信息窃取、篡改、破坏和伪造,以及机器出错、程序出错、误操作、传输错误造成的失误和失效，都严重地危害到了电子商务系统的安全，因此，保证商务信息的安全是进行电子商务的前提。

电子商务安全是一个复杂的系统问题，它不仅与其支持平台有关，还与电子商务的应用环境、交易模式、人员素质、电子商务安全立法和社会等诸多因素有关。有关电子商务的安全要求主要体现在以下几个方面。

1.1　保密性

电子商务依托的是一个开放的网络环境，因此商业信息的保密是电子商务应用全面推广的重要保障。所谓保密性是指信息在传输或存储过程中不被他人窃取。交易中的商务信息具有保密的要求，如信用卡的账号信息、订单信息等，因此，在电子商务的信息传播过程中一般均有加密的要求，以防止信息泄露。

1.2　完整性

完整性指的是数据在存储和传输过程中，要求能保证数据的一致性，防止数据被非授权建立、修改和破坏。数据在存储、传输过程中，可能由于数据输入时的意外差错或欺诈行为，或数据传输过程中信息的丢失、信息重复或信息传送的次序差异甚至被篡改等不确定因素导致交易各方信息的差异，从而影响交易各方的交易和经营策略。因此，保证交易各方信息的完整性是电子商务应用的基础。

1.3　不可否认性

商情千变万化，当交易一方发现交易行为对自己不利时，就有可能否认交易的行为，这样必然造成另一方利益受损。在传统贸易中，双方通过在合同、契约等书面文件上手写签名或加盖印章来约束交易双方，防止抵赖行为的发生。在电子交易中，通过对发送信息进行数字签名，来实现交易的不可抵赖性（包括发送方在发送后不能抵赖，接收方在接收信息后也不能抵赖）。

1.4　可靠性

可靠性指的是电子商务系统的可靠程度。任何一个电子商务系统在运作过程中都会受到计算机失效、程序出错、传输出错、硬件故障、系统软件故障、计算机病毒和自然灾害等潜在威胁。如何采取一系列的控制和预防措施来防止数据信息资源不受破坏，决定了电子商务系统的可靠程度。

2. 我国电子商务中的安全隐患

从安全和信任的角度来看，传统的买卖双方是面对面的，因此很容易保证交易过程的安全性和建立起信任关系。但在电子商务过程中，买卖双方通过网络来联系，由于双方的不可见性，因而建立交易双方的信任关系比较困难。电子商务交易双方都面临着不同的安全隐患。

2.1　卖方角度存在的安全隐患

（1）系统中心安全性易被破坏：入侵者假冒成合法用户来改变用户数据（如商品送达地址）、解除用户订单或生成虚假订单。

（2）竞争者的威胁：恶意竞争者以他人的名义来订购商品，从而了解有关商品的递送状况和货物的库存情况。

（3）商业机密的安全：客户资料被竞争者获悉。

（4）假冒的威胁：不诚实的人建立与销售者服务器名字相同的另一个 WWW 服务器来假冒销售者；虚假订单；获取他人的机密数据，如某人想要了解另一人在销售商处的信誉时，他以另一人的名字向销售商订购昂贵的商品，然后观察销售商的行动，假如销售商认可该订单，则说明被观察者的信誉高，否则，则说明被观察者的信誉不高。

（5）信用的威胁：买方提交订单后不付款。

2.2 买方角度存在的安全隐患

（1）虚假订单：一个冒名者可能会以客户的名字来订购商品，而且有可能收到商品，而此时客户却被要求付款或返还商品；

（2）付款后不能收到商品：在要求客户付款后，销售商中的内部人员不将订单和钱转发给执行部门，因而使客户收不到商品；

（3）货不对板：顾客在付款后，收到的货与所订的货在颜色、货号、质量等方面存在差异；

（4）机密性丧失：客户有可能将秘密的个人数据或自己的身份数据（如 PIN、口令等）发送给冒充销售商的机构，这些信息也可能会在传递过程中被窃听；

（5）拒绝服务：攻击者可能向销售商的服务器发送大量的虚假订单来挤占它的资源，从而使合法用户不能得到正常的服务。

2.3 黑客攻击电子商务系统的手段

买卖双方从事网上交易时所面临的安全隐患，常常成为黑客攻击的目标。从买卖双方的情况分析，黑客们攻击电子商务系统的手段可以大致归纳为以下四种：

（1）中断（攻击系统的可用性）：破坏系统中的硬件、硬盘、线路、文件系统等，使系统不能正常工作；

（2）窃听（攻击系统的机密性）：通过搭线与电磁泄漏等手段造成泄密，或对业务流量进行分析，获取有用情报；

（3）篡改（攻击系统的完整性）：篡改系统中数据的内容，修正消息次序、时间（延时和重放）；

（4）伪造（攻击系统的真实性）：将伪造的假消息注入系统、假冒合法人介入系统、重放截获的合法消息实现非法目的、否认消息的接入和发送等。

模块二　网络安全技术保障

学习任务单 6－2

学习情境	小米认识到了电子商务安全的严峻性，知道电子商务是基于网络和计算机的商务模式，如果网络和网络中的计算机存在安全隐患，电子商务交易则无安全可言，势必给个人和企业带来不可估量的损失。那么目前有哪些技术可以在一定程度上阻止和防范这些隐患呢？同学们和小米一起来学习吧！

环境需求	1. 互联网接入； 2. 计算机（每人一台）； 3. 学习任务考核单（也可到教学资源包下载电子版）。
任务描述	任务 1： 1. 登录百度搜索“防火墙解决方案”，了解各类防火墙的类型、实物形态、特性与优点。 2. 登录中关村在线(http://www.zol.com.cn)或太平洋电脑(http://www.pconline.com)，在“产品报价”栏目下的“防火墙、UTM、VPN”中查看各类防火墙的价格，分析各防火墙性能指标及网上评论，各推荐一款高中低三个档次的防火墙产品。 3. 登录百度，搜索“防火墙 免费版”关键词，下载任意一款防火墙软件，并进行安装与设置。查看防火墙日志，并复制提交。 任务 2： 1. 登录 www.360.cn 网站，下载 360 免费杀毒软件，进行安装、设置和升级，之后对本人使用的计算机进行病毒查杀，将查杀结果报告提交。 2. 登录 www.360.cn 网站，下载 360 安全卫士最新版进行安装和设置，之后进行电脑体检、清理插件、修复漏洞、木马查杀。将结果填入学习任务考核单的相应栏目。 3. 使用 360 杀毒系统中的“急救箱”对本机进行深度查杀。 4. 手机商店下载 360 手机安全卫士 App 或腾讯手机管家 App 或百度手机卫士 App，安装并对自己手机进行安全检测和病毒查杀。 以上任务建议 2～3 学时完成。
任务间歇	小游戏：测试你的杀毒软件（教学资源包提供的杀软测试.txt）。
小调查	1. 你用过哪些杀毒软件，觉得哪一款软件较好？ 2. 你的个人电脑安装反黑客防火墙了吗？ □有　□没有
任务拓展	你知道哪些杀毒软件和防火墙？访问 360 安全卫士、腾讯电脑管家、百度杀毒、瑞星杀毒、金山毒霸网站查看相关软件介绍，可以尝试安装体验。

学习任务考核单 6-2

姓名：　　　　　　　　　　学号：　　　　　　　　　　编号：6-2

序号	任务	分值	总结与归纳	成绩
1	病毒查杀报告	20 分		
2	电脑体检、清理插件、修复漏洞、木马查杀报告	20 分		
3	防火墙日志	20 分		
4	你推荐的防火墙价格及特性	20 分		
5	防火墙有哪些类型？	20 分		
合　计				

* 请学生填写完学习任务考核单后上交。

学习指南

1. 防病毒木马技术

1.1 计算机病毒

《中华人民共和国计算机信息系统安全保护条例》明确规定，计算机病毒是指“编制或者在计算机程序中插入的破坏计算机功能或者毁坏数据，影响计算机使用，并能自我复制的一组计算机指令或者程序代码”。计算机病毒本身具有隐蔽性、传染性、触发性、破坏性和不可预见性的特点。目前，计算机病毒几乎都是由引导模块、传染模块和表现模块三个部分组成。

1.1.1 计算机病毒的种类

（1）引导型病毒。20 世纪 90 年代中期，最为流行的计算机病毒是引导型病毒，该病毒主要通过软盘在 DOS 环境下传播。引导型病毒会感染软盘内的引导区及硬盘，而且也能够感染用户硬盘内的主引导区（MBR）。一旦计算机中毒，每一个经感染计算机读取过的软盘都会受到感染。

引导型病毒的传播方法是：病毒隐藏在磁盘内，在系统文件启动以前它已驻留在内存中。这样一来，计算机病毒就可完全控制 DOS 中断功能，以便进行病毒传播和破坏活动。设计在 DOS 或 Windows 3.1 上执行的引导区病毒是不能够在新的计算机操作系统上传播的，所以这类计算机病毒目前很罕见。

（2）文件型病毒。又称寄生病毒，通常感染执行文件（.exe 或 .com），但是也有些会感染其他可执行文件，如 DLL、SCR 等。每次执行受感染的文件时，计算机病毒便会发作，计算机病毒会将自己复制到其他可执行文件，并且继续执行原有的程序，以免被用户所察觉。

（3）复合型病毒。复合型病毒具有引导型病毒和文件型病毒的双重特点。

（4）宏病毒。宏病毒专门针对特定的应用软件，可感染依附于某些应用软件内的宏指令，它可以很容易地通过电子邮件附件、软盘、文件下载和群组软件等多种方式进行传播，如 Microsoft Word 和 Excel。宏病毒采用程序语言撰写，例如 Visual Basic 或 Corel Draw，而这些又是易于掌握的程序语言。宏病毒最先在 1995 年被发现，不久后成为最普遍的计算机病毒。

（5）蠕虫病毒。蠕虫是一种能自行复制和经由网络扩散的程序性病毒。它跟计算机病毒有些不同，计算机病毒通常会专注于感染其他程序，但蠕虫病毒专注于利用网络去扩散。随着互联网的普及，蠕虫病毒利用电子邮件系统实现自身复制，如把自己隐藏于附件并于短时间内通过电子邮件发给多个用户。有些蠕虫病毒（如 Code Red）还会利用软件上的漏洞去扩散和进行破坏。

1.1.2 计算机病毒的检测

计算机中毒的症状包括以下内容：

（1）经常死机：病毒打开了许多文件或占用了大量内存。

（2）系统无法启动：病毒修改了硬盘的引导信息，或删除了某些启动文件，如引导型病毒致使引导文件损坏。

（3）文件打不开：病毒修改了文件格式；病毒修改了文件链接位置。

（4）经常报告内存不够：病毒非法占用了大量内存；或提示硬盘空间不够，原因是病毒复制了大量的病毒文件，一安装软件就提示硬盘空间不够。

（5）系统运行速度慢：病毒占用了内存和CPU资源，在后台运行了大量非法操作。

（6）软盘等设备未访问时出现读写信号：原因是病毒感染。

（7）出现大量来历不明的文件：病毒复制文件。

（8）启动黑屏：病毒感染，如CIH病毒使计算机开机后运行到Windows画面就死机。

（9）数据丢失：病毒删除了文件。

（10）键盘或鼠标无端地被锁死：病毒作怪，特别要留意“木马”。

（11）系统自动执行操作：病毒在后台执行非法操作。

1.1.3　计算机病毒的防范

计算机病毒主要是通过写读文件、网络传播的，但这些操作又是不可缺少的，因此必须根据其传播途径采取适当措施加以防范。

（1）避免多人共用一台计算机。

在多人共用的计算机上，由于使用者较多，各自的病毒防范意识不一样，软件使用频繁，且来源复杂，从而大大增加了病毒传染的机会。

（2）杜绝使用来源不明的软件或盗版软件。

不要把他人的移动硬盘放进自己的计算机，也不要把自己的移动硬盘随便借给他人使用，更不能使用盗版的软件（文件、程序、游戏），因为它们极可能携带病毒。

（3）要到知名大网站下载文件。

近年来，计算机病毒通过网络散发已成为主流，网络也使病毒的传播达到前所未有的疯狂程度，因此网上下载文件要谨慎，一定要到安全可靠的知名网站、大型网站，不要选择一些小型网站。使用网上下载的文件之前最好先做病毒扫描，确保安全无毒。

（4）管好、用好电子邮件（E-mail）系统。

（5）安装品质优良的正版杀毒软件，开启病毒防火墙。

目前常见的杀毒软件有：金山毒霸、瑞星、360安全卫士、百度杀毒、腾讯电脑管家等，奇虎360推出一款永久免费杀毒软件360杀毒，因其使用简单、功能强大，深受网友喜爱，建议免费使用（网址为http：//www.360.cn）。

安装上杀毒软件后，不要以为万事大吉。要正确使用杀毒软件，很好地设置杀毒软件的相关功能，如开启实时防护功能，及时升级病毒库，经常查杀病毒，将整个系统置于随时的监控之下。

1.2　黑客与木马防范

1.2.1　黑客、木马的含义

黑客也就是英文Hacker的音译，Hacker这个单词源于动词Hack，这个词在英语中有“乱砍、劈”之意，还有一个意思指“受雇于从事艰苦乏味的工作的文人”。Hack的一个引申的意思是指“干了一件非常漂亮的事”。在早期的麻省理工学院里，“Hacker”有

“恶作剧”的意思，尤指那些手法巧妙、技术高明的恶作剧，可见，至少是在早期，黑客这个称谓并无贬义。

骇客是英文 Cracker 的音译，就是“破坏者”的意思。这些人做的事情更多的是破解商业软件、恶意入侵别人的网站并造成损失。

骇客具有与黑客同样的本领，只不过在行事上有些差别而已，这也是人们常常很难分清黑客与骇客的原因之一。其实，黑客也好，骇客也好，名称只是一种代号而已，应该说他们之间并无绝对的界限。黑客和骇客都是非法入侵者，既然是非法入侵，再去区分什么善意和恶意也没有什么意义，这里要提醒大家的是，无论是善意还是恶意的入侵，都有可能给被入侵者造成一定的损失。

“木马”全称是“特洛伊木马”（Trojan Horse）。木马的名称来源于古希腊特洛伊木马的故事，希腊人围攻特洛伊城，很多年不能得手后想出了木马的计策，他们把士兵藏匿于巨大的木马中，在敌人将其作为战利品拖入城内后，木马内的士兵爬出来，与城外的部队里应外合而攻下了特洛伊城。

计算机木马的设计者套用了同样的思路，把木马程序插入正常的软件、邮件等宿主中。在受害者执行这些软件的时候，木马就可以悄悄地进入系统，向黑客开放进入计算机的途径。

计算机感染木马的表现主要有：机器有时死机，有时又重新启动；在没有执行什么操作的时候，却在拼命读写硬盘；系统莫明其妙地对软驱进行搜索；没有运行大的程序，而系统的速度越来越慢，系统资源占用很多；用任务管理器调出任务表，发现有多个名字相同的程序在运行，而且可能会随时间的增加而增多。如果计算机出现上述症状，就应该检查一下系统，看是不是有木马在计算机里安家落户了。

1.2.2　黑客、木马的防范与查杀

目前黑客获取非法信息主要通过木马程序来实现，因此对于木马的防范不能疏忽。我们在检测清除木马的同时，还要注意对木马的预防，做到防患于未然，可以从以下几个方面着手：

（1）不随意打开来历不明的邮件；

（2）不随意下载来历不明的软件；

（3）及时修补漏洞和关闭可疑的端口；

（4）尽量少用共享文件夹；

（5）安装反黑客防火墙和木马及恶意软件防控程序，实时监控；

（6）经常升级系统和更新病毒库，定期对电脑全面查杀。

360 安全卫士是一款免费的集木马查杀、恶意软件清除、漏洞修补、ARP 防火墙、IE 修复等多功能为一体的软件，建议个人用户安装使用。

2. 防火墙技术

在古代，人们总是在房子之间垒一道砖墙，当火灾发生时可以防止火势蔓延，从而达到防火的目的，这道墙就被称为防火墙。这一概念应用到网络安全中，指的是如果一个内部网络与互联网相连，用户就可以与外部网络通信，同样，外部网络也可以访问内部网络并与之交互。为了安全考虑，一般在内部网络与互联网之间放一个中介系统，竖起一道安全屏障，用以阻止外部的非法访问和侵入，使所有的外流和内流信息都通过这道屏障的审核，这种中介系统就叫作“防火墙”，如图 6－1 所示。

图 6－1　防火墙示意图

2.1　防火墙的工作原理

防火墙是在内部网和互联网之间构筑的一道屏障，是在内外有别及在需要区分处设置的隔离设备，用以保护内部网中的信息、资源等不受来自互联网中非法用户的侵犯。具体来说，防火墙是一类硬件及软件。

防火墙按照事先规定好的配置和规则，检测并过滤所有通向外部网和从外部网传来的信息，只允许授权的数据（即防火墙系统中安全策略允许的数据）通过，防火墙还应该能够记录有关的连接来源、服务器提供的通信量以及试图闯入者的任何企图，以方便管理员检测和跟踪，并且防火墙本身也必须能够免于各种攻击的影响。简单地说，防火墙成为一个进入内部网的信息都必须经过的限制点，它只允许授权信息通过，而其本身不能被渗透。如果把局域网比作一个要塞，那防火墙就是保护要塞的城墙。

2.2　防火墙形式的选择

常见的防火墙体系结构主要有四种类型：包过滤防火墙、双宿网关防火墙、屏蔽主机防火墙、屏蔽子网防火墙。在实际应用中，根据用户对防火墙的规则要求、安全策略以及预算等问题，确定合适的防火墙体系机构。

3. 虚拟专用网

3.1　虚拟专用网的工作原理

虚拟专用网（Virtual Private Network，VPN）是一种连接，从表面上看，它类似一种专用连接，但实际上是在共享网络上实现的。它常使用一种被称作“隧道”的技术。数据包在公共网络上的专用“隧道”内传输，专用“隧道”用于建立点对点的连接。来自不同数据源的网络业务经由不同的“隧道”在相同的体系结构上传输，并允许网络协议穿越不兼容的体系结构，还可区分来自不同数据源的业务，因而可将该业务发往指定的目的地，并接受指定等级的服务。

隧道的组成包括：

（1）一个隧道启动器；

（2）一个路由网络（Internet）；

(3) 一个可选的隧道交换机;

(4) 一个或多个隧道终结器。

隧道启动和终止可由许多网络设备和软件来实现。例如,一个隧道可以由一台位于ISP服务点的适用于虚拟专用网的接入集中器建立,亦可由一个企业分支机构或办公室局域网的防火墙建立,该防火墙也需要适用于虚拟专用网,或者还可由一台带有模拟的PC调制解调卡和装有适用于虚拟专用网的拨号软件的便携机来建立。一个隧道可由ISP的网络接入路由器的虚拟专用网网关终止,或者由隧道终结器或企业网的交换机终止。

3.2 虚拟专用网的应用

(1) 通过Internet实现安全远程用户访问。一个系统配备了IP安全协议的最终用户,可以通过调用本地互联网服务提供商(ISP)来获得对一个公司网络的安全访问,这为在外出差的雇员或远程工作者减少了长途通信费用。

(2) 通过Internet实现网络互连。通过Internet实现两个相互信任的内部网络的安全连接,可以采用两种方式使用VPN技术来连接远程局域网:一是使用专线连接分支机构和网络局域网;二是使用拨号线路连接分支机构和企业局域网。

(3) 连接企业内部网络计算机。在企业的内部网络中,某些部门可能存有重要数据,为确保数据的安全性,传统的方式只能是把这些部门同整个企业网络断开。这种方式虽然保护了部门的重要信息,但也导致了与其他部门的用户无法连接,造成通信困难。采用VPN方案,通过使用一台VPN服务器,既能实现与整个企业网络的连接,又可以保护敏感数据的安全性。企业网络管理人员可以设置用户访问VPN服务器和获得敏感数据的权限。

3.3 虚拟专用网产品的选择

选择VPN连接设备的种类时,有以下三种方式:

(1) 基于防火墙的VPN。最为流行的VPN方案就是防火墙集成方案。一般情况下,用户都会为网络设置配置一台防火墙,因此,用防火墙来支持VPN连接是很自然的事情,这样既可以集中管理,又可以兼顾防火墙的安全策略和需要建立的传输隧道。

(2) 基于路由器的VPN。利用互联网边界的路由器,将VPN安装在边界路由器上,能够在数据流入防火墙之前进行解密。

(3) 专用软件或硬件。如果用户已有防火墙和路由器不支持VPN功能,可以使用软件或硬件解决方案专门生成VPN连接。

总之,用户可以根据自己的需求进行选择,同时兼顾已购买的设备。

项目小结

安全问题一直是制约电子商务快速发展的一个重要因素。本项目主要介绍了电子商务系统中的计算机网络安全和电子交易安全方面的主要技术。结合案例与电子交易中实际存在的问题,重点学习了如下内容:

(1) 对电子商务安全的认识。包括电子商务安全要求、我国电子商务中的安全隐患,以及当前电子商务安全的发展现状。

(2) 计算机网络安全技术。包括计算机病毒的检测与清除、防火墙技术及VPN技术等。

习题与课业

简答题：

1. 网络攻击常用的方法有哪些？

2. 电子商务交易安全隐患有哪些？

3. 到几大防病毒软件网站查看病毒资讯，简述当前流行的一些病毒的特征与电脑中毒后的症状。

拓展训练

利用杀毒软件、反木马和流氓软件对你的个人电脑进行全面查杀，就结果写一个查杀记录或日志并提交。

项目七　网络营销运作

项目介绍

20 世纪 90 年代初，互联网的飞速发展在全球范围内掀起了互联网应用热，世界各大公司纷纷利用互联网提供信息服务和拓展公司的业务范围，并且按照互联网的特点积极改组企业内部结构和探索新的营销管理方法，网络营销应运而生。

网络营销的产生有其特定条件下的技术基础、观念基础和现实基础，是多种因素综合作用的结果。信息社会的网络市场上蕴藏着无限的商机，网络营销将帮助企业发掘出网络市场上的新商机。

本项目主要包括网络营销初识、网上市场调研、网络营销策略、网络营销运作四个模块、四个学习任务和若干工作子任务。学生通过具体的学习任务考核单，借助互联网资源和教学资源包提供的资料展开自学、模拟、实操、讨论等学习形式，充分认识网络营销在电子商务应用中的重要作用，学会各种网络营销方法和手段。

项目目标

通过本项目的学习，主要了解网络营销的含义、特点、产生和发展历程，掌握网络营销的各种策略和形式，学会各种网络营销手段和工具的使用与操作，真正具备网络营销实践能力。

项目实施

通过案例分析、网上调研、实训、讨论等形式，教师作为组织者、指导者和共同学习者与学生共同完成本项目，并进行总结。

项目验收点

网络营销；网上市场调查；网络营销策略；网络营销方法。

引导案例

跨界营销新玩法：京东手机与 7FRESH 生鲜超市的首次联合

跨界营销已经不稀奇了，但是手机跨界生鲜超市，这种玩法却是第一次见。我们都知道跨界的精妙之处在于两种跨品类产品之间巧妙的结合点，给人意料之外又情理之中的新奇感。

此次京东手机 2018 年 4 月新品季主打“新”，而 7FRESH（京东集团线上线下一体化的生鲜食品超市）主打“鲜”，二者共通点着力于“新鲜”。京东手机新品季的新鲜与7FRESH食材的新鲜不谋而合，相互借力，向消费者精妙地传递“新鲜的手机就在京东手机新品季，新鲜的食材就在7FRESH”。

京东手机联手7FRESH在其店内打造“寻找新鲜的朋友”活动，将京东手机新品季的新机与7FRESH商品做有机结合，将7张7款手机与7大场景巧妙融合的创意活动预热海报利用微博平台依次上线传播，引起用户对藏身于7FRESH店内的7款新机的好奇，从而进店参加线下活动。

微博打造“寻找新鲜的朋友”话题事件

“京东手机”联动各大手机品牌官微，以及今日头条、AGM户外手机、吃喝玩乐在北京等大号持续传播扩散，引爆话题。

微信平台持续预热

京东手机联合7FRESH以及知名本地自媒体大号“乐活北京”进行联动传播，曝光量达5万次以上，网友微信朋友圈自发传播。

后续宣传：微博、抖音多平台整合加持

活动进行时即通过京东手机抖音平台等多方联动扩大用户关注。活动落地后，京东手机联合各大手机品牌官微，以及今日头条、AGM户外手机等发布、转发现场活动图，将事件持续发酵，为4月24日京东手机抢购日的高潮再一步预热。

营销效果与市场反馈

1. 线上互动曝光量

7张活动预热海报社交媒体曝光量突破1 000万次，互动量突破50万次。微信第三方原创内容阅读量破12.5万次。

2. 线下辐射参与量

“寻找新鲜的朋友”创意趣味活动，到店参与人数5 000人以上，同期店内人流量同比增长6倍，辐射范围达10万人次。

3. 用户反馈

用户反响强烈，主动通过微博进行传播，同时带动北京本地自媒体号自发传播，持续为京东手机新品季吸引流量，引发长尾效应，将活动效果推向极致。

思考：

这次跨界营销活动中，京东都使用了哪些网络营销方法？如何看待京东的这次跨界营销活动？

模块一　网络营销初识

学习任务单 7-1

学习情境	小米和同学一直开淘宝店，也做了一些推广，可是订单不是很多，小米认为自己的产品也不错，可是为什么订单少呢？是不是自己的经营有问题？小米通过学习才知道，要做好网上在线销售，光有店铺还不行，必须要做网络营销。只有通过网络营销推销自己的产品和店铺，才会有顾客来浏览访问，有流量才会有订单，小米如梦初醒。那么什么是网络营销呢？怎样才能做好网络营销？小米对此和同学们展开了学习。

环境需求	1. 互联网接入； 2. 计算机（每人一台）； 3. 学习任务考核单（也可到教学资源包下载电子版）。
任务描述	任务： 每名学生上网访问如下网站，并就以下问题进行讨论： 问题1：什么是网络营销？网络营销对电子商务的发展起了什么作用？ 问题2：网络营销有什么特征？如何评价网络营销的效果？ （1）中国网络营销网； （2）青年创业网； （3）网上营销新观察网； （4）网络营销论坛； （5）网络营销教学网； 以上任务建议2学时完成。
任务间歇	播放励志MV（教学资源包提供）。
小调查	1. 你有自己的博客吗？ □没有 □有 你的博客地址是： 2. 你开通微博了吗？ □没有 □有 你的微博地址是： 3. 你开通微信了吗？ □没有 □有 你的微信号码是： 4. 在网上你主要使用哪些工具交友？ □QQ □微信 □陌陌 □YY □其他
任务拓展	统计自己淘宝店的访问量。

学习任务考核单 7-1

姓名： 学号： 编号：7-1

序号	任务	分值	总结与归纳	成绩
1	网络营销的内涵	20分		
2	网络营销的特点	20分		
3	网络营销的功能	20分		
4	网络营销的优势	20分		
5	网络营销的效果评价	20分		
合　计				

* 请学生填写完学习任务考核单后上交。

学习指南

1. 网络营销概述

1.1 网络营销的概念

网络营销是借助互联网、计算机通信和数字交互式媒体，运用新的营销理念、新的营销模式、新的营销渠道和新的营销策略，为达到一定的营销目标所进行的经营活动。从营销的角度出发，网络营销可以定义为：网络营销是企业整体营销战略的一个组成部分，是建立在互联网基础上，借助于互联网特性来实现一定营销目标的一种营销手段。

与传统营销相比，网络营销有如下不同：

（1）以互联网技术为依托，采用许多传统营销方式中所没有的技术手段，比如电子邮件营销等。由于技术手段和营销方式的不同，网络营销具有广域性、实时性、交互性、低成本等特点。

（2）网络营销要求企业经营方式发生转变。企业要开展网络营销，就要求企业的组织机构设置、人员配备、职能分布、业务流程及经营机制不同于传统的经营方式。企业必须围绕着信息流、资金流和物流，采用现代化管理方式，进行业务的重组及组织机构与人员的调整。

（3）网络营销与传统营销理论密切相关，是传统营销理论在网络经济中的应用和发展。

（4）网络营销不是网上销售，网络营销并不是到网上去卖东西，而是将传统的营销手段应用到网络中去，减少营销成本，开拓新的市场。网络营销贯穿于企业经营的整个过程，包括市场调查、客户分析、产品开发、生产流程、销售策略、售后服务、反馈改进等环节。网络营销功能的实现可由浅入深，由简到繁，从做一个主页到经营网站，从做广告到建立客户关系管理系统，从发电子邮件到建立供应链关系系统等。

1.2　网络营销的特点

网络营销是在传统营销方式的基础上发展起来的新型营销方式，当它与高科技的网络相结合以后，又产生一些新的特点。

1.2.1　网络营销面对的网络市场是一个虚拟的全球性市场

计算机网络构建了一个虚拟空间，通过计算机系统可以生成各种虚拟环境，作用于人的视觉、听觉，甚至嗅觉。在虚拟空间中可以方便地建立网站，组建虚拟公司、虚拟商场，用逼真的图像、声音、文字及链接展示商品及服务信息，通过网络进行商务谈判、签订电子合同、实施电子支付，其经营规模不受限制，因而网络营销突破了传统营销中的范围以及所受的消费者群体、地理位置半径的限制，打破了地区封锁。企业进入互联网就等于进入了全球性的虚拟市场，它可以通过网络收集情报信息，可以顾客身份在全球范围内采购原料以及商品，也可以经销商身份向全世界范围的企业与个人销售产品及服务。

1.2.2　网络营销是全天候的在线营销，让用户感到操作方便，节省时间

在现代社会中人们不再是日出而作、日落而息，不同类型的人群，其生活规律是不一样的，所以在任何时候都可能产生购买的需求。在跨国营销中，不同国度存在时差，给企业营销活动带来了不少麻烦，网络营销彻底地解决了这个问题。网站的服务器是 24 小时不停机的，只要找到一台联网计算机，消费者可以在任何时间、任何地点进行网上购物。顾客不需出门，不需乘车赶往商场，只要通过计算机登录网站，就进入了虚拟空间。在虚拟空间，网站与顾客的距离为零，网站的地址就是一个域名（或 IP 地址）。顾客只要在浏览器上键入网站的域名，就登录了网站，可以随时通过网络收集商品信息，发送订货单，实行电子支付。据中国互联网络信息中心所做的调查，用户进行网络购物的主要原因是“节省时间”与“操作方便”。

1.2.3　网络营销可以提供大量信息，其信息更新速度快

信息不对称、顾客不能获得足够的商品价格信息曾是厂商获利的一个秘诀。然而在现代信息社会，顾客希望多获得信息，进行充分的质量、性能、功能、价格的比较。由于商品的科技含量越来越高，顾客需要的信息咨询与售后技术指导也越来越多。网站可以为顾客提供海量信息，从而满足顾客的信息需求。此外商品信息、价格信息经常会变化，需要及时更新，无论是厂商印制宣传册，还是制作发布广告，其速度都比不上网页的制作发布速度，所以顾客在网站上总能收集到最新的信息。

1.2.4　网络营销将许多售前、售中、售后服务项目整合在一起

营销活动往往经历多个环节，如信息收集、价格比较、技术咨询、签订合同、发送订单、货款支付、商品配送、企业的原料采购、制订生产计划、库存管理、售后服务等，其中不少环节都可以在网上进行一体化运作。顾客可以在网上收集商品价格信息、进行技术咨询、发送订单、实行电子支付，如果购买的是信息服务或电子商品，还可以通过网络直接下载，从而简化了购买过程。企业可以通过网络接受订单，根据订单制订生产计划，通过网络进行库存管理、发货及商品配送，完成售后服务。

1.2.5　网络营销实行的是双向交流，即刻反馈

绝大多数媒介只能进行单向的信息传递，网络的互动性促成了网络营销的双向交流，同时这种交流的传输速度非常迅速，顾客可以即刻从企业得到反馈，企业也可以很快了解顾客的需求，既提高了顾客的购物效率，也提高了企业的经营效率。

2. 网络营销的功能

网络营销的功能不仅表明了网络营销的作用和网络营销工作的主要内容，同时也说明了网络营销应该实现的效果，对网络营销功能的认识有助于全面理解网络营销的价值和网络营销的内容体系，网络营销主要具备以下八大功能。

2.1　建立网络品牌

网络营销的重要任务之一就是在互联网上建立并推广企业的品牌，知名企业的网下品牌可以在网上得以延伸，一般企业则可以通过互联网快速树立品牌形象，并提升企业整体形象。网络品牌建设是以企业网站建设为基础，通过一系列的推广措施，达到顾客和公众对企业的认知和认可。在一定程度上说，网络品牌的价值甚至高于通过网络获得的直接收益。

2.2　促进网址推广

这是网络营销最基本的功能之一，几年前，有人甚至认为网络营销就是网址推广。相对于其他功能来说，网址推广显得更为迫切和重要，网站所有功能的发挥都要以一定的访问量为基础，所以，网址推广是网络营销的核心工作。

2.3　发布信息

网站是一种信息载体，通过网站发布信息是网络营销的主要方法之一，同时，信息发布也是网络营销的基本职能，所以也可以这样理解，无论哪种网络营销方式，结果都是将一定的信息传递给目标人群，包括顾客（潜在顾客）、媒体、合作伙伴、竞

争者等。

2.4　促进销售

营销的基本目的是为增加销售提供帮助，网络营销也不例外，大部分网络营销方法都直接或间接与促进销售有关，但促进销售并不限于促进网上销售，事实上，网络营销在很多情况下对于促进网下销售很有价值。

2.5　拓宽销售渠道

具备网上交易功能的企业网站本身就是一个网上交易场所，网上销售是企业销售渠道在网上的延伸，网上销售渠道建设也不限于网站本身，还包括建立在综合电子商务平台上的网上商店及与其他电子商务网站不同形式的合作等。

2.6　优化顾客服务

互联网提供了更加方便的在线顾客服务手段，从形式最简单的 FAQ（Frequently Asked Questions，常见问题解答），到邮件列表，以及 BBS、MSN、聊天室等各种即时信息服务，顾客服务质量对于网络营销效果具有重要影响。

2.7　增进顾客关系

良好的顾客关系是网络营销取得成效的必要条件，网络营销通过网站的交互性、顾客参与等方式在开展顾客服务的同时，也增进了顾客关系。

2.8　网上调研

通过在线调查表或者电子邮件等方式，可以完成网上市场调研，相对传统市场调研，网上调研具有高效率、低成本的特点，因此，网上调研成为网络营销的主要功能之一。

开展网络营销的意义就在于充分发挥各种职能，让网上经营的整体效益最大化，因此，仅仅由于某些方面效果欠佳就否认网络营销的作用是不合适的。网络营销的功能是通过各种网络营销方法来实现的，网络营销的各个功能之间并非相互独立的，同一个功能可能需要多种网络营销方法的共同作用，而同一种网络营销方法也可能适用于多个网络营销功能。

知识链接

网络营销的理论基础

1. 直复营销理论

美国直复营销协会（American Direct Marketing Association，ADMA）为直复营销下的定义如下：直复营销是一种为了在任何地方产生可度量的反应和达成交易而使用一种或多种广告载体交互作用的市场营销体系。简单地讲，直复营销就是任何与消费者或企业直接进行沟通，企图能直接产生回应的营销方式（例如对企业所提供的产品或服务，能直接订购、询问更多信息或到特定地方去参观）。传统的直复营销媒体有直接信函、电话、目录与邮购、有线电视、报纸、杂志、广播等。比起传统的从批发商到零售商的分销方式，直复营销具有很多优点，如减少中介、提供充分的商品信息、减少销售成本、无地域障碍、优化营销时机、以顾客反馈信息开发和改善产品、精确测定成本等。

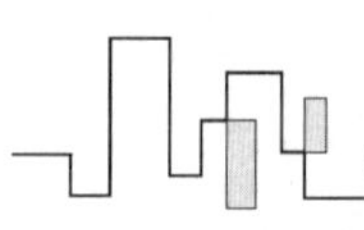

互联网作为一种高效率的交互式的双向沟通媒体，自然成为直复营销的最佳工具。

2. 关系营销理论

关系营销（Relationship Marketing）是一种与关键对象（顾客、供应商、分销商）建立长期满意关系的活动，目的是维持各方之间长期的优先权和业务。根据世界著名的营销学权威、美国西北大学教授菲利普·科特勒的观点，关系营销是当今营销学中最被看好的趋势之一。

关系营销的核心是保持顾客，为顾客提供高度满意的产品和服务，在与顾客保持长期关系的基础上开展营销活动，实现企业的营销目标。实施关系营销并不是以损害企业利益为代价的。研究表明，争取一个新顾客的营销费用是保持老顾客费用的5倍。因此加强与顾客联系并建立顾客的忠诚度，是可以为企业带来长远利益的。关系营销提倡的是企业与顾客的双赢策略。互联网使企业与顾客之间可以实现低成本的沟通和交流，是企业与顾客建立长期关系的有效保障。

3. “软营销”理论

“软营销”理论是针对工业经济时代以大规模生产为主要特征的“强势营销”提出的新理论，它强调企业在进行市场营销活动的同时必须尊重消费者的感受和体验，让消费者主动接受企业的营销活动。强势营销活动中最能体现强势营销特征的是两种促销手段：传统广告和人员推销。在传统广告中，消费者常常是被动地接受广告信息的“轰炸”，它的目标是通过不断的信息灌输方式在消费者心中留下深刻的印象，至于消费者需要不需要、接受不接受则不考虑。在人员推销中，推销人员根本不考虑对方是否需要或愿不愿意接受，只是根据推销人员自己的判断强行展开推销活动。

“软营销”与“强势营销”的根本区别在于：“软营销”的主动方是消费者，而“强势营销”的主动方是企业。网络营销恰好是从消费者的体验和需求出发，采用“拉式”（Pull）策略吸引消费者关注企业来达到营销效果。在互联网上开展网络营销活动，特别是促销活动，要遵循一定的网络虚拟社区规则，即“网络礼仪”。网络“软营销”就是在遵循网络礼仪的基础上巧妙营销而达到营销效果。

4. 整合营销理论

整合营销兴起于商品经济发达的美国，是20世纪90年代以来在西方风行的一种实战性极强的操作性策略。整合营销又称整合营销传播（Integrated Marketing Communication，IMC），全美广告协会对此的定义是：“整合营销是一个营销传播计划的概念，即通过评价广告、直复营销、销售促进和公共关系等传播方式的战略运用，将不同的信息进行完美的整合，从而最终提供明确的、一致的和最有效的传播影响力。”

整合营销强调营销即传播，和客户多渠道沟通，和客户建立起品牌关系。与传统营销“以企业为中心”相比，整合营销更强调“以客户为中心”，IMC的倡导者——美国的舒尔茨教授用了一句简单的话来说明这种理论重心的转移，他说，过去的座右铭是“消费者请注意”，现在则是“请注意消费者”。在传统营销理论架构中，居中心地位的是20世纪60年代的4P理论（即Product、Price、Place、Promotion），进入90年代以来，营销领域逐渐转向4C理论。4C理论主张的观点是：先将产品搁置一边，认真研究顾客的需求与欲望（Consumer Needs and Wants），不要再卖你所能制造的产品，而是卖顾客确定想购买的产品；暂时忘掉定价策略，先了解顾客满足其需求与欲望支付的总成本（Cost）；暂时忘掉渠道策略，先考虑顾客购买的便利性（Convenience）；暂时忘掉促销，注意与顾客的沟通（Communication）。4C 理论是整合营销理论的支撑点和核心理念。

模块二 网上市场调研

学习任务单 7－2

学习情境	小米的淘宝店铺生意一直很一般，有时小米想是不是产品的选择不对路，当时小米和同学们在开淘宝店时曾经做了一些调查，不过只是了解了当地市场。小米想，网上销售主要是针对网民，是不是当初调查不够全面，忽略了网上的市场情况，要做网上店铺，必须了解网上市场行情，包括竞争对手情况。小米想重新认识自己经营的项目，再做一次网上市场调研，那么具体怎么来做网上市场调研呢？还是和小米一起来学习吧！
环境需求	1. 互联网接入； 2. 计算机（每人一台）； 3. 原淘宝店铺小组； 4. 学习任务考核单（也可到教学资源包下载电子版）。
任务描述	任务 1： 上网搜索网上市场调研的方法和程序，了解具体如何进行网上市场调研。 任务 2： 针对本小组经营项目，利用搜索引擎访问相关同类产品网站，了解产品市场情况，包括同类产品的价格、质量、服务以及竞争者的优势和策略，重新写一份有关经营项目的网络市场调研报告并上交。 任务 3： 利用你的 QQ 空间，针对网上店铺存在的问题设计一个独特的在线调查问卷。 以上任务建议 2～4 学时完成。
任务间歇	播放励志 MV（教学资源包提供）。
讨论	网上市场调研与传统市场调研有什么区别？
小调查	1. 你以前做过市场调查吗？ □做过 □没有 2. 你会设计调查表吗？ □会 □不会
任务拓展	调查一下淘宝网店的数量和盈利状况，以及皇冠级以上淘宝店的地区分布情况。

学习任务考核单 7－2

组名： 编号：7－2

组长及职责：				
组员及职责：				
调查项目：				
序号	任务	分值	总结与归纳	成绩
1	采用网上调研的优势	20分		
2	网上调研采用的方法	20分		
3	本组所有成员 QQ 在线调查问卷	20分		
4	小组调研报告	40分		
合　计				

＊请学生填写完学习任务考核单后上交。

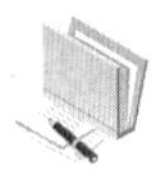

学习指南

1. 网上市场调研概述

1.1　网上市场调研的内涵

网上市场调研是指在互联网上针对特定营销环境进行简单调查设计、收集资料和初步分析的活动。市场调研有两种方式：一种方式是直接收集一手资料，如问卷调查、专家访谈、电话调查等；另一种方式是间接收集二手资料，如报纸、杂志、电台、调查报告等现成资料。因此，利用互联网进行网上市场调研相应也有两种方式：一种方式是利用互联网直接进行问卷调查等方式收集一手资料，可称为网上直接调研；另一种方式是利用互联网的媒体功能，从互联网收集二手资料，一般称为网上间接调研。由于越来越多的传统媒体，以及政府机构、企业纷纷上网，因此网络成为信息海洋，信息蕴藏量极其丰富，关键是如何发现和挖掘有价值的信息。

1.2　网上市场调研的特点

网上市场调研的实施可以充分利用互联网作为信息沟通渠道的开放性、自由性、平等性、广泛性和直接性的特性，使得网上市场调研具有传统的一些市场调研手段和方法所不具备的特点和优势。

（1）及时性和共享性。网上市场调研是开放的，任何网民都可以进行投票和查看结果，而且在投票信息经过统计分析软件初步自动处理后，可以马上查看到阶段性的调研结果。

（2）便捷性和低费用。实施网上市场调研节省了传统调研中耗费的大量人力和物力。

（3）交互性和充分性。网络的最大好处是交互性，因此在网上市场调研时，被调研对象可以及时就问卷相关问题提出自己的更多看法和建议，可减少因问卷设计不合理所导致的调研结论偏差。

（4）可靠性和客观性。实施网上市场调研，被调研者是在完全自愿的原则下参与调研，调研的针对性更强，因此信息可靠，调研结论客观。

（5）无时空、地域限制。网上市场调研是24小时全天候的调研，这就与受区域制约和时间制约的传统调研方式有很大不同。

（6）可检验性和可控制性。利用互联网进行网上市场调研收集信息，可以有效地对采集信息的质量实施系统检验和控制。

2. 网上市场调研的方法

网上市场调研的方法根据收集数据的性质不同，分为网络营销直接调研法和网络营销间接调研法两种方式。

2.1 网络营销直接调研的方法

网络营销直接调研的方法根据不同的分类标准有不同的分类。

2.1.1 根据调研的方法不同可分为网上问卷调研法、网上观察法、网上试验法和专题讨论法

（1）网上问卷调研法。

网上问卷调研法是将问卷在网上发布，被调研对象通过互联网完成问卷调查。网上问卷调研一般有两种途径：

一种是将问卷放置在WWW站点上，等待访问者访问时填写问卷，这种方式的好处是填写者一般是自愿性的，但缺点是无法核对问卷填写者的真实情况。为达到一定的问卷数量，站点还必须进行适当宣传，以吸引大量访问者，如CNNIC在调查期间与国内一些著名的ISP（互联网服务提供商）和ICP（互联网内容提供商），如新浪、搜狐、网易等设置调查问卷的链接。

另一种是通过E-mail方式将问卷发送给被调研者，被调研者完成后将结果通过E-mail返回。这种方式的好处是可以有选择性地控制被调研者，缺点是容易遭到被调研者的反感，有侵犯个人隐私之嫌。因此，用该方式时首先应争取被调研者的同意，或者估计被调研者不会反感，并向被调研者提供一定补偿，如有奖问答或赠送小件礼物，以降低被调研者的敌意。

（2）网上观察法。

网上观察法指通过观察正在进行的某一特定网上营销过程来解决某一营销问题。与传统市场环境下的观察法相似，这种方法是在被调查者无察觉的情况下进行的。网络环境使观察法的运用更加自如。比如，现在许多Web站点要求访问者在线注册后，才能成为该网站的合法用户，因此这些注册信息，如用户姓名、地址和电话号码以及兴趣爱好等，就成为发掘客户需求的有意义的信息。

运用观察法时，除要注意注册信息这类显式信息外，还要注意发掘有意义的隐式信息，有意义的隐式信息是用户在Web站点上表述需求的信息，可采用下面两种方法：

一种是设置计数器。几乎所有的网站都设置了流量计数器，记录网页的访问流量。许多经营者认为“流量就是一切，没有流量就没有现金的流入”。流量的多少意味着访问网站的客户的多少。通过对流量的分析不仅可以掌握真正消费者的数量，而且可以了解市场趋势。例如，通过对某类或某种产品信息访问流量的分析，可以反映出访问者（即潜在消

费者）的需求和兴趣；通过对同行业访问流量的分析，可以了解本企业在市场中的地位和所占的比例；通过对主页访问流量和各主题访问流量分布规律的分析，可以了解企业网络营销的效果；等等。

统计访问流量是次要的，必须由此进行分析，使经营者了解真正的顾客是从哪里来的。位于美国纽约州的 RichMark International 是一家专门生产一种名为 Re Juveness 的治疗疤痕的药物的公司，1996 年 7 月开业后的一段时期，Re Juveness 的经销范围仅限于美国国内的各家药店。后来公司老板通过访问流量的统计注意到公司网站的很多访问来自网址中国别代码为“. au”的浏览者，“. au”是澳大利亚的国别代码，而且许多 E-mail 也来自此地址下，这表明那里可能存在着一个新的市场。于是公司立即与当地的有关部门取得联系，原来那里流行一种皮肤病，正是 Re Juveness 药力所及的，于是公司很快将 Re Juveness 销到了澳大利亚。

另一种是利用 Cookie 技术。作为一种可以跟踪来访者的程序，许多网站利用 Cookie 来识别“回头客”和发现新的顾客群。当某用户第一次访问某站点时，被访问的 Web 服务器就产生了唯一能标识该用户的数字记号 ID，并通过 Cookie 安置到该用户的计算机中。当这位用户再次访问该站点时，服务器就通过 Cookie 从这位用户的 PC 中获取他的 ID 号，于是该站点就能记录下某人访问的时间、次数等信息。

美国 Double Click 公司提供了一种可以记载网上用户行为的软件。Double Click 也运用 Cookie 技术来跟踪浏览者，当用户访问与该公司签约的商业网站时，同时就会被赋予一个私人账号，属于该账号的个人资料也将被记录保存，并作为今后营销之用。而当这位用户在网上活动时，他的行为、包括访问了什么站点、停留了多少时间等，就被完全追踪记录下来。该公司就可以精确地掌握其广告目标。例如，一位曾经同时访问过歌剧与音响站点的人，就很可能会是 CD 唱片的潜在客户。

（3）网上试验法。

网上试验法则是选择多个可比的主体组，分别对其赋予不同的试验方案，通过控制外部变量，并检查所观察到的差异是否具有统计上的显著性的方法。这种方法与传统的市场调研所采用的原理是一致的，只是手段和内容有差别。

（4）专题讨论法。

专题讨论法是指通过新闻组（Usenet）、公告栏（BBS）或邮件列表讨论组进行，从而获得资料和信息的一种调研方法。专题讨论法遵循一定的步骤，首先确定要调研的目标市场；其次识别目标市场中要加以调研的讨论组；再次确定可以讨论或准备讨论的话题；最后登录相应的讨论组，通过过滤系统发现有用的信息，或创建新的话题，让大家讨论，从而获得有用的信息。具体地说，目标市场的确定可根据新闻组、BBS 讨论组或邮件列表讨论组的分层话题选择，也可向讨论组的参与者查询其他相关名录。还应注意查阅讨论组上的常见问题（FAQ），以便确定能否根据名录来进行市场调研。

2.1.2 根据网上市场调研采用的技术可以分为站点法、电子邮件法、随机 IP 法和视讯会议法等。

（1）站点法。

站点法又称主动浏览访问法，即将调查问卷放置在访问率较高的 Web 站点的页面上，由对该问题感兴趣的访问者完成并提交。站点法属于被动调研法，这是目前出现的网上市场调研的基本方法，也将成为近期网上市场调研的主要方法。

（2）电子邮件法。

电子邮件法是通过给被调研者发送电子邮件的形式将调查问卷发给一些特定的网上用户，由用户填写后以电子邮件的形式再反馈给调研者的调研方法。电子邮件法属于主动调研法，与传统邮件法相似，其优点是邮件传送的时效性大大提高。

（3）随机 IP 法。

随机 IP 法也称网络电话法，是指以 IP 地址为抽样框，采用 IP 自动拨叫技术，邀请用户参与调查的方法。比如，可将 IP 地址排序，每隔 100 个进行一次抽样，被抽中的用户会自动弹出一个小窗口，询问其是否愿意接受调查，回答“是”，则弹出调查问卷；回答“否”，则呼叫下一个 IP 地址。随机 IP 法属于主动调研法，其理论基础是随机抽样。利用该方法可以进行纯随机抽样，也可以依据一定的标准排队进行分层抽样和分段抽样。

（4）视讯会议法。

视讯会议法又称网络会议法或焦点团体座谈法，是一种基于 Web 的计算机辅助访问（Computer Assisted Web Interviewing，CAWI）的方法。这是指通过直接在上网人士中征集与会者，并在约定时间举行网上座谈会，在主持人的引导下，对某一问题进行深入的或探索性的讨论和研究的一种网上调研方法。这种调研方法属于主动调研法，其原理与传统调研法中的专家调研法相似，不同之处是参与调研的专家不必实际地聚集在一起，而是分散在任何可以连通互联网的地方，如家中、办公室等，因此，网上视讯调研会议的组织比传统的专家调研法简单得多。视讯会议法适合于对关键问题的定性调查研究。

除此之外，网上市场调研的方法还有通过网络寻呼机或在聊天室选择网民进行调研、采取 IRC 网络实时交谈、用 Cookies 跟踪消费者、分析网页访问统计报告等方法。

2.2　网络营销间接调研的方法

网络营销间接调研主要是利用互联网收集与企业经营相关的市场、竞争者、消费者以及宏观环境等信息。企业用得最多的还是网上间接调研方法，这种方法较容易收集到信息，方便快捷，能广泛地满足企业管理决策需要，而网上直接调研一般只适合于针对特定问题进行专项调研。网上间接调研渠道主要有 WWW、Usenet、BBS、E-mail，其中 WWW 是最主要的信息来源。根据统计，目前全球有 8 亿个 Web 网页，每个 Web 网页所涵盖的信息包罗万象。

2.2.1　利用搜索引擎收集资料

目前搜索引擎一般按分类、网站和网页来进行搜索。需要注意的是按分类只能粗略地查找，按网页虽然可以比较精确地查找，但查找结果却比较多，因此搜索最多的还是按网站搜索。在按网站搜索时，搜索引擎将要搜索的关键字与网站名和网站的介绍进行比较，显示出比较相符的网站。例如，要查找网络调研类的网站，可以在搜索引擎主页上的搜索输入栏内输入汉字“网络调研”并确认，系统将自动找出满足要求的网站。如果找不到满足要求的网站，这时可以按照网页方式查找，系统将自动找出满足要求的网页。

由于不同的搜索引擎有一定的差异，每个搜索引擎都有其优点，也存在不足。所以，在搜索所需信息时，应根据搜索要求，充分发挥各类搜索引擎的搜索功能。有着最庞大索引数据库的搜索引擎并不一定是最好的搜索引擎。使用搜索引擎必须注意以下几个问题：

(1) 选择最恰当的关键词或搜索条件。选择恰当的关键词是一切搜索的开始。学会从复杂搜索意图中提炼出最具代表性和指示性的关键词对提高信息查询效率至关重要。选择搜索关键词的原则是，首先确定你所要达到的目标，在脑子里要形成一个比较清晰的概念，即我要找的到底是什么，是资料性的文档，还是某种产品或服务。其次再分析这些信息都有什么共性，以及区别于其他同类信息的特性。最后从这些方向性的概念中提炼出此类信息最具代表性的关键词。

(2) 运用搜索的基本数学规则。基本的数学规则包括使用加号（＋）、使用减号（－）和使用引号（“ ”）。有时需要确认搜索结果中包含自己想查询的词，而不是一部分，这时可以使用加号。在搜索中文时想搜索含有多个关键词的内容，词与词之间可以用空格隔开。比如，想搜索马尔代夫的气候情况，光输入“马尔代夫”或者“气候”都是片面的，需要输入的关键字是“马尔代夫＋气候”。想了解北京旅游方面的信息，就输入“北京＋旅游”，这样才能获取与北京旅游有关的信息。有时可能在查询某个题材时又不希望在这个题材中包含另一个题材，这时就可以使用减号了。减号的作用是为了去除无关的搜索结果，提高搜索结果相关性。比如，要找“申花”的企业信息，输入“申花”却找到一大堆申花队踢足球的新闻，在发现这些新闻的共同特征是“足球”后，输入“申花－足球”来搜索，就不会再有体育新闻来烦你了。而引号的使用则可以保证搜索结果非常准确。

选择搜索引擎时最好区分一下是查中文信息还是外文信息。如果是中文信息，使用较多的PC端搜索引擎有百度(www.baidu.com/)、360搜索(https://www.so.com/)、搜狐的搜狗(http://www.sogou.com)、微软的Bing搜索必应(https://www4.bing.com)。使用较多的移动端搜索引擎有百度、神马（手机端UC浏览器默认的搜索引擎）、搜狗搜索、360搜索、谷歌。图7-1、图7-2为2018年7月国内主要搜索引擎PC端和移动端的市场份额。如果是外文信息，使用较多的搜索引擎有Google(www.google.com)，Yahoo!(http://www.yahoo.com)，Excite(http://www.excite.com)，微软的Bing（必应国际版），Webcrawler(http://www.webcrawler.com)，HotBot(http://www.hotbot.com)。

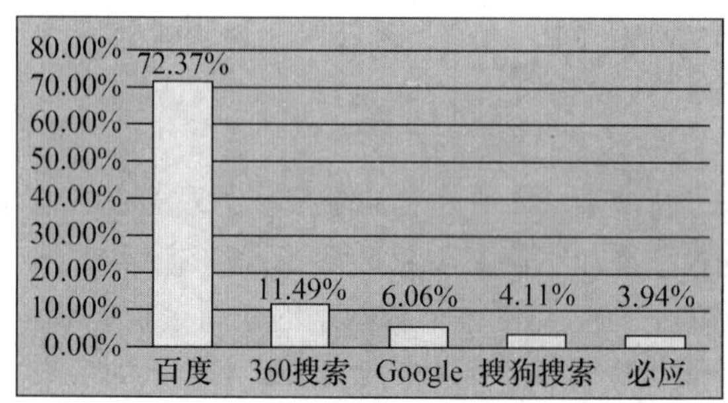

图7-1　2018年7月中国PC端搜索引擎市场份额

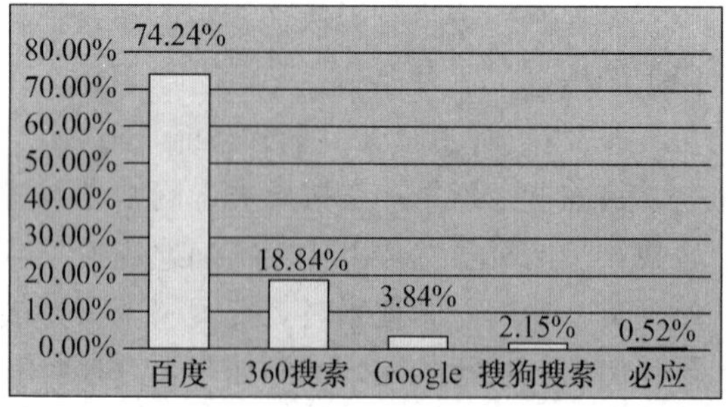

图7-2　2018年7月中国移动端搜索引擎市场份额

2.2.2　利用公告栏收集资料

公告栏也称BBS（Bulletin Board Service，公告栏服务），它是互联网上的一种电子信息服务系统。它提供一块公共电子白板，每个用户都可以在上面书写，可以发布信息、留言、发表意见或回答问题，也可以查看其他人的留言，好比在一个公共场所进行讨论，你可以随意参加，也可以随意离开。像日常生活中的黑板报一样，电子公告栏按不同的主题分成很多个布告栏，布告栏设立的依据是大多数 BBS 使用者的要求和喜好，使用者可以阅读他人关于某个主题的最新看法（几秒钟前别人刚发布过的观点），也可以将自己的想法毫无保留地贴到公告栏中。同样地，别人对你的观点的回应也是很快的（有时候几秒钟后就可以看到别人对你的观点的看法）。如果需要私下交流，也可以将想说的话直接发到某个人的电子信箱中。如果想与正在使用的某个人聊天，可以启动聊天程序加入闲谈者的行列，但在公告栏上一定要遵循网络礼仪。所以公告栏的用途多种多样，既可以作为留言板，也可以作为聊天（沙龙）、讨论的场所，还可以用于商业方面，如发布工商产品的求购信息等。

目前许多 ICP 都提供免费的公告栏，只需要申请使用即可。目前公告栏软件系统有两大类：一类是基于 Telnet 方式的文本方式，查看阅览不是很方便，在早期用得非常多；另一类是现在使用较多的基于 WWW 方式，它是通过 Web 页加上程序（如 JavaScript）实现的，这种方式界面友好，很受欢迎，使用方法如同浏览 WWW 网页。

利用 BBS 收集资料主要是到主题相关 BBS 网站了解情况，如美国微软为了解其操作系统 Windows 的竞争产品 Linux 的发展情况，曾经一个月就访问了有关 Linux 的 BBS 网站达 15 000 次，成为访问次数最多的访问者。

2.2.3　利用新闻组收集资料

在 Internet 提供的众多功能中，新闻组是获取信息的非常直接有效的工具。在国外，它的使用频率仅次于电子邮件。新闻组（Usenet News or Newsgroup），简单地说就是一个基于网络的计算机组合，这些计算机被称为新闻服务器，不同的用户通过一些软件可连接到新闻服务器上。它是一个完全交互式的超级电子论坛，类似于一个公告栏，由成千上万个致力于不同主题的新闻组组成，所有的人都可以随意发表自己的观点，阅读别人的意见，补充修改别人的观点，甚至组织一次讨论，主持一个论坛，实现观点、信息的交流。且这种交流不限于几个人之间，同时可能有成千上万的人在讨论一个大家所关心的问题。它和 BBS 很类似，但它与 BBS 相比，具有两个方面的优势：一是可以发表带有附件的“帖子”，传递各种格式的文件；二是新闻组可以离线浏览，这在 BBS 中是不可能的，但新闻组不提供 BBS 支持的即时聊天功能。

由于新闻组使用方便，内容广泛，并且可以精确地对使用者进行分类（按兴趣爱好及类别），且信息量大，其中包含的各种不同类别的主题已经涵盖了人类社会所能涉及的所有内容，如科学技术、人文社会、地理历史、休闲娱乐等，使得利用新闻组收集信息越来越得到重视。但需要注意的是，在利用新闻组收集资料时要遵守新闻组中的网络礼仪，必须尽可能地了解它的使用规则，避免一切可能引起别人反感的行为。

2.2.4　利用 E-mail 收集资料

E-mail 是 Internet 上应用最广的服务，通过网络的电子邮件系统，用户可以以非常低廉的价格和非常快速的方式（几秒钟之内可以发送到世界上任何指定的目的地），与世界上任何一个角落的网络用户联络，这些电子邮件可以是文字、图像、声音等各种方式。

目前许多ICP和传统媒体都利用E-mail发布信息，一些传统的媒体公司和企业，为保持与用户的沟通，也定期给公司用户发送E-mail，发布公司的最新动态和有关产品服务信息，让公众了解自己，同时它们也借助E-mail收集信息。收集信息可以有两种形式：一种是收集公众给企业发送的E-mail；另一种是到有关网站进行注册，订阅大量免费或收费新闻、专题邮件，以后等着接收E-mail就可以了。正是由于电子邮件使用简易、投递迅速、收费低廉、易于保存、全球畅通，借助电子邮件收集信息也被广泛地应用。但采取这种方式时，要注意的是避免受到侵扰，因为注册后很容易收到一些垃圾信件，所以在注册前一定要注意是否可以取消订阅，是否有其他的商业要求。

2.2.5　利用大数据分享平台收集资料

目前，许多平台都以自己网站收集到的用户数据作为数据来源，提供数据分析与共享服务，如阿里指数是以阿里电商数据为核心，面向媒体、市场研究员以及社会大众提供的社会化大数据展示平台，提供地域、行业等角度指数化的数据分析，可作为市场及行业研究的参考、社会热点的洞察工具。百度指数（Baidu Index）是以百度海量网民行为数据为基础的数据分享平台，是当前互联网乃至整个数据时代最重要的统计分析平台之一，自发布之日便成为众多企业营销决策的重要依据。

3. 网上市场调研的步骤

网上市场调研与传统的市场调研一样，应遵循一定的步骤，以保证调研过程的质量。网上市场调研一般包括以下几个步骤。

3.1　确立调研目标

虽然网上市场调研的每一步都是重要的，但是调研问题的界定和调研目标的确定却是最重要的一步。对于网络营销研究来讲，问题和机会是同等的。只有清楚地定义了网上市场调研的问题，确立了调研目标，方可正确地设计和实施调研。

3.2　设计调研方案

当调研问题和目标明确后，调研的第二个步骤便是制订出最为有效的调研计划，即设计调研方案。具体内容包括确定资料来源、调查方法、调查手段、抽样方案和接触方式等。

3.2.1　资料来源

确定收集的是一手资料（原始资料），还是二手资料。

3.2.2　调查方法

网上市场调研的调查方法主要有问卷调查法、专题讨论法、网上实验法、网上观察法和网上文献法。

3.2.3　调查手段

调查手段也就是调研中所用的调查工具，网上市场调研主要使用的调查手段有以下几种：

（1）在线问卷，其特点是制作简单、分发迅速、回收方便。

（2）交互式电脑辅助电话访谈系统（Computer Assisted Telephone Interview，CATI）是控制电话访谈的“电脑化”形式，目前在美国十分流行。它利用一种软件程序在电脑辅助电话访谈系统上设计问卷结构并在网上传输，Internet 服务器直接与数据库连接，对收集到的被访者答案直接进行储存。

（3）网络调研软件系统，是专门为网上市场调研设计的问卷链接及传输软件，它包括整体问卷设计、网络服务器、数据库和数据传输程序。

3.2.4　抽样方案

由于网上市场调研时受很多条件的限制，不能对所有的调研对象都进行调查，所以就必然涉及抽样。抽样方案的主要内容包括：确定抽样单位，确定样本规模以及抽样程序。

3.2.5　接触方式

即以何种方式接触到被访问者。例如，企业如果要采用网上市场调研问卷的方法收集信息，调研问卷是放在企业自己的网站还是利用别人的网站，是借用访问率很高的 ISP 还是放在一些专业性的网站上。采用专题讨论法进行调研的接触方式也类似有以上几种形式。当然，除此之外也可以用 E-mail 向被访问者传输问卷进行直接调研。

3.3　收集信息

确定了调研方案后，网上市场调研就进入了收集信息阶段。与传统的调研方法相比，网上市场调研收集和录入信息更方便、快捷。Internet 没有时空和地域的限制，因此网上市场调研可以在全国甚至全球随时进行，收集信息时直接在网上递交或下载即可。在问卷回答中，被访问者经常会有意无意地漏掉一些信息，这可通过在页面中嵌入脚本或 CGI 程序进行实时监控。如果被访问者遗漏了问卷上的一些内容，其程序会提示并拒绝递交调查表，或者验证后重发给被访问者要求补填。最终，访问者会收到一份完整的问卷。在线问卷的缺点是无法保证问卷上所填信息的真实性。

3.4　整理和分析信息

收集得来的信息本身并没有太大意义，信息只有进行整理和分析后才变得有用。整理和分析信息这一步非常关键，“答案不在信息中，而在调研人员的头脑中”。调研人员如何从数据中删除无用信息并提炼出与调研目标相关的信息，直接影响到最终的结果。这就需要使用一些数据分析技术，如交叉列表分析技术、概括技术、综合指标分析和动态分析等。目前国际上较为通用的分析软件有 SPSS、SAS、BMDP、Minitab 和电子表格软件（Excel）。

3.5　撰写调研报告

撰写调研报告是整个网上市场调研活动的最后一个重要的阶段。有效的调研报告是必要的，调研报告不能是数据和资料的简单堆砌，调研人员不能把大量的数字和复杂的统计技术扔到管理人员面前，否则就失去了调研的价值。正确的做法是把与市场营销决策有关的主要调研结果总结出来，并遵循所有有关组织结构、格式和文笔的写作原则。一份正规的书面市场调研报告的内容应该包括：封面、目录、插图一览表、摘要、引言、调研目标、调研方法、结果、限制条件、结论与建议和附录。

模块三　网络营销策略

学习任务单 7－3

学习情境	小米通过网上市场调研，发现自己小店销售不好有多方面原因，主要原因是营销问题，网店推广做得不够，商品价格设置也有问题，也没有做产品促销推广。小米发现那些经营得好的网店采用了各种营销方式，如打折、秒杀、赠品、免费送货等。小米想，自己能不能也采取一些这样的网络营销策略，那么该如何做呢?
环境需求	1. 互联网接入； 2. 计算机（每人一台）； 3. 原淘宝店铺小组； 4. 学习任务考核单（也可到教学资源包下载电子版）。
任务描述	任务 1： 网上搜索网络营销的价格策略，了解目前网络营销都有哪些价格策略，针对自己小店的商品，小组讨论拟采用的价格策略方案并加以实施。 任务 2： 网上搜索网络营销的促销策略，了解目前网络营销都有哪些网上促销策略，针对自己小组的经营项目，讨论拟采用的促销策略方案并加以实施。 以上任务建议 2～4 学时完成。
任务间歇	播放励志 MV（教学资源包提供）。
讨论	你如何看待有些购物网站推出的免费送活动?
小调查	1. 网上购物时你主要考虑哪些方面的因素? □价格　□质量　□式样　□方便　□习惯 2. 你所在的淘宝小组之前采用了哪些促销手段?
任务拓展	访问淘宝皇冠级以上店铺，了解其营销策略。

学习任务考核单 7－3

组名：　　　　　　　　　　　　　　　　　　编号：7－3

组长及职责：				
组员及职责：				
调查项目：				
序号	任务	分值	总结与归纳	成绩
1	常用价格策略	20 分		
2	小组价格策略方案	30 分		
3	常用促销策略	20 分		
4	小组促销策略方案	30 分		
合　计				

* 请学生填写完学习任务考核单后上交。

学习指南

网络营销的实施是一项系统工程，它涉及人、财、物以及技术等方面，企业实施网络营销不只是技术问题，更多的是管理和组织方面的问题，需要进行周密的电子商务策划，制定网络营销策略。

1　网络营销的产品策略

1.1　网络营销产品概念

在网络营销中，产品的整体概念可分为五个层次：

（1）核心利益层次，是指产品能够提供给消费者的基本效用或益处，是消费者真正想要购买的实质性东西。如消费者购买电脑是为了利用电脑作为上网工具；购买软件是为了压缩磁盘空间、播放 MP3 格式的音乐或上网冲浪等。由于网络营销是一种以顾客为中心的营销策略，企业在设计和开发产品核心利益时要从顾客的角度出发，要有针对性地制定产品的设计开发策略。要注意的是网络营销的全球性，企业在提供核心利益和服务时要针对全球性市场提供，如医疗服务可以借助网络实现远程医疗。

（2）有形产品层次，是产品在市场上出现时的具体物质形态，是核心产品的物质载体。对于物质产品来说，第一，产品的品质必须有保障；第二，必须注重产品的品牌；第三，注意产品的包装；第四，在式样和特征方面，要根据不同地区的亚文化来进行针对性加工。

（3）期望产品层次，顾客在购买产品前对所购产品的质量、使用方便程度、特点等方面的期望值，就是期望产品层次的内容。在网络营销中，顾客处于主导地位，消费呈现出个性化的特征，不同的消费者可能对产品的要求不一样，因此产品的设计和开发必须满足顾客这种个性化的消费需求。为满足这种需求，对于物质类产品，要求企业的设计、生产和供应等环节必须实行柔性化的生产和管理。对于无形产品如服务、软件等，要求企业能根据顾客的需要来提供服务。

（4）延伸产品层次，是指由产品的生产者或经营者提供的、购买者需要的、能帮助用户更好地使用核心利益的服务。在网络营销中，对于物质产品来说，延伸产品层次要注意提供满意的售后服务、送货、质量保证、免费培训等。

（5）潜在产品层次，是在延伸产品层次之外，由企业提供能满足顾客潜在需求的产品层次，主要是产品的一种增值服务。它与延伸产品层次的主要区别，是顾客没有潜在产品层次仍然可以很好地使用顾客需要的产品的核心利益和服务。在高新技术发展日益迅猛的时代，有许多潜在需求和利益还没有被顾客认识到，这需要企业通过引导和支持，更好地满足顾客的潜在需求。

1.2　网络营销产品分类

网络的限制使得只有部分产品适合在网上销售，随着网络技术的发展和其他科学技术的进步，将有越来越多的产品在网上销售。按照产品性质的不同，网络营销产品可以分为两大类：实体产品和虚体产品。

1.2.1　实体产品

将网络营销产品分为实体和虚体两大类，主要是根据产品的形态来区分。实体产品是指有具体物理形状的物质产品。在网络上销售实体产品的过程与传统的销售方式有所不同。在这里已没有传统的面对面的买卖方式，网络上的交互式交流成为买卖双方交流的主要形式。消费者或客户通过卖方的主页考察其产品，通过填写表格表达自己对品种、质量、价格、数量的选择；而卖方则将面对面的交货改为邮寄或送货上门，这一点与邮购产品颇为相似。因此，网络销售也是直销方式的一种。

1.2.2　虚体产品

虚体产品与实体产品的本质区别是虚体产品一般是无形的，即使表现出一定的形态，也是通过其载体体现出来的，但产品本身的性质和性能必须通过其他方式才能表现出来。在网络上销售的虚体产品可以分为两大类：软件和服务。

（1）软件包括计算机系统软件和应用软件。网上软件销售商常常可以提供一段时间的试用期，允许用户尝试使用并提出意见。好的软件很快能够吸引顾客，使他们爱不释手并为此慷慨解囊。

（2）服务分为普通服务和信息咨询服务两大类。普通服务包括远程医疗、法律救助、订票、入场券预订、饭店旅游服务预约、医院预约挂号、网络交友、电脑游戏等。而信息咨询服务包括法律咨询、医药咨询、股市行情分析、金融咨询、资料库检索、电子新闻、电子报刊等。

2. 网络营销定价策略

价格是市场营销组合中唯一为企业提供收益的因素，同时又是企业参与市场竞争的重要手段之一。事实表明，定价是否恰当，会直接影响甚至改变消费者的购物原则，进而影响到企业产品的销量和利润额。因此，如何制定合适的价格，已经成为许多开展网络营销活动的企业竞相关注的焦点。

2.1　网络营销定价概述

2.1.1　网络营销定价与网络营销价格的定义

网络营销定价是指给网上营销的产品和服务制定价格。

网络营销价格是指企业在网络营销过程中买卖双方成交的价格。网络营销价格的形成过程较为复杂，受到诸多因素的影响和制约，如传统营销因素和网络自身对价格的影响因素。

2.1.2　网络营销定价的特点

开放、快捷的互联网使企业、消费者和中间商对产品的价格信息都有比较充分的了解，因此网络营销定价与传统营销有很大的不同。网络营销定价的特点如下所述：

（1）低价位化。

1）互联网成为企业和消费者交换信息的渠道，网络营销一方面可以使企业减少印刷费用与邮递成本，免交店面租金，节约水电费与人工成本；另一方面可以使企业减少由于多次迂回交换造成的损耗。

2）网络营销能使企业绕过许多中间环节，和消费者直接接触，进而使企业产品开发和营销成本大大降低。

3）消费者可以通过开放互动的互联网掌握产品的各种价格信息，并对其进行充分的比较和选择，迫使开展网络营销的企业以尽可能低的价格出售产品，增大消费者的让渡价值。

（2）全球定价化。

网络营销市场面对的是开放的和全球性的市场，世界各地的消费者可以直接通过网站进行交易，而不用考虑网站所属的国家或地区。企业的目标市场从过去受地理位置限制的局部市场，拓展到范围广泛的全球性市场，这使得网络营销产品定价时必须考虑目标市场范围的变化带来的影响因素。企业不能以统一市场策略来面对差异性极大的全球性市场，而是必须采用全球化和本地化相结合的原则进行。

（3）价格水平趋于一致化。

互联网市场是一个开放的、透明的市场，在这个市场中，消费者可以及时获得同类产品或相关产品的价格信息，对价格及产品进行充分的比较，迫使企业努力减少因国家、地区等因素的不同而产生的价格差异，进而使价格趋于一致化。

（4）弹性化。

方便、快捷的互联网能够使消费者及时获取各种产品的多个甚至全部厂家的价格信息，真正做到货比多家，这就决定了网上销售的价格弹性很大。因此，企业在制定网上销售价格时，应当科学地量化每个环节的价格构成，制定出较为合理的价格策略。另外，消费者不断趋于理性化，企业在网络营销定价时要综合考虑各种因素，如消费者的价值观、消费者的偏好等。

（5）顾客主导化。

传统市场中，产品的价格是以生产成本为基准，加上一定的利润率，就成为市场价格。在互联网市场中，消费者能及时获取产品及其价格的各种信息，通过综合这些信息，决定是否接受企业报价并达成交易。所以，在定价时，企业必须考虑消费者的心理特点和价格预期，以消费者为中心，根据生产成本和消费者心理意识到的产品价值综合定价，以赢得消费者的接受和认可，产生购买欲望，实现双赢。

2.2 网络营销定价的过程

企业要想制定合理的网络营销价格，必须做好以下几个方面的工作：

（1）企业必须通过调研活动获取并分析消费者的需求，主要包括市场的总需求量、需求结构以及不同价格水平上人们可能购买的数量与需求价格弹性等。

（2）相关人员要对产品的成本进行评估。

（3）分析市场中同类产品与替代品的价格及策略，为企业选择定价目标和定价方法提供参照。

（4）初步确定网络营销价格，然后将其拿到市场上征求消费者的意见，并最终确定产品的网络营销价格。

2.3 网络营销定价策略

价格策略是企业营销的一种重要竞争手段，营销价格的形成是极其复杂的，它受到成本、供求关系以及市场竞争等因素的影响。网络营销的价格策略很多，这里简要介绍几种。

2.3.1 低价定价策略

网络营销可以帮助企业降低流通成本，因而网上商品定价可以比传统营销定价低。直接低价策略就是在定价时采用成本加少量利润，甚至是零利润来定价。如戴尔公司电脑网上的定价比同性能的其他公司的产品价格低10%～15%。由于网上的信息是公开和易于搜索的，消费者很容易获得多家公司的价格信息进行比较，从而选择购买质优价廉的商品。图7－3为淘宝网金冠店铺“大学生创业园艺梦之店”的低价定价策略。

图7－3 “大学生创业园艺梦之店”淘宝店的低价定价策略

2.3.2 折扣定价策略

商品打折销售对消费者具有相当大的诱惑力，不少电子商城采用打折销售的方式来扩大知名度，客观上起到了广告的效应，还有的网站以折扣特卖作为网站的营销定位，比如唯品会就是一家专门做折扣特卖的网站。折扣定价包括对某些商品直接打折、按购买的数量标准给予不同的折扣、采取季节打折的方法及按照企业在商品流通中的功用不同给予不同折扣等，如图7－4和图7－5所示。

2.3.3 等价定价策略

在网上销售数量不是很大的情况下，网络零售企业为了尝试网上营销的经验，可以采取等价定价策略，即在网上销售的商品价格与在传统商店中的商品价格相等。如西单商场的网上购物服务就采取了等价定价策略。

2.3.4 智能型定价策略

网络零售企业可以通过网络与顾客直接在网上协商价格。如一些网站可设置洽谈室让

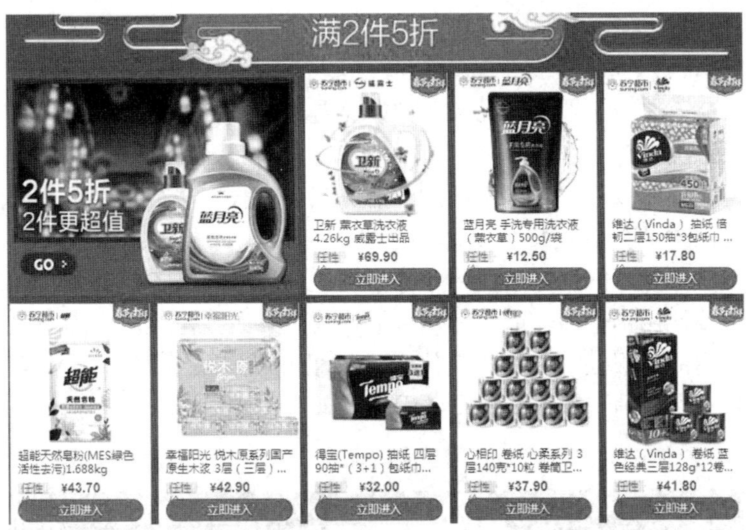

图 7－4　苏宁易购的数量折扣定价策略

图 7－5　唯品会的折扣定价策略

买卖双方在网上讨价还价，另有一些拍卖网站则通过网上定价系统来确定价格。

2.3.5　个性化商品定价策略

网络营销的互动性使得企业可以为顾客提供个性化的订制服务，即消费者对产品的外观、颜色、附件提出个性化的需求，企业按订单进行生产。这时企业提供了高附加值的服务，可实行较高价格的个性化商品定价策略。

2.3.6　免费价格策略

免费价格策略就是将企业的产品和服务以免费形式供顾客使用。免费价格策略的形式有以下几类：第一类是产品和服务完全免费，如免费的新闻信息报道、软件下载、电子邮件信箱、个人主页空间以及贺卡等。第二类是对产品或服务实行限次免费，即产品或服务可以被消费者有限次地免费使用，如许多免费试用软件，当超过一定期限或者使用次数后，这种产品或服务就不能再继续使用。第三类是对产品或服务的部分功能实行免费，让消费者试用，但要使用其全部功能则必须付款购买。第四类是对产品和服务实行捆绑式免费，即购买某种商品或服务时，赠送其他产品与服务，如图 7－6 所示。第五类是对产品或服务实行限量免费，消费者需要提交试用申请，取得试用资格并使用商品或服务后需要提交试用报告。

图 7－6　华为手机的捆绑式免费价格策略

3. 网络营销的促销策略

网络促销是指利用现代化的网络技术向虚拟市场传递有关产品和服务的信息，以激发消费者的需求欲望，刺激消费者购买产品和服务，促进市场营销的各种活动。

3.1　网络促销的作用

（1）告知功能。网络促销能够把企业的产品、服务、价格等信息传递给目标公众，引起他们的注意。

（2）说服功能。网络促销的目的在于通过各种有效的方式，解除目标公众对产品或服务的疑虑，说服目标公众坚定购买决心。例如，在同类产品中，许多产品往往只有细致的差别，用户难以察觉。企业通过网络促销活动，宣传自己产品的特点，使用户认识到本企业的产品可能给他们带来的特殊效用和利益，进而乐于购买本企业的产品。

（3）反馈功能。网络促销能够通过电子邮件及时地收集和汇总顾客的需求和意见，迅速反馈给企业管理层。由于网络促销所获得的信息基本上都是文字资料，信息准确，可靠性强，对企业经营决策具有较大的参考价值。

（4）创造需求。运作良好的网络促销活动，不仅可以诱导需求，而且可以创造需求，发掘潜在的顾客，扩大销售量。

（5）稳定销售。由于某种原因，一个企业的产品销售量可能时高时低，波动很大，这是产品市场地位不稳的反映。企业通过适当的网络促销活动，树立良好的产品形象和企业形象，往往有可能改变用户对本企业产品的认识，使更多的用户形成对本企业产品的偏爱，达到稳定销售的目的。

3.2　网络营销促销策略的具体类别

根据网络营销活动的特征和产品服务的不同，网络营销的促销策略主要有以下几种。

3.2.1　网络广告促销

网络广告类型很多，根据形式不同可分为横幅广告（旗帜广告）、图标广告、文字广告、电子邮件广告、新闻组广告、电子杂志广告、公告栏广告等。如“苏宁易购”的网络广告（见图7-7）。

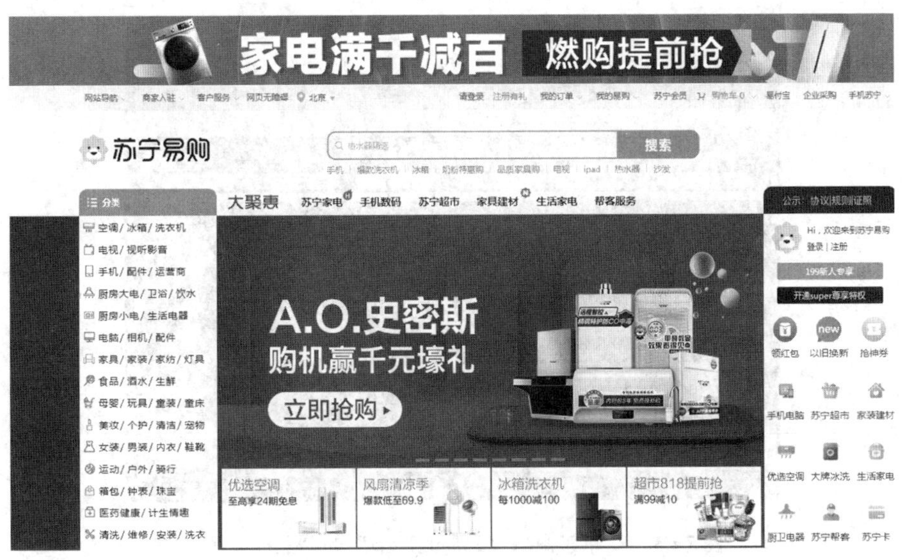

图7-7　苏宁易购的首页广告

3.2.2　利用搜索引擎促销

在著名搜索引擎上用关键词注册，方便消费者利用搜索引擎查询网站地址。如“唯品会”和“李宁”的百度推广（见图7-8）。

3.2.3　提供免费资源与服务促销

通过免费资源与服务促销是互联网上最有效的法宝，通过这种促销方式取得成功的站点很多，有的提供免费信息服务，有的提供免费贺卡、音乐、软件下载，从而扩大站点的吸引力。

3.2.4　有奖促销

许多顾客喜欢得奖，如果在网上进行抽奖活动可以产生非同寻常的访问流量。

3.2.5　网上赠品促销

在新产品推出试用、产品更新、对抗竞争品牌、开辟新市场等情况下，利用赠品促销可以达到较好的促销效果。如“京东商城第二届轮胎节”的赠品促销策略（见图7-9）。

图 7-8　“唯品会”与“李宁”的百度推广

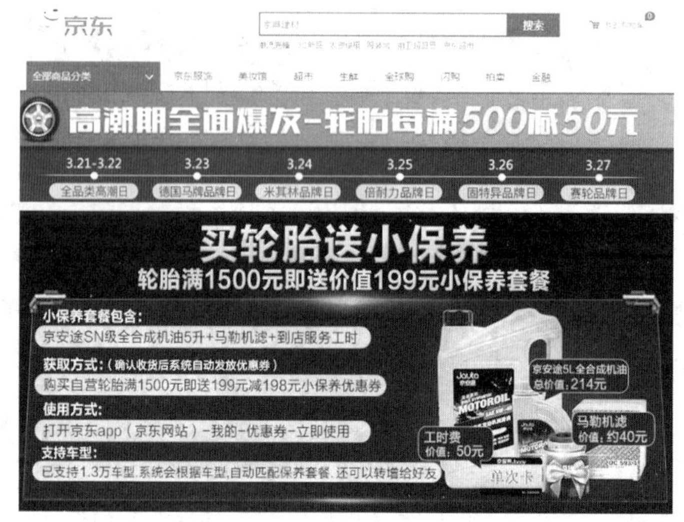

图 7-9　“京东商城第二届轮胎节”的赠品促销策略

3.2.6　积分促销

积分促销在网络上应用起来比传统营销方式要简单和容易操作。网上积分活动很容易通过编程和数据库等来实现。积分促销一般设置价值较高的奖品或积分直接折抵现金，消费者通过多次购买或多次参加活动，来增加积分以获得奖品。如淘宝“百雀羚旗舰店”和淘宝五金冠店“朵朵云五金冠母婴店”的积分促销策略（见图 7-10 和图 7-11）。

3.2.7　发行虚拟货币来促销

当顾客申请成为网站会员或参加某种活动时，可以获得网站发给的虚拟货币，用来购买本网站的商品，如淘宝会员每天都可以免费领取淘金币，购物也送淘金币。淘金币可以抵现金用，100 淘金币最少可抵 1 元，实际上是给会员购买者相应的优惠。再如，京东商城“券集市”的京豆兑换优惠券及限时免费领优惠券活动（见图 7-12），目的就是通过发行虚拟货币来促销。

图 7-10　淘宝“百雀羚旗舰店”的积分促销策略

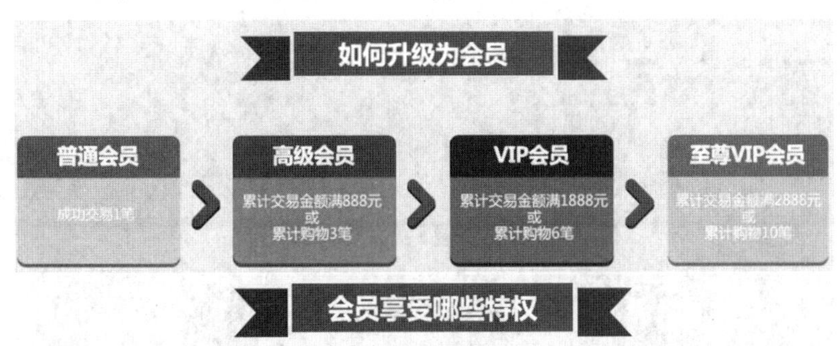

	限量版礼品（不定期）	优惠券 1次/月	折扣优惠	生日红包	退换货权
普通会员	无	无	无	无	7天
高级会员	无	无	9.9折	10元	7天
VIP会员	有	10元	9.8折	20元	10天
至尊VIP会员	有	20元	9.7折	50元	15天

注：港澳台、海外及批发客户除外！

图 7-11　淘宝五金冠店“朵朵云五金冠母婴店”的积分促销策略

图 7-12　天猫“双十一”的免费优惠券

3.2.8　网上打折促销

通过打折降价销售和价格秒杀策略来吸引顾客是不少网站常用的促销方式，如图 7-13

和图 7－14 所示。

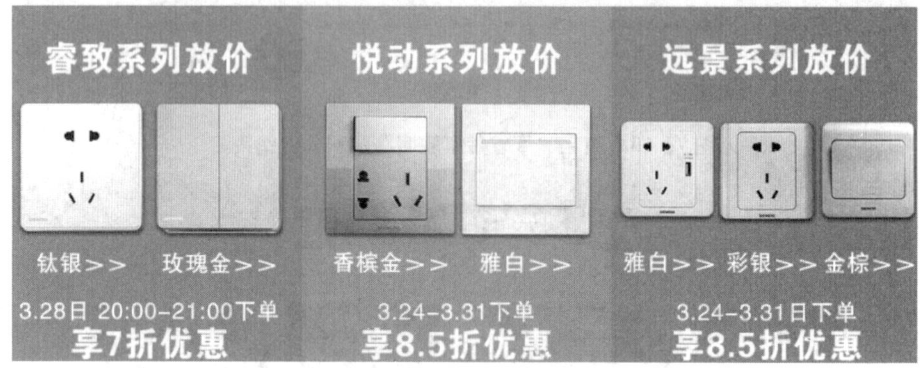

图 7－13　苏宁易购的打折促销策略

图 7－14　京东移动端的价格秒杀策略

模块四　网络营销运作

学习任务单 7-4

学习情境	小米通过网上市场调研，发现网上有很多做得比较成功的小店。淘宝网上店铺有上千万家，自己的店铺如“沧海一粟”，不做网店推广又有谁会知道呢？看来网络营销运作势在必行，如何实施网络营销运作呢？还是和小米一起研究吧！
环境需求	1. 互联网接入； 2. 计算机（每人一台）； 3. 原淘宝店铺小组； 4. 学习任务考核单（也可到教学资源包下载电子版）。
任务描述	任务 1： 访问网易、腾讯、新浪等门户网站，查看有哪些商家在这些网站上做广告，有哪些广告形式；访问淘宝、拼多多、京东，查看有哪些商家在这些网站上做广告，有哪些广告形式。以淘宝店小组为单位，设计本店铺的几种网络广告，上传并在本店铺发布（教学资源包中提供一款简单的制作工具 Flashtext 可选择和使用）。利用小组间广告互换和友情链接进行网店推广。 任务 2： (1) 把自己的淘宝店网址提交到百度等搜索引擎； (2) 针对本店促销方案设计一封邮件，收集邮件地址并进行群发； (3) 练习写一篇博客并上交，通过博客推广自己的淘宝店； (4) 利用公众平台、朋友圈、微信群等微信工具推广自己的淘宝店。 任务 3： (1) 搜索并在一些相关论坛、社区上注册会员，通过发表一些主题和回复，对本组店铺所经营的产品进行推广。 (2) 利用 QQ、阿里旺旺群发进行店铺网络推广。 (3) 设计进行客户服务时的咨询与解答方案，假定几个客户问题，并利用 QQ 或旺旺进行标准化解答。 上述任务建议 4～6 学时完成。
任务间歇	播放励志 MV（教学资源包提供）。
小调查	1. 你有几个 QQ 号？ 2. 你的 QQ 有多少个好友？ 3. 你的微信朋友圈有多少个好友？
任务拓展	利用课余时间为本组淘宝店做网络推广。

学习任务考核单 7－4

组名： 编号：7－4

组长及职责：				
组员及职责：				
口号：				
序号	任务	分值	教师评价	成绩
1	广告设计、发布与友情链接	15分		
2	通过搜索引擎推广网店	10分		
3	通过个人博客推广网店	15分		
4	邮件设计	15分		
5	通过论坛推广网店	15分		
6	通过微信推广网店	15分		
7	你加入的QQ群号和名称	15分		
合　计				

＊请学生填写完学习任务考核单后上交。

学习指南

1. 网络营销方法体系

网络营销方法，是对网络营销资源和网络营销工具的合理利用，也是网络营销各项功能得以实现的基本手段，在网络营销内容体系中处于重要位置。根据企业是否建立网站，可将网络营销方法分为无站点网络营销方法和基于网站的网络营销方法。两种情形分别有不同的网络营销方法，也有一些通用网络营销方法，无论是否已经建立企业网站，都是适用的。网络营销方法体系如图7－15所示。

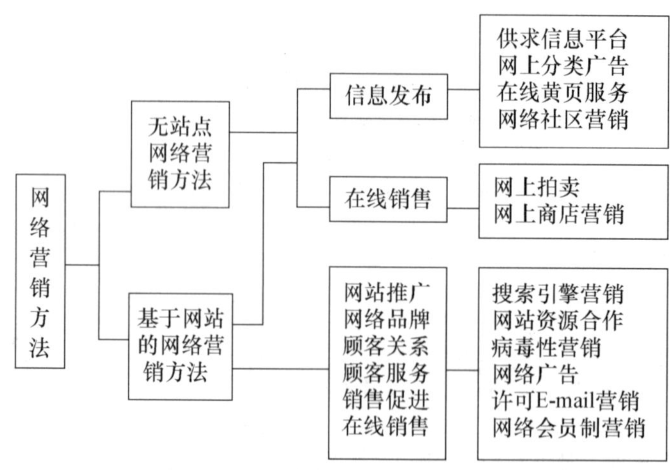

图7－15　网络营销方法体系

从图7－15中可以看到，对于未建立网站即可采用的网络营销方法，已经建立网站的企业同样可以采用，并且由于拥有网站这个综合性网络营销工具，营销效果会更好。这也就意味着，基于网站的网络营销方法包含了无站点网络营销方法。这样分类有一个好处，即可以消除对网络营销的一些误解，例如，以为只有建立网站才能开展网络营销，或者将建设网站本身就理解为网络营销的全部内容等。同时，通过这种对比也可以发现，在拥有网站的情况下，企业可以采用的网络营销方法不仅更多，而且营销效果也更好，由此也可以说明企业网站在网络营销中的重要地位。

2. 常用网络营销方法

网络营销是借助一切被目标用户认可的网络应用服务平台开展的引导用户关注的行为或活动，目的是促进产品在线销售及扩大品牌影响力。在互联网 Web 1.0 时代，常用的网络营销方法有网络广告营销、搜索引擎营销、电子邮件营销、即时通信营销、病毒式营销、论坛营销；但随着互联网发展至 Web 2.0 时代，网络应用服务不断增多，网络营销方式也越来越丰富，包括网络广告营销、博客营销、SNS 营销、微信营销、视频营销等。

我们需要深刻理解众多的网络营销的常见方法，并结合自身资源广泛应用到产品推广和品牌建设中去。

2.1　网络广告营销

网络广告又称互联网广告，是指网站、网页、互联网应用程序等互联网媒介，以文字、图片、音频、视频或者其他形式，直接或者间接地推销商品或者服务的商业广告，英文名称是 Internet Advertising 或 Web Advertising，简称 Internet Ad 或 Web Ad。随着国际互联网在世界各国的迅速普及，网络逐渐成为继报纸、杂志、广播和电视之后的第五大媒体。由于网络的多媒体特性使得网络广告集传统四大媒体广告特点——文字、图像、声音和动态影像于一身，并具有互动性这一传统四大媒体所缺乏的突出特点，因而它越来越受到广告主的认可、接受，并迅速发展，成为网络营销的重要手段之一。

2.1.1　网络广告的特点

凭借国际互联网具有的不同于传统媒体的交互、多媒体和高效率的独有特性，网络广告在下列方面呈现出不同于传统媒体广告的特点：

（1）传播范围广。网络广告的传播不受时间和空间的限制，只要具备上网条件，任何人，在任何地点、任何时间都可以阅读。这是传统媒体无法做到的。

（2）交互性强。交互性是互联网络媒体的最大优势，它不同于传统媒体的信息单向传播，而是信息互动传播，用户可以获取他们认为有用的信息，厂商也可以随时得到宝贵的用户反馈信息。

（3）受众数量可准确统计。利用传统媒体做广告很难准确地知道有多少人接收到广告信息，而在 Internet 上可通过权威公正的访客流量统计系统，精确统计出每个客户的广告被多少个用户看过，以及这些用户查阅的时间分布和地域分布，从而有助于客户正确评估广告效果，审定广告投放策略。

（4）实时、灵活、成本低。在传统媒体上做广告，发布后很难更改，即使可以改动往往也需要付出很大的经济代价。而网络广告能按照需要及时变更广告内容。这样，企业经营决策的变化也能及时实施和推广。

2.1.2 网络广告的形式

按照中国广告协会于 2015 年 3 月发布的《中国移动互联网广告标准》，广告形式指为了某种特定的需要，通过一定形式的媒体，公开而广泛地向公众传递信息、宣传产品。主要分为传统媒体和网络媒体两种。网络媒体广告可分为 PC 端广告和移动端广告。国家工商总局出台的自 2016 年 9 月 1 日起施行的《互联网广告管理暂行办法》中明确规定，互联网广告应当具有可识别性，显著标明“广告”，使消费者能够辨明其为广告。目前的网络广告上面基本都有广告标识。

（1）PC 端广告。

PC 端广告是指通过电脑访问网站或者应用时显示的广告。PC 端广告形式包括通栏类、矩形类、背投类、流媒体类、富媒体类、电子邮件类、文字链、贴片类共 8 类。

1）通栏广告。

通栏广告常见于综合门户类网站，以横贯页面的形式出现，可位于网页的顶部、中部和底部，如图 7－16 所示。

图 7－16　新浪网页顶部和网易网页中部的通栏广告

通栏广告尺寸较大，允许客户用简练的语言、图片、动态影像等较为丰富的表现手段介绍企业的产品或树立企业形象，容易引起网络浏览者的注意，因而它是目前最常见的网络广告形式之一。通栏广告通常与广告主的主页或网站相链接，浏览者可以点击广告，进而看到广告主想要传递的更详细的信息。该广告形式尺寸较大，视觉冲击力强，能给网络访客留下深刻印象，特别适合活动信息发布、产品推广、庆典等。通栏广告常用尺寸及物料格式如表 7－1 所示。

表 7－1　通栏广告常用尺寸及物料格式

广告形式	尺寸	常见物料格式
通栏类广告	550×100	jpg，png，swf，gif，flv
	590×130	
	640×90	
	620×100	
	310×100	
	960×90	
	960×100	
	960×130	
	1 000×90	
	1 200×125	
	640×100	

2）矩形广告。

矩形广告也是网络广告中常见的形式之一，如图 7－17 所示。矩形广告通常是以 jpg、png、swf 等格式建立的图片、动态影像文件，链接着广告主的主页或站点。常见的尺寸有 160×80、120×600、140×425 和 200×300 等，比通栏广告的尺寸种类更多，组合方式也更灵活，能够分布在网页页面的不同位置，这样广告主可以选择页面中不同的栏目和位置放置矩形广告。

图 7－17　矩形广告示例

3）背投广告。

背投广告是打开网站页面时在当前页面的背后弹出的一个窗口广告。广告特点是：只要用户打开带有背投广告的网页，不管用户是否愿意看这个广告，它都会随着网页的打开而自动弹出，只是广告位置在用户所有打开网页的后面，当用户把所有网页都关闭的时候广告还会存在于用户的桌面上，不会影响用户的正常浏览也不会被用户及时关闭，但是，自《互联网广告管理暂行办法》实施后，背投广告增加了广告字样和明显的关闭标志。

该类广告具有独立页面，能够迅速吸引浏览者的目光，让浏览者留下深刻印象。

4）流媒体广告。

流媒体广告基于流媒体技术优势应运而生，是通过流媒体技术在网络上传播产品、服务或品牌信息的广告活动，如图 7－18 所示。流媒体广告图文并茂，声色兼备，能够以“流”的方式实现边下载边播放，在媒体表现方面，信息传递更直接，表达内容更丰富。

图 7－18　流媒体广告示例

5）富媒体广告。

富媒体广告是基于富媒体技术之上的一种互联网广告形式。它利用富媒体技术在大流量的门户网站上流畅地播放大 K 数的广告文件（视频广告片、Flash 广告等）。富媒体广告具有声音、图片、文字、动画等多维表现形式。相较于传统广告，富媒体广告内容更丰富，具有强曝光、高互动、易分享的特征，但费用较高，因此，富媒体广告对媒体流量要求极高，投放主要集中在大型门户及重点垂直网站，如腾讯、新浪、搜狐、汽车之家、优酷等。

常见的富媒体广告形式有横幅广告（Banner）、浮层广告（Floating Ads）、按钮广告（Button）、全屏广告（Full Screen）、弹出窗口广告（Pop-up Ads）、插播式广告（Interstitial）等，如图 7－19、图 7－20、图 7－21、图 7－22 所示。

图 7－19　富媒体广告之横幅广告示例

图 7－20　富媒体广告之浮层广告示例

图 7 - 21　富媒体广告之按钮广告示例

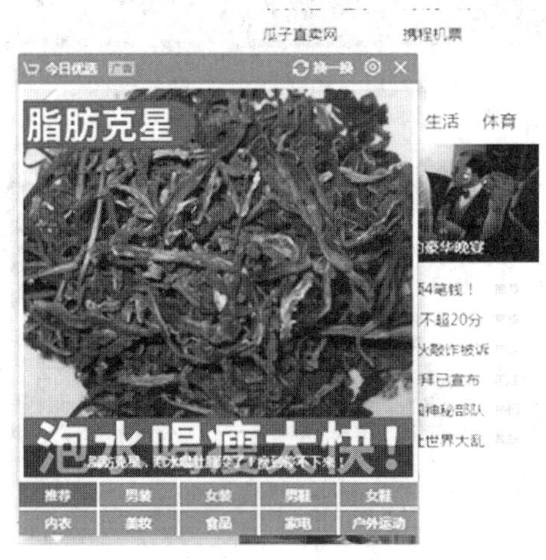

图 7 - 22　富媒体广告之弹出窗口广告示例

6）电子邮件类广告。

电子邮件类广告是指以电子邮件作为载体的一种广告。常见形式有以下几种：

● 邮件列表广告（Direct Marketing），又叫“直邮广告”。它是利用网站电子刊物服务中的电子邮件列表，将广告加在读者所订阅的刊物中定期发放给相应的邮箱所属人。广告形式多样化，如 Banner、Buttons、文字等。

● 电子邮件式广告。这是指利用免费电子信箱，定期或不定期将广告主的有关信息以电子邮件的形式发送给免费信箱所属人的广告形式，如图 7 - 23 所示。

7）文字链广告。

文字链即将文字链接到公司的主页、网站或其他相关页面，如图 7 - 24 所示。文字链接型广告虽然简单，但在页面中的放置位置更为灵活多样。通常分为语句广告和关键字广告两类。关键字广告有以下四种形式：

图 7－23　电子邮件式广告示例

图 7－24　文字链广告示例

第一，将公司名称或产品商标关键字，直接链接到公司相关的主页或网站。

第二，将公众感兴趣的关键字，直接链接到公司相关主页或网站。公众感兴趣的关键字目前主要有影视明星、体育明星、歌星、社会名流等公众人物，也包括高频率出现的名词术语如人工智能、大数据等。

第三，企业用产品或服务的具体名称或与产品或服务相关的关键词，注册属于自己的“产品关键字”，当潜在客户通过搜索引擎找相应产品信息时，企业网站或网页出现在搜索引擎的搜索结果页面或合作网站页面醒目位置。

第四，在关键字搜索结果的网站中，客户根据需要购买相应的排名，以便提高自己网站被搜索者点击的概率。

8）贴片类广告。

网络贴片广告是随网络视频加贴的一个专门制作的广告，它的表现手法与传统电视广告类似，都是在正常的视频节目中插入广告片段。比如，在节目开始前或节目结束后，播放广告，它也是强迫用户观看的一种广告形式，如图 7—25 所示。

图 7－25　贴片广告示例

(2) 移动端广告。

移动端广告指通过移动设备（手机、PSP、平板电脑等）访问移动应用或 WAP 网页时显示的广告。随着使用移动终端上网人数比例的不断增加，移动营销以其精准性高、互动性强的优势获得越来越多的广告主的认可，据艾瑞咨询调查数据显示，2017 年移动广告规模达 2 549.6 亿元，占总体网络广告比例近 70%，预计 2020 年，这一比例将达到 84.3%，如图 7－26 所示。

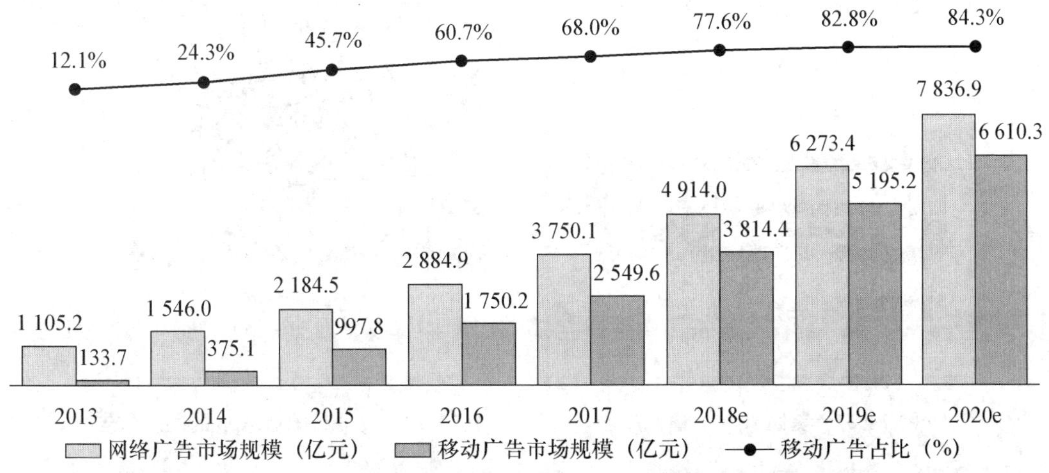

图 7－26　艾瑞咨询发布 2013—2020 年中国网络广告 & 移动广告市场规模及预测

中国广告协会将移动端广告形式分为六类，包括启动画面/开屏/插屏广告、焦点图广告、信息流广告、矩形类广告、富媒体广告和贴片广告，如表 7－2 所示。

表 7-2 中国广告协会移动端广告形式

广告形式	常见物料格式
启动画面/开屏/插屏广告	jpg，png，gif，flv
焦点图广告	jpg，png
信息流广告	jpg，png+文字
矩形类广告	jpg，png
富媒体广告	jpg，png，gif，flv
贴片广告	flv

尚普咨询在《中国移动互联网广告行业深度研究》中将移动广告展现形式分为图片类广告、富媒体类广告、视频类广告、激励类广告及原生广告。

1）图片类广告。

图片类广告还可以细分为 Banner（旗帜广告，横幅广告）和插屏广告。Banner 是移动广告的主要形式，一般使用 gif 格式的图像文件，可以用静态图形，也可以用多帧图像拼接为动画图像，这种广告形式在 App 的底部或者顶部出现，尺寸较小，对用户的干扰影响也较小，如图 7-27 所示。插屏广告在用户打开浏览页面时，以全屏或插屏方式出现 3 秒至 5 秒，可以是静态的页面，也可以是动态的 Flash 效果，如图 7-28 所示。

图 7-27　美团 App 的横幅广告

图 7-28　英语趣配音 App 的插屏广告

2）富媒体类广告。

移动端富媒体广告与 PC 端的富媒体广告相同，都是基于富媒体技术之上的一种新的互联网广告形式，趣味性和互动性明显。在移动端，这类广告最常见的形式有 360 度观赏、摇一摇、滑动、放大、擦除、拖拽等，如图 7－29 所示。

图 7－29　腾讯视频节目摇一摇形式的广告

3）视频类广告。

视频类广告可分为贴片广告、角标广告和纯广告视频。贴片广告是在视频播放前、中、后插播的一小段广告，具有高曝光率的特点。角标广告是以透明的角标界面在视频播放窗口中内置的广告形式，不会影响用户对视频节目的观看。纯广告视频是专门拍摄的一段广告视频，用户可以自主选择是否点击观看，如图 7－30 所示。

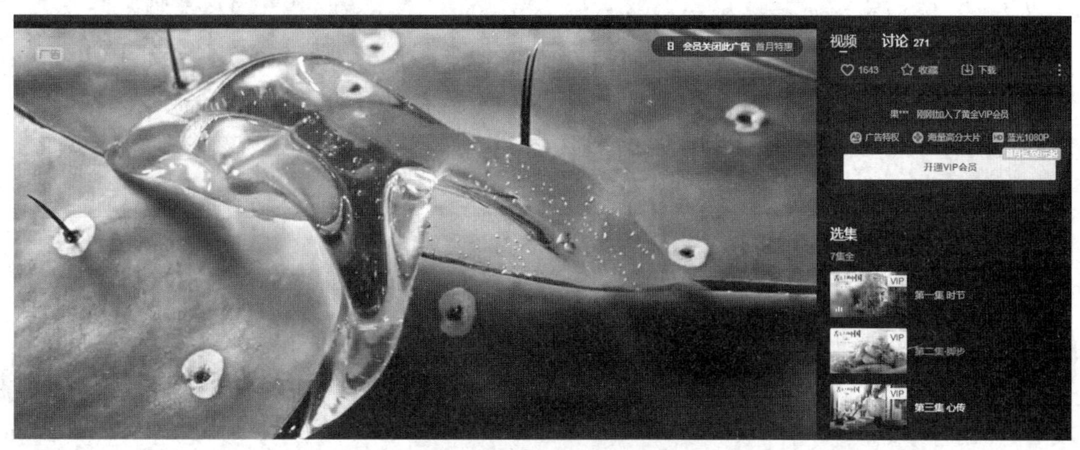

图 7－30　纯视频广告

4）激励类广告。

激励类广告是通过给予用户积分、优惠券等奖励，促使用户下载安装推荐的优质应用、注册、填表等，如图 7－31 所示。

图 7-31　华为应用商店的优惠券激励

5）原生广告。

原生广告是指针对广告内容和特定移动应用，对广告进行个性化的订制和糅合，最大程度优化用户在使用应用过程中的广告体验。美国雅虎的销售副总裁 Patrick Albano，2013 年在亚特兰大举行的一场原生广告研讨会上分享说，原生广告形式更多元，可能是图片、影音或是文字，只要是供消费者体验的，都可以被称为原生广告的形式之一，如图 7-32 所示。

2.2　搜索引擎营销

搜索引擎营销（Search Engine Marketing，SEM）就是根据用户使用搜索引擎的方式利用用户检索信息的机会尽可能将营销信息传递给目标用户。简单来说，搜索引擎营销就是基于搜索引擎平台的网络营销，利用人们对搜索引擎的依赖和使用习惯，在人们检索信息的时候将信息传递给目标用户。搜索引擎营销的基本思想是让用户发现信息，并通过点击进入网页，进一步了解所需要的信息。企业通过搜索引擎付费推广，让用户可以直接与公司客服进行交流、了解，实现交易。SEM 包括 SEO 和 PPC 两部分。

（1）SEO（Search Engine Optimisation）即搜索引擎优化，是通过对网站结构（内部链接结构、网站物理结构、网站逻辑结构）、高质量的网站主题内容、丰富而有价值的相关外部链接进行优化，而使网站和用户及搜索引擎更加友好，以获得在搜索引擎上的优势

图 7－32　微信朋友圈的原生广告

排名，为网站引入流量。

(2) PPC (Pay Per Click) 是指购买搜索结果页上的广告位来实现营销目的，各大搜索引擎都推出了自己的广告体系，相互之间只是形式不同而已。搜索引擎广告的优势是相关性，由于广告只出现在相关搜索结果或相关主题网页中，因此，搜索引擎广告比传统广告更加有效，客户转化率更高。

2.2.1　搜索引擎与 SEO

搜索引擎是互联网上进行信息资源搜索和定位的基本工具，是为了帮助用户从成千上万个网站中快速有效地查询，找到想要得到的信息而出现的。如果说互联网上的信息浩如烟海，那么搜索引擎就是海洋中的导航灯。只有通过搜索引擎的查询结果，用户才会知道信息所处的网上地点，然后，再去该地点获得相关的详细资料。对浏览者而言，是如何掌握搜索引擎的使用方

法去找到自己想要的信息；而对营销的企业而言，却是如何利用搜索引擎，让更多的浏览者找到自己。

搜索引擎优化是指通过研究各类搜索引擎如何抓取互联网页面和文件，及研究搜索引擎进行排序的规则来对网页进行相关的优化，使其有更多的内容被搜索引擎收录，并针对不同的关键字获得搜索引擎左边更高的排名，从而提高网站访问量，最终提升网站的销售能力及宣传效果。SEO 不是技术手段，是网站推广的一部分，是主推被动式营销。SEO 是针对网络的传播模式把目标内容（广告、产品、品牌）传递给目标受众的最有效的途径。

2.2.2 为什么要进行 SEO

进行 SEO 的目的是让搜索引擎更容易对企业的站点进行识别和收录，同时相应的关键字排位靠前，让企业的客户更容易找到企业的网站和产品，增加企业的产品和公司的曝光率，是适应搜索经济发展的必经之路。完整的 SEO 还是对用户心理需求分析，适应浏览者需求的过程。

2.3 电子邮件营销

电子邮件营销是以订阅的方式，将行业及产品信息通过电子邮件提供给所需要的用户，以此建立与用户之间的信任与信赖关系。大多数公司及网站都已经利用电子邮件营销方式。毕竟邮件已经是互联网基础应用服务之一。互联网企业认为，获得了用户的邮件，如同获得了可以向用户宣传的“通道”。值得注意的是，电子邮件营销中给用户发送的电子邮件的界面和内容要极富创意，这样才能吸引邮件用户进一步的兴趣，达到较佳的效果。

发送电子邮件的注意事项如下：

（1）目标要明确。

电子邮件营销和垃圾广告邮件最大的区别就在于是否经过邮件接收者的许可，但是这里的“许可”是一个比较复杂的概念，需要详细解释一下。对于客户直接提交的电子邮件地址，在站点向其说明了权利义务的前提下，这些地址可默认为已经获得了客户的许可，然而对于那些购买或交换来的地址又应该如何看待呢？

比较规范的处理方法有两种：一是事前通知，即在客户第一次向原站点提交电子邮件地址以前就由该站点声明其用途，客户自由选择是否接受来自其他站点的信件；二是事后通知，即由原站点向客户发送邀请或通知，客户自己选择是否接受另一站点的电子邮件。在通常情况下，第一种做法较为常见，然而对于事后通知的情况，有时也可以采用不经过原站点而直接向客户发信的方法，但这种方式无疑是不礼貌的，而且有垃圾邮件的嫌疑。在获得许可的前提下，企业还应该对电子邮件地址进行分类，以明确不同类型的潜在客户对信息的不同需求。例如，一个销售图书的站点就应该根据潜在客户的教育背景、兴趣等对电子邮件地址进行分类，而一个生产服装的企业就应该根据潜在客户的性别、年龄等对电子邮件地址进行分类。分类的目的是进一步确定不同信息的发送目标，如果给客户寄送了不适当的信息，就仍有发布垃圾邮件的嫌疑。

（2）主题要清晰。

主题要清晰是指电子邮件的主题栏应当能够概括邮件的基本内容或最突出的信息，而且应当实事求是，绝无夸大。这就对主题词的写作提出了几点要求：

1）概括性。主题词应当使邮件的接收者能够很快明白信件的基本内容，以便对方迅速做出阅读与否的决策。这一要求是出于对潜在客户的尊重，同时也是为了塑造站点的良好形象，因为大部分的垃圾邮件制造者根本就不会考虑到这些，而且，就算邮件的接收者打开了信件，如果他们发现内容毫无参考价值，同样也会立即删除，甚至将发件人列入拒收的名单。

2）吸引力。主题词的写作应当突出信件中潜在客户可能最感兴趣的内容，例如商品打折的邮件往往以“低至 5 折”“百元封顶”“多买多送”等作为主题的构成部分，而提供中介服务的站点则通常在主题中宣称其服务“费用低廉”“即时办理”“诚信可靠”等。

3）准确性。这一点也是经许可的电子邮件和垃圾广告邮件的重要区别，因为除了吸引邮件接收者打开信件以外，后者撰写主题词并非出于长远的考虑，他们可以为邮件任意起名，类似“无条件送现金”“今晚有个约会”等。这样的做法极不可取，因为大部分接收者不会第二次受骗上当，以后此种类型的信件将被直接过滤掉，无缘再和接收者见面。

（3）内容要简洁。

除非确定为接收者非常感兴趣的信息，否则邮件内容最好不要超过一屏。此外，很多站点常常会将商品的图片随同信件寄发，有时甚至制作弹出窗口强迫收信人浏览，这些做法很不可取，尤其是后者，因为这样做会耗用大多数宽带用户的资源，极不尊重对方。

（4）完善的邮件功能。

即需要有 HTML 格式的邮件，而不是简单的文本邮件带上一个链接地址而已。如图 7-33 所示。最基本的体现至少需要包含符合网站风格的底色、图片、文字，并且需要完成基本的功能“退订”。设定退订功能的好处在于，让潜在用户知道，他不是被强制地接收这一封邮件，他也有主导权。而不至于造成客户接收了好几次邮件，却无法退订，最终打电话向 ISP 投诉，使域名被禁的结果，这一定不是大家希望的。

（5）回复要及时。

对于客户咨询信息和索取详细资料的信件一定要及时回复，否则就会给客户留下不被重视或者缺乏效率的印象。回复的期限应尽量为一至两天，当然如果能够在数小时内甚至是即时加以回复，则会给客户留下极好的印象。目前国内的大多数企业站点在这方面做得不够好，有的甚至公开声明由于信件众多而无法迅速处理和回复。其实解决这个问题的方法有很多，比如如果确实无法加派专门人员处理信件，最简单的办法就是设置自动回复功能，将常见的问题集中归类做成用户手册等形式直接回复给对方，并在回信中注明其他资料的索取办法。

2.4 博客营销

“博客”一词是从英文单词 Blog 翻译而来。Blog 是 Weblog 的简称，是由 Web 和 Log 两个英文单词组合而成。Weblog 就是在网络上发布和阅读的流水记录，通常称为“网络日志”，简称为“网志”。

图 7－33　网易严选邮件广告

Blogger 即指撰写 Blog 的人。Blogger 在很多时候也被翻译成“博客”，而撰写 Blog 这种行为，有时候也被翻译成“博客”。因而，中文“博客”一词，既可作为名词，分别指代两种意思 Blog（网志）和 Blogger（撰写网志的人），也可作为动词，意思为撰写网志这种行为，只是在不同的场合分别表示不同的意思罢了。

从广义上讲，博客就是记录自己生活、工作、见闻、想法的一种网络笔记本，始于 1997 年，用途广泛。目前用 Blog 的站点已经达数千万，有的名人博客访问量都快 2 亿了。利用博客做网站推广一直是大家比较喜欢的推广方式，用博客带外链、以博客养站都是不错的选择，那么如何利用博客进行营销呢?

2.4.1　选择域名

创建博客，为了长期的推广要起个有创意的名字，可以是名字的全拼、缩写、小名、乳名等，就像树立品牌，要有意义、有内涵、响亮、易记等，要尽可能简短，便于访客的记忆与口碑宣传。

2.4.2　博客空间

要开通博客，一定要选择稳定的服务器空间，要选择稳定、安全性高、网速流畅、信誉好、有实力的服务器商。

排名前十位的博客网站地址：

（1）新浪博客 http://blog.sina.com.cn。

（2）网易博客 http://blog.163.com。

（3）和讯博客 http://blog.hexun.com。

（4）点点网 http://www.diandian.com。

（5）搜狐博客 http://blog.sohu.com。

（6）博客园 http://www.cnblogs.com。

（7）天涯博客 http://blog.tianya.cn。

（8）CSDN 博客 https://blog.csdn.net。

（9）博客中国 http://www.blogchina.com。

（10）科学网博客 http://blog.sciencenet.cn。

更多地址请参见教学资源包中"500个博客地址"的内容。

2.4.3　选择程序

目前博客系统网上有很多开源的，省去了开发代码的麻烦，主流的博客系统程序有 Z-blog 与 WordPress。Z-blog 是国内开发的，支持全站所有页面生成静态，有很多网站插件，还有不少免费的模板提供免费下载，深受国内 Blogger 的喜欢。

2.4.4　博客定位

用博客记录生活还是工作，即确定博客定位，这点很重要，这将决定以后访问博客的人群是哪些。定位的准确与否直接影响到博客将来的发展空间与访问人群，即要明白写的文章主要是给谁看的，要三思而后行。

2.4.5　内容为王

经过了上述的步骤，博客算正式安家了，下面就可以开始完善博客，添加内容。有质量的内容是留住访客的法宝，内容是生动的、专业的、有内涵的，还是有深度的等，取决于作者的水平。有质量的内容，是吸引访客的关键。如果写得好，写得精，"酒香不怕巷子深"，慢慢会网聚很多人气，吸引很多眼球。

2.4.6　博客推广

博客投入运营之后，剩下的工作就是宣传推广了，下面介绍博客网站推广的几种方法。

（1）提交你的博客收录。

博客大全提交：http://lusongsong.com/daohang/login.asp。

百度博客提交：https://ziyuan.baidu.com/linksubmit/url。

必应 Bing 博客提交：https://www.bing.com/toolbox/submit-site-url。

搜狗（SoGou）博客提交：http://fankui.help.sogou.com/index.php。

（2）访问别人的网站。

多去别人的博客"踩踩"，留下你对别人日志的评价，留下你的网址，别人有时也会回访，看看你写得怎么样，正所谓"人人为我，我为人人"，你关注别人的，别人同样也会对你投来关注的目光。

（3）友情链接推广。

交换友情链接，就相当于把网站访问的人群资源共享，别人在访问其他人的网站的同时，有可能进入你的网站，有点像广告性质一样，在别人网站上相互交换广告，这种链接互换也是 SEO 网络推广的方法之一。

（4）多和别人交流。

平时养成习惯，多留言，参与讨论，不忘在留言后面加上自己 Blog 的地址宣传一下，欢迎别人来访问。

当然，也有人选择发送垃圾邮件、写软文、群发信息等方式来宣传自己的博客，这样做短时间可能能拉些浏览量，不过对自己网站的形象有损，不建议使用。做好宣传最根本的是要做好自己的Blog，经常更新，保证内容好看，这样下去自己网站的访问量也会节节高升。

小提示

博客营销要点

(1) 主题要明确，这样有利于客户和搜索引擎优化。

(2) 博客内容要原创和经常更新（这一点是最关键的）。

(3) 博客日志注意选择分类，这样客户才容易选择想要的，搜索引擎也好分类。发布日志时，标题尽量突出关键词。

2.5 直播营销

2.5.1 直播营销简介

直播营销是指在现场随着事件的发生、发展进程同时制作和播出节目的播出方式，该营销活动以直播平台为载体，达到企业获得品牌的提升或是销量的增长的目的。直播营销是一种营销形式上的重要创新，也是非常能体现出互联网视频特色的板块。与传统电视、互联网视频相比，直播能够实现与用户的实时互动，甚至还能够动用民意的力量改变节目进程，这种互动的真实性和立体性只有在直播的时候能够完全展现。

直播营销最显著的优势在于可实时互动的环境，能够即时收集用户反馈，以达到最有效率的营销水平。在网络环境下，视频媒介的传播变得更加广泛和高效，录制好的直播还可以再次进行观看，因此形成二次营销。伴随着网络直播的迅速发展，2016 年直播内容逐渐被细分，形成如游戏、美妆、健身、旅行类等多种垂直领域，直播内容和观看的用户群体均带有显著特点，便于广告主进行精准定位。

从 2016 年开始进入爆发期的网络直播行业经过短短几年的发展，已经变成了网络直播平台遍地开花的竞争局面。

这么多的网络直播平台让人眼花缭乱，尤其是准备投身于直播事业的新人网络主播，肯定很多人在选择平台上犯了难，到底哪个网络直播平台才是最好的?

2.5.2 主流直播平台

直播平台主要可分为综合类、秀场类、游戏类、短视频类平台、购物类直播平台等。

(1) 综合类平台。

在网络直播行业所指的综合类平台一般是将游戏、娱乐、户外等集于一体的平台，这个类型的平台在网络直播行业还是比较有优势的，这得益于它的粉丝群体比较大。

这个类型的平台有个最大的好处就是目标观众比较多，看游戏、看娱乐的、看户外、看美食的……都可以来。可能有主播觉得：这么好，那我们就去这样的平台做直播。但是，平台对主播的要求比较高，主播之间的竞争比较大。因为这个类型的平台主播也比较多，粉丝主要集中在平台一线主播的直播间，新人主播或者在才艺方面没有优势的主播很难做出成绩。

在这个类型的直播平台最好选择一家有实力的主播经纪公司，前期有经纪公司的帮助会让自己在平台发展得更快些。

（2）秀场类平台。

秀场类直播平台主要分为移动端和 PC 端的平台，目前情况下相对而言移动端比 PC 端的秀场类平台发展得更好一些。这个类型的平台以女主播聊天和唱歌为主，内容形式相对单一。这个类型的平台内容形式包含于综合类平台中。

移动端在这个类型的平台中发展得不错，移动端直播平台有个特有的直播功能叫“附近的人”，这个功能对于新人主播来说很重要，排不到前面展示位的新人主播靠着这个功能也可以吸引很多粉丝。PC 端在这类型中起步比较早，平台也都是一些老平台。

这类型的平台看似一般，但是相对竞争较小，还有“附近的人”功能，播娱乐的新主播选择这样的平台不失为一种好方案。

（3）游戏类平台。

游戏类平台主要是直播游戏电竞的平台，这个类型的平台有一定的专业门槛，以爱好游戏和在游戏方面有一定天赋的主播为主。

这个类型的平台主要有企鹅电竞、触手 TV 等，因为直播内容的单一性和粉丝年龄段的问题，选择这类型的平台主要考虑平台粉丝总数量。游戏类型的主播打赏礼物收入相对于娱乐主播收入要低很多，游戏主播主要靠超高的人气，通过一定的人气转换获得高收益。所以，平台的观众数对于游戏主播很重要。

（4）短视频类平台。

最近特别火的抖音就属于这个类型的平台，平台还包括火山小视频、快手等（见图 7－34）。这个类型的平台门槛比较低，而且是以视频形式出现的，不需要固定时间和固定地点，只要你有创意，那人气爆红真是快到无法想象。

抖音

快手

火山小视频

图 7－34　短视频类直播平台

这个类型的平台看似简单，但是想做好也没有那么容易，因为需要主播有很强的创意，要求内容质量比较高。在这类型的平台上做直播，只要你有创意，内容有看点就可以成为热门。

（5）购物类直播平台。

购物类直播平台总体不属于娱乐方面的直播，观众看直播的出发点和泛娱乐直播平台也不太一样，主播收入方式和泛娱乐直播也不一样。主要有淘宝直播、苏宁直播等，还有很多电商平台已经上线直播购物平台或者正在研发上线。做电商的，可以研究一下相关平台。

小提示

主播在选择网络直播平台时，应选择适合自身定位和发展规划的，适合自己的就是好的。确定哪个类型的平台后，在这个类型平台中选择一个合适的。

平台选择的几点建议：

1. 尽量选择目标粉丝量比较多的平台，不管你是播什么内容的都需要粉丝作为基础。

2. 尽量选择综合类的平台，因为以后发展的空间比较大，但是新人主播要慎重考虑。

3. 多方位了解一下平台自身的管理水平，这关系到平台以后的存亡。

4. 以观众视角去看直播，选择一个观看体验比较好的平台。

2.6 微信营销

微信是 2011 年 1 月 21 日腾讯推出的一款手机通信软件，支持通过手机网络发送语音短信、视频、图片和文字，可以单聊及群聊，还能根据地理位置找到附近的人，带给人们全新的移动沟通体验。越来越多的商家领略到了微信营销的好处和魅力，开始利用微信开展营销活动。微信营销是网络经济时代企业对营销模式的创新，它伴随着微信的火热产生，迅速成为一种新型的网络营销方式。

2.6.1 微信营销的特点

（1）微信能够做到点对点精准营销。微信拥有庞大的用户群，它借助移动终端、天然的社交和位置定位等优势，每个信息都是可以推送的，能够让每个个体都有机会接收到这个信息，继而帮助商家实现点对点精准化营销。

（2）微信营销形式灵活多样。微信拥有很多的功能能够用于营销，例如漂流瓶、位置签到、二维码、开放平台、公众平台，商家可以运用这些功能开展灵活多样的营销活动。

（3）强关系的机遇。微信的点对点产品形态注定了其能够通过互动的形式与用户建立联系，让企业与消费者形成朋友的关系，将普通关系发展成强关系，因为你不会相信陌生人，但是会信任你的“朋友”，然后将这些目标关系转化成流量和订单数。

2.6.2 微信营销的缺点

微信营销所基于的强关系网络，如果不顾用户的感受，强行推送各种不吸引人的广告信息，会引来用户的反感。凡事理性而为，善用微信这一时下最流行的互动工具，让商家与客户回归最真诚的人际沟通，才是微信营销真正的王道。

2.6.3 微信营销的形式

（1）朋友圈营销。

腾讯 2018 年 3 月 22 日的财报数据显示，微信用户已经达到 8.89 亿，微信朋友圈作为微信三件套之一，触达率极高，朋友圈也升级为了营销战场。用户可以在朋友圈发布文字、视频或图片，也可实现一对一交流和互动。进行微信朋友圈营销的可以是个人，也可以是企业。通过微信朋友圈可以推广品牌活动、推广商品、推广门店、推广应用、派发优惠券、推广公众号、推广小游戏、收集销售线索等。

小案例

微信朋友圈推广

华为 P30 系列国行版发布时，华为终端利用微信朋友圈进行了产品推广。欧莎女装的销售人员也通过朋友圈发布产品的信息（见图 7-35）。

图 7-35 利用微信朋友圈进行产品推广

（2）微信群营销。

微信用户可以通过微信点击界面右上角的“+”图标，选择发起聊天菜单，将好友加入，建立自己的微信群。在微信群里可以发送语音、图片、文字、视频、红包等，还能够与微信群里面的成员实时互动。加入微信群的方式有两种，一种是扫描群二维码，另外一种是通过好友邀请。一般想要通过微信群营销可以通过以下方法进行：

1）拉新（吸引用户）：就是将更多微信好友邀请到微信群——解决粉丝问题。

2）养熟（建立信任）：就是和微信好友搞好关系，增进彼此了解，建立良好的信任关系——解决信任问题。

3）成交（体现价值）：就是将产品销售给群成员或者发展群成员为企业会员——解决盈利问题。

4）裂变（核心用户）：就是让会员去邀请更多好友加入——解决推广问题。

小案例

“团书记”的微信群营销

“团书记”是北京伴童文化发展有限公司的一个线上图书销售平台（见图7－36），为了促进图书销售，“团书记”的销售人员建立了微信群，通过微信群发布产品信息，组织群成员购买。

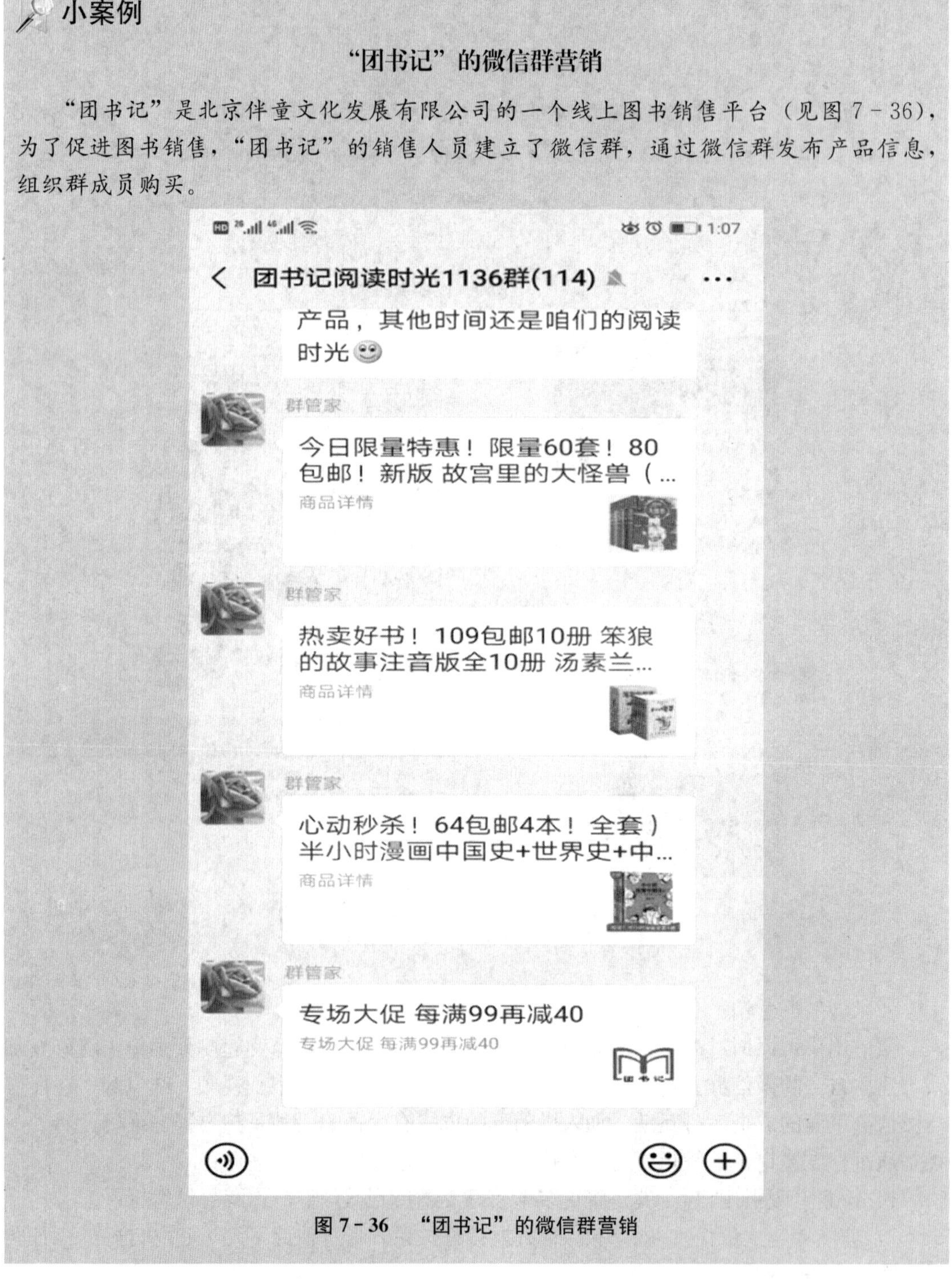

图7－36　“团书记”的微信群营销

（3）二维码营销。

微信二维码是腾讯开发出的配合微信使用的添加好友和实现微信支付等功能的一种方

式，是含有特定内容格式的、只能被微信软件正确解读的二维码。二维码可以是电子形式的，也可被打印出来，通过平面、户外、网络等媒体进行展示，再结合诱因，如扫码送礼包等，即可比较简单地获得粉丝。这种与现有媒体的捆绑的方式，亦可将现有媒体传播价值保留和延伸至移动互联网中，以沉淀新产生的潜在客户。

小案例

哈啰单车“免押金骑哈啰”

用户通过微信扫一扫扫描哈啰单车推出的“免押金骑哈啰”二维码，用户就可进入哈啰出行骑行卡券免费领界面，可以拼手气领取骑行礼包（见图7-37）。

图7-37　免押金骑哈啰单车

（4）微信开放平台。

微信开放平台为第三方移动程序提供接口，使用户可将第三方程序的内容发布给好友或分享至朋友圈，第三方内容借助微信平台获得更广泛的传播，微信用户也能够方便地在会话中调用第三方应用进行内容选择与分享，从而形成了一种主流的微信互动营销方式。

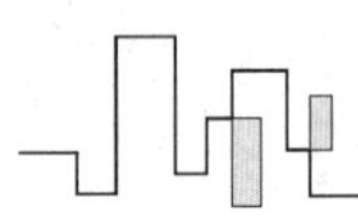

小案例

云集通过微信开放平台营销

云集微店是一款在手机端开店的 App，在云集微店开店的店主就可以将云集微店的产品、特卖场次、促销活动等信息通过微信进行分享（见图 7－38）。

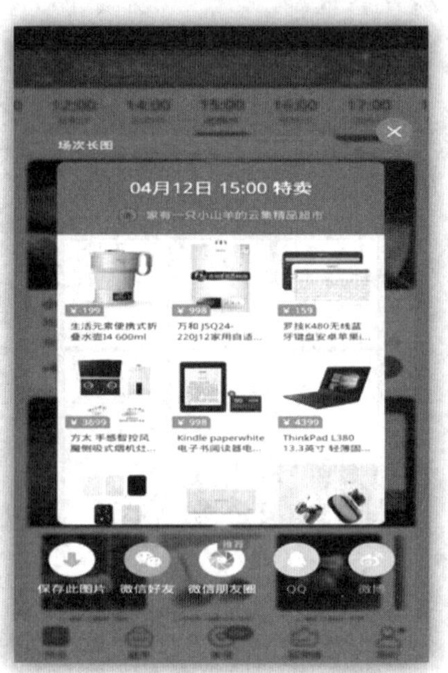

图 7－38　云集微店

（5）微信公众平台。

微信公众平台，简称公众号，于 2012 年 8 月推出，推出后广受欢迎，成为企业、媒体、公共机构、明星名人、个人用户等继微博之后又一重要的运营平台。目前微信公众号共有四种类型，包括订阅号、服务号、企业微信和小程序，各类型公众号的具体功能如表 7－3 所示。

表 7－3　微信公众号类型功能介绍

账号类型	功能介绍
订阅号	主要偏于为用户传达资讯，类似报纸杂志，认证前后都是每天只可以群发一条消息（适用于个人和组织）
服务号	为企业和组织提供更强大的业务服务与用户管理能力，主要偏向服务类交互，功能类似 12315、114、银行（适用于媒体、企业、政府或其他组织）
企业微信	企业微信是微信团队为企业打造的专业办公管理工具，是一个独立 App，具有与微信一致的沟通体验，丰富免费的 OA 应用，并与微信消息、小程序、微信支付等互通，助力企业高效办公和管理（适用于企业、政府、事业单位或其他组织）

续表

账号类型	功能介绍
小程序	一种不需要下载安装即可使用的应用，它实现了应用“触手可及”的梦想，用户扫一扫或搜一下即可打开应用。小程序是一种新的开放能力，开发者可以快速地开发一个小程序。小程序可以在微信内被便捷地获取和传播，同时具有出色的使用体验

1）如果想简单的发送消息，做宣传推广服务，达到宣传效果，建议选择订阅号；

2）如果想进行商品销售或用公众号获得更多的功能，如开通微信支付，建议选择服务号；

3）如果想用来管理内部企业员工、团队，对内使用，可申请企业微信。

小案例

百雀羚微信公众号与小程序

上海百雀羚日用化学有限公司通过微信公众平台注册了服务号，用于分享产品信息、品牌动态、活动信息和生活指南等，同时，在百雀羚的服务号中还能够看到百雀羚的3个相关小程序：小小签到、百雀羚自营旗舰店、百雀羚唯品会官方旗舰店。用户点击小程序即可访问签到活动页面或百雀羚的旗舰店（见图7-39）。

图7-39　百雀羚微信服务

（6）地理位置推送。

具有线下门店的广告主可在朋友圈广告创建中“添加门店”，添加后，即可在广告外层显示门店地址信息栏，加强用户对商户所在地的认知，从而延伸营销链条，满足广告主多重营销需求，促进最终销售转化。

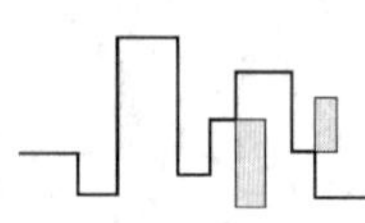

小案例

神州租车地理位置推送

神州租车经过长期数据积累和用户行为洞察，发现门店周边1公里以内是用户到店转化的最佳距离范围。借助微信广告投放端的LBS地域定向能力，神州租车将广告精准触达门店周边1公里范围内的人群，通过添加门店标识，有效增强用户“身边”感知，提升广告效果（见图7-40）。

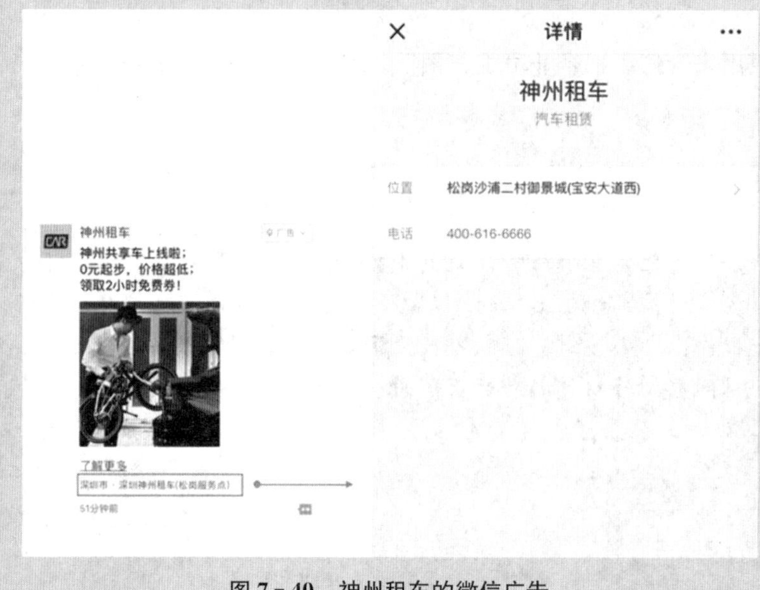

图7-40　神州租车的微信广告

2.7　病毒式营销

病毒式营销是指发起人发出产品的最初信息到用户，再依靠用户自发的口碑宣传，是网络营销中的一种常见而又非常有效的方法。它描述的是一种信息传递战略，经济学上称之为病毒式营销，因为这种战略像病毒一样，利用快速复制的方式将信息传向数以千计、数以万计的受众。也就是说，通过提供有价值的产品或服务，“让大家告诉大家”，通过别人为企业宣传，实现“营销杠杆”的作用。例如，每个店铺的留言板和友情链接，实现了“我为别人宣传，别人也为我宣传”的目的。病毒式营销可以使企业的网络客户、邮件订阅者成为其在线生意的传话筒，使企业在线业务量呈指数式爆炸增长。

病毒式营销必然含有两个重要的功能：

(1) 人们在获得利益的同时不知不觉地、不断地宣传了商家的在线生意，信息传播者往往是信息受益者。

(2) 商家生意信息的传播是通过第三者“传染”给他人，而非商家自己，而通常人们更愿意相信他人介绍而非商家自己。

我们经常看到的免费邮箱、免费空间、免费域名、ICQ网上即时交流软件等，都采取了病毒式营销方式。

2.8 事件营销

事件营销（Event Marketing）是指企业通过策划、组织和利用具有名人效应、新闻价值以及社会影响的人物或事件，引起媒体、社会团体和消费者的兴趣与关注，以求提高企业或产品的知名度、美誉度，树立良好品牌形象，并最终促成产品或服务的销售目的的手段和方式。简单地说，事件营销就是通过把握新闻的规律，制造具有新闻价值的事件，并通过具体的操作，让这一新闻事件得以传播，从而达到广告的效果。事件营销是近年来国内外十分流行的一种公关传播与市场推广手段，集新闻效应、广告效应、公共关系、形象传播、客户关系于一体，并为新产品推介、品牌展示创造机会，建立品牌识别和品牌定位，形成一种快速提升品牌知名度与美誉度的营销手段。20世纪90年代后期，互联网的飞速发展给事件营销带来了巨大契机。通过网络，一个事件或者一个话题可以更轻松地进行传播和引起关注，成功的事件营销案例开始大量出现。

2.9 网络口碑营销

由口碑营销与网络营销有机结合起来的网络口碑营销，旨在应用互联网的信息传播技术与平台，通过消费者以文字等表达方式为载体的口碑信息，其中包括企业与消费者之间的互动信息，为企业营销开辟新的通道，获取新的效益。或者也可以把其概括为：网络口碑营销是指消费者或网民通过网络（如论坛、博客、播客、相册和视频分享网站等）渠道分享的，对品牌、产品或服务的相关讨论以及相关多媒体的信息内容。

“好酒不怕巷子深”，的确如此。好的产品，对用户有用、有价值的产品，自然也会得到用户的口口相传。与其说它是一种营销方法，还不如说它是一种“效果见证”。要想达到此种效果，要求开发出来的产品对用户非常有价值，并且用户使用一次之后，再也离不开，进而能介绍朋友也来使用。不知不觉中，产品就被推广出去了。

行动指南

1. SEO 实操指南

1.1 网站优化（结构和内连接）

网站优化的规则包括：

（1）尽可能把重要的页面的链接和栏目放置到首页；尽可能把第二层、第三层的栏目标题抽取到首页，而不是毫无意义地堆砌。

（2）尽可能采用静态页面，搜索引擎可以把页面全部收录，但使用 ASP、JSP、PHP、CGI 程序可以很方便地调用数据库里面的数据，但这不是搜索引擎友好的方式，解决此类问题的方法是可以使用 Sitemap 直接向搜索引擎提交所有的数据，如果可能，把友情链接放在首页，但不要包含在 Javascript 程序里面。Javascript 程序可以为页面带来很多动态的效果，但不是所有的搜索引擎都能访问 Javascript 里面的数据。

（3）如果网站有很多层目录，把深层次的目录变成浅层次的。

1.2　网站登录（外连接）

（1）经常登录的搜索引擎。

百度 http://www.baidu.com。

搜狗 http://www.sogou.com。

360 搜索 http://www.so.com。

Bing（必应）http://bing.com.cn。

SOSO 搜搜 http://www.soso.com。

中搜 http://www.zhongsou.com。

中国搜索 http://www.chinaso.com。

（2）登录下列网站，提高外部连接的广度。

孙悟空免费登录入口 http://www.sunwukong.cn/add.php。

速搜全球入口 http://www.suso.com.cn/suso/link.asp。

蚁搜免费登录入口 http://www.antso.com/apply.asp。

快搜搜索引擎登录入口 http://www.kuaisou.com/main/inputweb.asp。

114 啦登录入口 http://url.114la.com。

2. 微信订阅号申请与设置

以下介绍微信公众号的申请与设置，操作步骤如下所述。

2.1　注册微信公众号（订阅号）

（1）填写基本信息。

通过百度搜索“微信公众平台”或直接输入“https://mp.weixin.qq.com”，进入微信公众平台页面，单击“立即注册”超链接，选择账号类型为“订阅号”，如图 7－41 和图 7－42 所示。

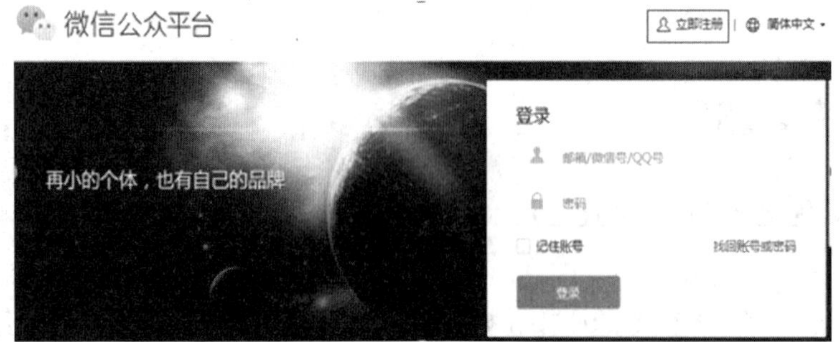

图 7－41　微信公众平台登录页面

填写基本信息，并通过邮箱获取激活码，如图 7－43 所示。

（2）选择运营主体类型。

填写完基本信息后，进入“选择类型”阶段，可供选择的账号类型包括订阅号、服务号和企业微信。需要注意的是，账号类型选好后，一旦成功建立账号，类型不可更改。这里选择订阅号。

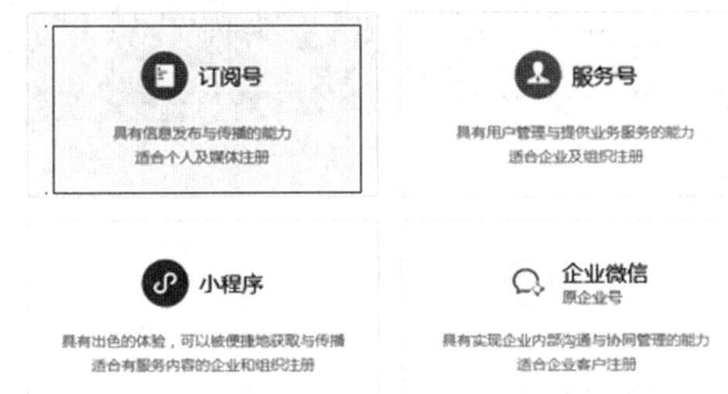

图 7-42　"订阅号"选择页面

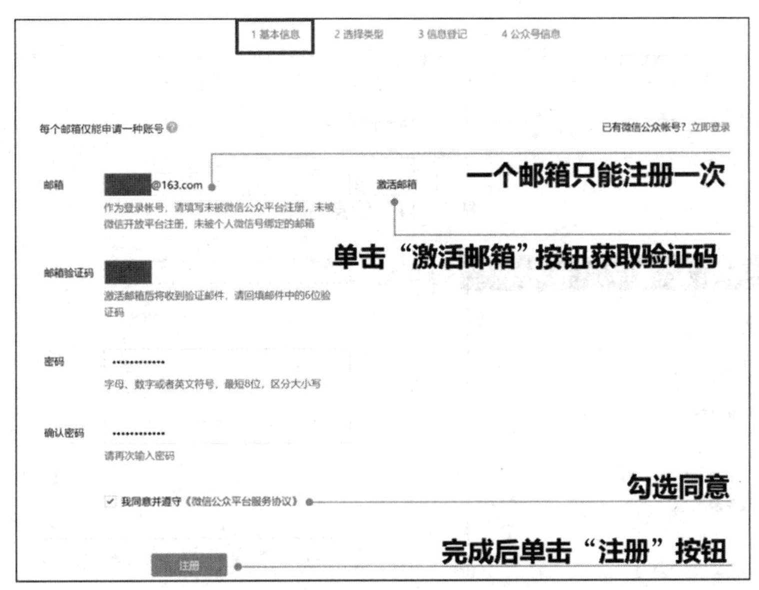

图 7-43　通过邮箱获取激活码

(3) 信息登记。

确定账号类型后就可以进行信息登记了，在填写信息前，用户需要先填写"主体类型"。各主体类型包括政府、媒体、企业、其他组织和个人，不同主体类型需要准备的材料也不同。这里选择个人，需填写运营者身份证姓名、身份证号码、手机号码和已绑定银行卡的微信账号，如图 7-44 所示。

(4) 填写公众号信息。

在填写完信息登记后，申请流程就到了最后一个环节——填写公众号信息，如图 7-45 所示。

信息提交完成后即可使用微信公众平台相关功能。

2.2　账号设置

成功申请微信公众账号后，用户就可以进一步对微信公众号进行设置了。

(1) 微信公众号名称设置。

个人类账号一个自然年内可主动修改两次名称，企业/媒体/政府/其他组织可以在微信认证过程中有一次重新提交命名的机会，因此设置公众账号名称的时候一定要谨慎。

图 7-44　信息登记

图 7-45　填写公众号信息

（2）公众号功能介绍设置。

功能介绍用于描述公众号，通过功能介绍，可以简单明了地向用户展示公众号的目的和作用等如图 7-46 所示。功能介绍长度为 4～120 个字符，每月可修改 5 次，设置与修改后需要通过审核才能显示，一般审核时间为 3 个工作日。

（3）公众号回复设置。

公众号有三种回复类型：被关注回复（用户关注公众号时弹出的欢迎界面）、关键词回复（用户发送的符合公众号自动回复规则的字词时，所触发的回复）、收到消息回复（用户发送公众号信息，未触发其他自动回复规则时的回复），如图 7-47 所示。

（4）公众号菜单设置。

公众号菜单即常说的“三横五竖”，位于公众号会话界面底部，公众号菜单的设置排版格式可分为单标题、双标题、三标题三种，菜单项可按需设定，并可为其设置响应动作。用户可以通过点击菜单项，收到设定的响应，如收取消息、跳转链接。

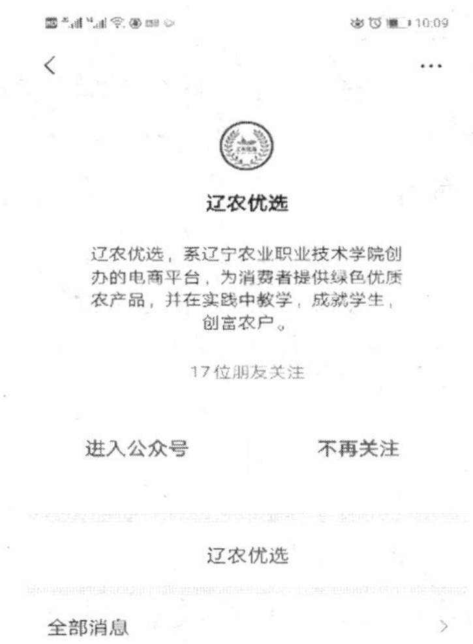

图7-46 辽农优选商城的微信公众号功能介绍

图7-47 公众号的回复类型

项目小结

网络营销的目的是借助计算机网络技术、通信技术和数字交互式媒体来实现营销目标的一种市场营销方式。网络营销的基本目的、思想与传统营销基本一致，彼此之间还有许多共性，只是在实施和操作过程中与传统营销方式的方法和手段有很大的区别。本项目的知识是学习电子商务课程的重点环节，是学好电子商务的关键。通过本项目的学习，重点应掌握以下知识点：网络营销内涵；网络营销特征；网络营销直接调研；网络营销间接调研；网络营销策略；网络营销方法。

习题与课业

简答题：

1. 什么是网络营销？如何理解网络营销的内涵？

2. 如何理解传统营销与网络营销的关系？

3. 网上市场调研常用的方法有哪些？如何有效地进行网上调查？

4. 在产品策略中主要有哪些产品适合在网上销售？为什么？

5. 你了解的网络营销方法有哪些？举例说明你认为比较有效的网络营销方法与策略。

论述题：

假设你开了一家网络商店，谈谈你如何选择合适的网络产品来销售，并如何采取合理的网络营销策略与方法推广自己的网络商店。请详细写出开网店与经营网店和推广网店的策划方案。

拓展训练

利用 QQ 博客进行自己的淘宝网店营销。

1. 请同学们针对自己网店产品，写一篇相关的（如穿着技巧、养生之道等方面）博文，博文里链接网店地址或产品说明。

2. 通过转发一些热点博客文章，链接自己的网店地址进行营销。

3. 更改 QQ 签名和更新心情宣传网店。

4. 更换自己的头像和 QQ 相册照片吸引好友驻足你的空间，在空间醒目地方加入你的网店介绍，以此达到营销目的。

项目八　企业电子商务网站建设

项目介绍

网站是指一个企业或机构在互联网上建立的站点，其目的是宣传企业形象、发布产品信息、提供商业服务等。电子商务网站是企业从事电子商务活动的基本平台，企业通过 Internet 浏览器访问有关的电子商务网站，进行信息交互，进而完成商务活动。上网建站对从事电子商务的企业来讲有利于树立企业形象、改进企业的业务流程、提高企业管理水平，能更好地为客户服务。网站建设已经成为衡量一个企业综合素质的重要标志。

本项目主要通过电子商务网站建设流程、电子商务网站规划设计、电子商务网站内容设计三个模块、四个学习任务及若干个工作子任务完成。学生通过具体的学习任务考核单，借助互联网资源和教学资源包提供的资料展开自学、模拟、实操、网上调研、讨论等，学会电子商务网站建设规划和网站建设。

项目目标

通过本项目的学习，掌握电子商务网站建设的基本流程，了解电子商务网站建设的总体规划、网站设计要点，并能制作简单的网站。掌握域名的申请步骤，掌握虚拟主机、独立主机网站发布的方法与维护技术。

项目实施

通过案例分析、网上调研、实训、小组协作等形式，教师作为组织者、指导者、共同学习者与学生共同完成本项目，并进行总结。

项目验收点

电子商务网站建设规划；域名、虚拟主机；电子商务网站发布。

引导案例

当当网—综合性网上购物商城

当当网是知名的综合性网上购物商城，从 1999 年 11 月正式开通至今，当当网已从早期的网上卖书拓展到网上卖各品类百货，包括图书音像、美妆、家居、母婴、服装和3C数码等几十个大类，其中在库图书、音像商品超过80万种，百货50余万种。目前当当网的注册用户遍及全国32个省、市、自治区和直辖市，每天有450万独立UV，每天要发出20多万个包裹；物流方面，当当网在全国11个城市设有21个仓库，共37万多平，并在21个城市提供当日达服务，在158个城市提供次日达服务，在11个城市提供夜间递服务。

在图书品类，当当网占据了线上市场份额的50%以上，不但领先市场占有率43.5%。当当网的图书订单转化率] 高达25%，远远高于行业平均的7%，这意味着每四个人浏览当当，就会产生一个订单。为了进一步吸引新顾客，当当图书还进一步实施“走出去”的开发战略，在天猫开设当当图书旗舰店，并在2012年11月上线试运营，仅仅几天后日销售额便破千万。

2014年3月5日，当当网、1号店宣布达成战略合作，双方将各自优势的商品品类进驻对方平台——当当的图书将接入1号店，1号店的食品将接入当当网。

在追求规模效益的同时，当当网也在不断优化品类，提升图书业务整体毛利率，虽然图书价格战对行业整体毛利率都有所影响，但当当的图书毛利率始终位列第一。此外当当网还在不断向出版社上游渗透，发展了OEM自有品牌定制图书。

2015年，当当还全力打造了数字阅读生态圈，构筑无线阅读产品矩阵，创建内容创意工场，通过孵化投资100个小微工作室，颠覆传出版方式，适应移动互联时代轻阅读的趋势，目标是占领正版阅读市场60%以上的份额。

除图书以外，母婴、美妆、服装、家居家纺是当当网着力发展的四大目标品类，其中当当婴童已经是中国领先线上商店，美妆则是中国排名前五的线上店。当当网还在大力发展自有品牌当当优品。在业态从网上百货商场拓展到网上购物中心的同时，当当网也在大力开放平台，目前当当平台商店数量已超过1.4万家，2012年Q3并新增2000家入驻商家，同时当当网还积极地走出去，在腾讯、天猫等平台开设旗舰店。

当当网也推动了银行网上支付服务、邮政、速递等服务行业的迅速发展。以图书为例，在为消费者服务的同时，当当网还帮助出版社提高了单本书的销量、并有效地延长了出版物的寿命。当当网不受上架周期的和顾客地域性偏好的限制，为出版社尤其是专业、学术出版社提供了窗口支持和读者，使知识的传播变得更加有效。

当当网一直致力于在企业创造利润、对股东承担法律责任的同时，还承担对员工、消费者、社区和环境的责任。企业的社会责任要求企业必须超越把利润作为唯一目标的传统理念，强调在生产过程中对人的价值的关注，强调对消费者、对环境、对社会的贡献，需开展一系列公益活动，回报社会。

思考：

当当网属于哪种类型的网站？这种类型的网站应该如何建设？

模块一　电子商务网站建设流程

学习任务单 8－1

学习情境	小米曾在某网站购物，她被该网站的页面深深吸引，该网站生意也很好，让小米很羡慕。小米想，这个网站是怎么做出来的？怎样才能拥有自己的网站？我要是建网站应该是什么样的呢？小米非常急于了解这方面的问题，对此展开了有针对性的学习。
环境需求	1. 互联网接入； 2. 计算机（每人一台）； 3. 学习任务考核单（也可到教学资源包下载电子版）。
任务描述	任务 1： 访问如下网站，并观察网站页面和功能： （1）http://www.haier.com； （2）http://www.taobao.com； （3）http://www.tmall.com； （4）http://www.jd.com； （5）http://www.suning.com； （6）http://www.vip.com； （7）http://www.renren.com； （8）http://www.17u.com； （9）http://www.ln-best.com； （10）手机运行天猫 App； （11）手机运行苏宁易购 App； （12）手机运行京东 App； （13）手机运行美团 App； （14）手机运行拼多多 App。 任务 2： 结合任务 1 就以下问题进行讨论： 问题 1：这些网站相同吗？它们之间有哪些共同点和差别？试着对它们进行归类。 问题 2：这些网站提供了哪些服务？有哪些功能模块？试按不同类型归纳其共同的功能组成。 以上任务建议 2 学时完成。
任务间歇	播放励志 MV（教学资源包提供）。
小调查	1. 平时你喜欢上哪类网站？ □新闻网　□娱乐网　□购物网　□企业网　□其他 2. 你上网的主要目的是什么？ □购物　□游戏　□交友　□看新闻　□查资料 □看电影　□学习　□其他
任务拓展	上述网站是如何实现互联网访问的？

学习任务考核单 8－1

姓名： 学号： 编号：8－1

序号	任务	分值	总结与归纳	成绩
1	网站的共同点	20 分		
2	网站的差异	20 分		
3	网站的归类	30 分		
4	不同类型网站的服务功能	30 分		
合　计				

* 请学生填写完学习任务考核单后上交。

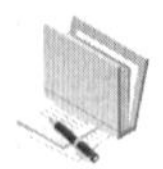

学习指南

根据受众对象的性质与特点，可以把网站分为以下几种类型。

1. 综合门户类网站

顾名思义，这类网站是以成为网民上网门户为目标的，因而，它的受众面是最广的。理论上，任何上网用户都是这类网站的对象，任何网民都可以在这类网站上找到自己需要的信息。门户类网站的访问量要远远超过其他类网站的访问量。

鉴于综合门户类网站对象的多样性，大型门户网站的内容往往多、深、全。由于门户类网站的每日访问量巨大，往往“名声在外”，不用靠花哨去吸引人，因而在页面设计上要求直观、简洁，要做到用户可以在最快的时间里链接到自己所需要的栏目。这类网站的页面设计并不要求有多复杂，但要有自己的风格，如搜狐、网易等。

2. 气氛类网站

包括以下几类：

2.1　娱乐类网站

该类网站的对象是那些上网放松心情、寻求娱乐的网民。在上网娱乐的网民中，电影、音乐发烧友和游戏迷占了大多数。这类网站非常注重页面的美观，喜欢用具有强烈刺激性的颜色来体现个性，图片较多，特别是动态技术在网页设计中广为应用，并为网页创造了活跃、动感、有趣味的气氛。这类网站一般不大，栏目设置较为简单，基本上可以一目了然，不必像综合门户类网站那样作太详细的导航，如 M1950 电影网(http://www.m1905.com/)等。

2.2　生活类网站

这类网站大部分是以产品为主的电子商务网站或是企业的商务网站，还有很多是力图营造出生活味道的网站，比如高级酒店和纺织类产品的网站。生活的气息是温暖的、安全的、幸福的，这些给人们安定的情绪以及依赖感和信赖感。女性类、男性类和儿童类网站应以其不同的受众群体而分别思考网站的气氛设计、风格设计和视觉设计，如宜家(http://www.ikea.com/cn/zh)等。

2.3 时尚类网站

时尚总是给人一种捉摸不透而又难以追逐的感觉，时尚没有固定的模式和具体的色彩，它是各种流行文化和设计理念的交汇和碰撞，是多种流行文化的代名词。时尚类网站是指网站的设计是时尚的，如瑞丽网(http://www.rayli.com.cn) 等。

2.4 文化类网站

杂志类网站、网络教育网站、艺术品投资类网站、摄影类网站都属于文化类网站的范畴。文化类网站的设计风格通常是具有较强的文化、艺术气息，突出自己的个性气质，这与该类网站定位于文学艺术爱好者是分不开的。文化类网站的功能性设计尤其重要，这类站点中主要是文字类信息，且在线阅读量很大，加强易用性会给浏览者亲切舒适的感觉。网页色彩柔和，页面干净整洁，如中国文学网(http://www.literature.org.cn)等。

2.5 社区类网站

社区类网站是指包括论坛、交友、群组讨论等形式在内的网上交流空间，同一主题的社区集中了具有共同兴趣的访问者。这类网站更加注重互动性，一般首页以登录注册和广告为主，页面设计简单，给人以轻松舒适的感觉，如人人网(http://www.renren.com/)、天际网(http://www.tianji.com/)等。

3. 商贸类网站

即狭义的电子商务网站。电子商务就是指整个事物活动和贸易活动的电子化。它通过先进的信息网络，将事务活动和贸易活动中发生关系的各方有机地联系起来，极大地方便了各种事务活动和贸易活动。它的形式多变，操作方式也不相同。商贸类网站重视效率，直接可以完成商品交易全过程。页面大气，整洁干净，图文清晰，色彩往往稳重、明快，并根据不同的商品类别和消费者定位来选取主体色彩。商贸类网站又分为 B2B、B2C、C2C 几种类型（本书已作介绍，这里不做重述），如淘宝网(http://www.taobao.com)、唯品会(http://www.vip.com)等。

4. 企业类网站

企业通过自己的站点，向世界介绍自己、发布自己的各种信息、宣传自己的产品和贸易、加强与客户的联系等。目前，大多数发达国家的企业都已经把通过互联网寻找生意伙伴、销售产品和与客户联系作为企业最主要、最常用的手段。企业类网站在诉求风格上有理性诉求、感性诉求和综合型三种，一般来说，理性诉求强调理论及逻辑性，以事实为基础及介绍性文字为主，是以产品介绍为主的网站；感性诉求则强调直觉，以价值为基础，以形象塑造为主，是以树立形象为主的网站；综合型就是兼顾上述两种诉求的情况，甚至需要建立沟通的大型信息平台。以产品为主的企业类网站可以把主打产品放置在网站的首页，如海尔集团(http://www.haier.com)等。

5. 手机应用程序类（App 与小程序）网站

随着智能手机的普及，手机已经逐渐成为互动娱乐的新中心，手机微博、微信、微视、手机游戏等应用备受追捧，使用手机购物、手机支付的消费者也逐渐增多。由于手机和计算机的硬件设备、界面及人与手机和计算机的交互方式的区别，手机应用程序在设计上与计算机有很大区别，更加注重简洁、流畅，具有趣味性、创新性等，特别是手机网站的设计要能够适应手机浏览，如 UC 浏览器、微信、京东 App、微信小程序等。

6. 新闻媒体类网站

新闻媒体类网站指传统媒体（包括报纸、电视等）的网上站点。新闻媒体建网站的目的不一，有的是为了寻求传统媒体向网络的转移，有的则只是想做传统媒体的电子版。由于目的不一，网站页面的设计风格也不尽相同。总的来说，新闻媒体类网站风格大方稳重，在严肃庄重中不乏轻快、活泼之意，如中央电视台(http://www.cctv.com)、人民日报(http://paper.people.com.cn)等。

7. 行业类网站

行业类网站指内容涉及专门行业的专业网站，它们的对象是那些本行业的从业人员以及对该行业感兴趣的人。该类网站的设计一般都要求符合本行业的特征，像医疗类、法律类、教育类、设计类等网站采用行业的象征性颜色作为设计元素等。如中国教育信息网(http://www.chinaedu.edu.cn)、中国化工网(http://china.chemnet.com)、同程一起游网(http://www.17u.cn)等。

8. 政府类网站

政府类网站指以政府为主体为进行电子政务活动而构建的网站，这种类型的网站是一种跨部门的、综合的业务应用系统。公民、企业与政府工作人员都能够快速便捷地接入所有相关政府部门的政务信息与业务应用，能够在恰当的时间获得恰当的服务。这种类型的网站是我国各级政府机关履行职能、面向社会提供服务的官方网站，不同网站在建站要求上不一。总体来说，这类网站建设风格上比较庄重，在功能上更加注重宣传性、互动性和实用性，如中国政府网(http://www.gov.cn)、辽宁国家税务局网站(http://ln-n-tax.gov.cn)、辽宁人事考试网(http://www.lnrsks.com)、民心网(http://www.mxwz.com)等。

学习任务单 8－2

学习情境	小米通过学习，了解到电子商务网站的类型之后，她更想知道这些网站是怎么做出来的。同学们和小米一起学习吧！
环境需求	1. 互联网接入； 2. 计算机（每人一台）； 3. 全班分成若干小组，5～8 人一组； 4. 学习任务考核单（也可到教学资源包下载电子版）。

<table>
<tr><td>任务描述</td><td>任务 1：
通过百度搜索“网站建设公司”，访问各专业网站建设公司的网站，选择网站建设导航，查看网站建设流程或业务流程。
任务 2：
1. 小组成员通过讨论选择一种网站类型，并搜索这类网站的建站要求及注意事项。
2. 小组讨论域名并查询：
(1) 学生上网访问 http://www.cnnic.com.cn 网站，查找域名注册机构。也可以直接访问如下网站：http://www.xinnet.com、http://wanwang.aliyun.com、http://dnspod.cloud.tencent.com、https://www.west.cn，查看各类域名价格，并对小组选定域名进行查询，核实是否已经被注册。对这些网站提供的域名及虚拟主机、云服务器信息进行对比。通过对比，每小组列出几类常用域名和虚拟主机和云服务器的价格梯度，如国际英文顶级域名的各网站年费差异，企业标准型虚拟主机的年费差异、云服务器价格差异。
(2) 小组内讨论建设网站域名，并查询验证是否被注册，通过修改最后确定未被注册的域名，登入免费阿里云 https://free.aliyun.com，申请免费的 1～6 个月的域名和空间；也可申请华为免费云主机 https://activity.huaweicloud.com/free_test/，试用 7 天。
(3) 如果上述免费云取消，小组可以集资购买便宜的域名和空间，费用为 60～100 元，作为学习使用。
任务 3：
到教学资源包中下载 IIS 安装包和电子商务网站源码案例包，安装 IIS 并配置 Web 服务器，先在本地体验网站发布过程。
以上任务建议 2～4 学时完成。</td></tr>
<tr><td>任务间歇</td><td>播放励志 MV（教学资源包提供）。</td></tr>
<tr><td>小调查</td><td>1. 你会设计网站或网页吗？
□会　　□不会
2. 如果会设计，你用什么工具设计网站？
□Frontpage □Dreamweaver □ASP □Asp.net
□PHP □Java □CGI</td></tr>
<tr><td>任务拓展</td><td>1. PHP 和 .net 网站是怎样发布的？
2. 发布站点只能用 IIS 吗？</td></tr>
</table>

学习任务考核单 8-2

姓名：　　　　　　　　　　　　学号：　　　　　　　　　　　　编号：8-2

序号	任务	分值	总结与归纳	成绩
1	网站建设流程	15 分		
2	选择的网站类型及建站要求	20 分		
3	提供域名注册公司的网址	10 分		
4	推荐小组域名，确定小组域名	20 分		
5	域名注册流程	15 分		
6	IIS 安装与 Web 配置	20 分		
合　计				

* 请学生填写完学习任务考核单后上交。

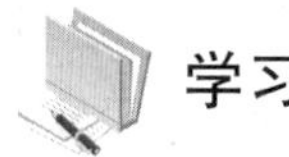

学习指南

1. 企业电子商务网站类型的选择

网站类型的选择很关键，一般要根据企业项目的目标、特点或企业的产品（服务）的特点和形式结合自身资源优势以及企业实力确定网站类型。如一个生产企业一般有两种网站类型供选择：一类是以宣传功能为主的单一功能的企业网站，这类网站有产品展示，而没有购买功能；另一类是完整的具有购买功能的企业网站。前者比较简单，花费较小；后者比较复杂，花费较大，运营较难。对于商贸类企业而言，选择创建批发类的商务网站还是零售型的商务网站，两者是有区别的。

2. 网站的命名

给自己网站取个好名字非常重要。好的名字不仅能吸引人，还能体现企业的产品和理念，如淘宝网、阿里巴巴网等。

小提示

网站命名时应考虑的因素

（1）选用企业自己的商标和名称，如海尔。
（2）选择简单和易记、易用的名字，如易趣网、淘宝网。
（3）选择行业名，如中国化工网、中国化妆品网等。

3. 注册域名

3.1 域名的含义

域名是指互联网上的一个企业或机构的名字。它是企业的网络商标，因为国际域名具有全球唯一性，因此它的价值要高于企业传统的名字或商标。从技术上讲，域名是互联网中用于解决地址对应问题的一种方法。一个企业如果想在互联网上出现，只有通过注册域名，才能在互联网络里确立自己的一席之地。好的域名与企业形象相辅相成，相互辉映，域名的重要性和价值已经被全世界的企业所认识，现在每 30 秒钟就会有一个域名被注册成功。中国互联网络信息中心（CNNIC）是我国域名注册管理机构和域名根服务器运行机构。国内域名和国际域名在互联网的使用上是没有本质区别的。注册域名时，用户向指定的域名注册服务机构提交域名申请表和有关证件等，由代理机构替用户进行域名注册的工作即可。

3.2 注册域名的作用

要想在网上建立服务器发布信息，企业必须首先注册自己的域名，只有有了自己的域名，才能让别人访问自己的网站。所以，域名注册是在互联网上建立任何服务的基础，同时，由于域名的唯一性，企业尽早注册自己的域名是十分必要的。

知识链接

注册一个什么样的域名好

既然域名被视为企业的网上商标，那么，注册一个好的域名至关重要。一个好的域名在选择的时候要遵循以下两个原则：

一是力求简短，便于记忆，如 www. sohu. com。

二是与自己的行业（产品）相关，具体如下：

（1）单位名称的中英文缩写，如 www. haier. com；

（2）企业的产品注册商标；

（3）与企业广告语一致的中英文内容，但注意不能超过 20 个字符；

（4）比较有趣的名字，如 hello，360，u88，yes 等。

3.3　注册域名的流程

（1）选择服务商，登录其网站。

（2）注册为该网站会员。

（3）会员登录，选择域名注册模块。

（4）查找域名，确定该域名未被注册，否则进行修改。

（5）进入注册页面，填写信息并提交。

（6）支付注册费。

（7）等待开通。

小提示

域名的自我保护

（1）要有域名保护的整体方案，包括不同机构的注册和相似域名的一并注册；

（2）要有域名的长期保护方式，域名的保护是一个长期的动态过程，要根据环境的变化而调整自己域名的保护方式，要善于利用法律手段；

（3）域名申请成功后，不代表取得了该域名的永久使用权，在租期届满后，如果不续费租用，域名就可能被他人注册。

4. 选择主机

当然，光有域名还远远不够。就像注册了一个名字响亮的公司，但还无法立即开展业务，因为必须要有办公场地。与此类似，拥有了网上招牌之后，还必须有网上的经营场地——服务器空间。解决服务器空间的方式主要有以下几种。

（1）虚拟主机，即通常所谓的租用 ISP 硬盘空间。ISP 把一台运行在互联网上的服务器划分成多个具有一定大小的硬盘空间，每个空间都给予相应的 FTP 权限和 Web 访问权限，用于网站发布。虚拟主机之间完全独立，每台虚拟主机配备有专业的技术支持工程师，用户基本上不需要管理和维护自己的主机，在外界看来，每一台虚拟主机和一台独立的主机完全一样。由于多台虚拟主机共享一台真实主机，虚拟主机的费用较主机托管费用低很多，但是每个虚拟主机用户享受的服务器资源和各项服务、支持将受到限制。

采用虚拟主机方式建立电子商务网站具有投资小、建立速度快、安全可靠、无须软硬件配置及投资、无须技术支持等特点。虚拟主机比较适用于中小型企业。

(2) 主机(服务器)托管与租用。如果企业的网站需要主机提供更多的服务，或对登录网站的速度有更高的要求，那么企业自行购买 Web 服务器后，可以将自己的服务器托管在 ISP 的机房里，或者直接租用 ISP 机房服务器，如图 8－1 所示。目前很多 ISP 都提供主机租用，以此实现其与互联网的连接，用户不必自行申请专线接入互联网，或不必单独购买服务器，但用户最终可以掌握主机的产权。通过这种方式企业可以在自己的主机上安装、配置需要的各项服务，并且可以享有较高的接入带宽，但是需要技术人员为主机的硬件环境和软件环境进行常年的远程维护，因此这种方案比较适用于有较强的计算机技术力量的大型企业。

图 8－1 主机(服务器)托管与租用

(3) 云主机(云服务器)。云主机是一种采用类似虚拟主机的虚拟化技术，在一组集群主机上虚拟出多个类似独立主机的部分。云主机是新一代的主机租用服务，这种服务的优势在于客户不必自行购买服务器，使用多少资源支付多少费用，无后期维护费用，具有较高的安全稳定性、可拓展性。

知识链接

ISP、ICP、IAP 与 ASP

一般认为，ISP 可以分解为 ICP 和 IAP。ICP (Internet Content Provider) 是互联网内容提供商，为客户提供各种网上信息服务，如网络新闻、搜索引擎、网页制作、电子商务等。IAP (Internet Access Provider) 是互联网接入提供商，专门为用户提供上网服务。

在北美和欧洲，一般不强调 ICP 和 IAP，那里的服务商一般都能为客户提供完整的 ISP 服务。但在我国，由于受基础设施建设等因素的影响，仅有中国电信下属的分支机构等少数服务商能够提供快捷的接入服务（IAP）。许多著名的网站，例如新浪、搜狐、网易等都只能算是 ICP。

ASP（Application Service Provider）是互联网应用服务提供商，指企事业单位将各种应用软件或应用系统安装在数据中心或服务器群上，通过网络将其功能或基于这些功能的服务以有偿的方式提供给使用者，并由 ASP 运营商负责管理、维护和更新。

（4）独立主机（服务器）。独立主机（服务器）指用户的服务器从 Internet 接入到维护管理完全由自己操作。企业自己建立服务器主要考虑的内容有硬件、系统平台、接入方式、防火墙、数据库、人员配备等。

1）独立服务器的硬件构成：路由器、交换机、服务器、客户机、不间断电源、空调、除湿机。

2）独立服务器的操作系统：Windows2003、Windows2008、UNIX、NetWare、Linux。

3）服务器和数据库的选择：企业可根据需求购买、配置服务器。服务器有不同厂商的不同品牌，有 PC Server，也有企业级的服务器，主要根据用户的业务需求、数据量和访问人数来确定。如果企业打算在网站上使用数据库，那么选用一种合适的数据库是十分重要的。当数据量不大时，可以考虑使用微软的 Access 数据库，当数据量达到一定程度时，需要安装专用数据库，如 SQL Server，Mysql 等，更大需求则可以采用 Oracle。

服务器的访问速度由哪些因素决定

小提示

几种服务器成本投入比较

从价格角度看，虚拟主机最为经济，每月只需支付几百元甚至几十元的服务费，采取远程登录的方式就可以实现对站点的维护和更改，而且速度与浏览互联网中的其他网站没有区别。服务器托管与租用的价格介于虚拟主机和独立主机之间，一般每月需几百元到几千元不等。云主机的价格与租用空间大小有关，一般每年为几百元到几千元不等。独立主机根据服务器及其他设备性能加上专线接入费用，一般需几十万元到上百万元。

5. 网站规划与设计

5.1　网站内容规划

（1）根据网站的目的和功能规划网站内容，一般企业网站应包括公司简介、产品介绍、服务内容、价格信息、联系方式、网上订单等基本内容。

（2）电子商务类网站要提供会员注册、详细的商品服务信息、信息搜索查询、订单确认、付款、个人信息保密措施、相关帮助等。

（3）如果网站栏目比较多，则考虑采用由网站编程人员负责相关内容。网站内容是网站吸引浏览者最重要的因素，无内容或信息不实用不会吸引匆匆浏览的访客。企业可事先对人们希望阅读的信息进行调查，并在网站发布后调查人们对网站内容的满意度，及时调整网站内容。

5.2 网站设计

有技术条件的企业采取独立设计，无技术条件的企业一般采取外包的方式请专业公司来设计。要求如下：

（1）网页美术设计一般要与企业整体形象一致，要符合企业识别系统规范。要注意网页色彩、图片的应用及版面规划，保持网页的整体一致性。

小提示

CI是英语Corporate Identity的缩写，可直译为“企业特征”或“企业身份”等，简称为“企业识别系统”。CI是树立企业形象的系统工程，其基本构成要素包括企业经营理念宗旨、行为活动规范、视觉传达设计，可分别简称为理念识别（Mind Identity，简写为MI）、行为识别（Behaviour Identity，简写为BI）、视觉识别（Visual Identity，简写为VI）。

（2）在新技术的采用上，企业要考虑主要目标访问群体的分布地域、年龄阶层、网络速度、阅读习惯等。

（3）制订网页改版计划，如每隔半年或一年的时间进行较大规模改版等。

6. 网站上传与维护

（1）利用FTP客户端软件将设计好的网站整站上传至服务器空间。

（2）服务器及相关软硬件的维护。对可能出现的问题进行评估，制定反应时间。

（3）数据库维护。有效地利用数据是网站维护的重要内容，因此数据库的维护要受到重视。

（4）内容的更新、调整等。

（5）网站备案。

7. 网站测试

网站发布前要进行细致周密的测试，以保证正常浏览和使用。主要测试内容包括：

（1）服务器的稳定性（压力测试）、安全性测试；

（2）程序及数据库测试；

（3）网页兼容性测试，如浏览器、显示器等；

（4）根据需要的其他测试。

8. 网站发布与推广

（1）网站测试后进行发布的公关、广告活动；

(2) 搜索引擎登记等。

行动指南

1. 域名注册与虚拟主机购买实操

1.1　实践准备

小组申请一个电子邮箱，小组共同集资100元，存入组长支付宝或微信账户。

1.2　工作程序

(1) 学生上网访问www.cnnic.com.cn网站，查找域名注册机构，或者百度搜索本地提供域名服务的公司网站查看各类域名费用，同时查找虚拟主机和主机租用情况等相关信息，对这些网站提供的信息进行对比。通过对比，小组讨论确定选择注册域名的网站。

(2) 进入小组选择的域名注册网站，注册为该网站会员并登录，找到域名注册模块并点击进入，填入小组确定的域名进行查询，以在新网注册为例，如图8-2所示。若小组确定的域名没被注册，则点击立即购买。

图8-2　新网域名查询

(3) 点击购买后，弹出确认域名注册信息页，需逐项填写后提交，如图8-3所示。提交后会弹出购买订单，确认订单并进行网银支付，如图8-4所示，完成购买。

(4) 点击“我的产品”，会显示刚才购买的域名信息，如图8-5所示。点击提交材料，提交个人身份证扫描件，并填入身份证号，如果是以公司名义购买还需要提交企业法人机构代码或企业营业执照副本扫描件，如图8-6所示。

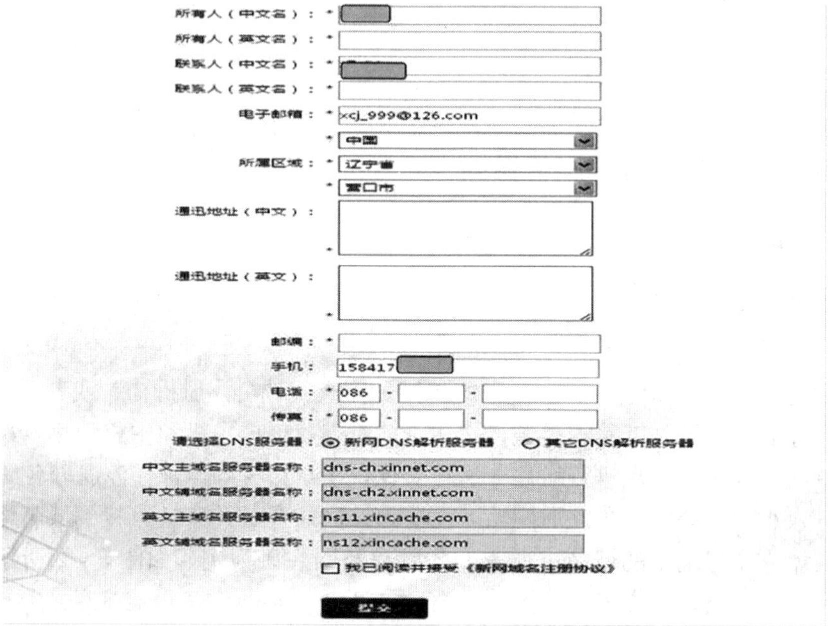

所有人（中文名）：*
所有人（英文名）：*
联系人（中文名）：*
联系人（英文名）：*
电子邮箱：* xcj_999@126.com
* 中国
所属区域：* 辽宁省
* 营口市
通讯地址（中文）：*
通讯地址（英文）：*
邮编：*
手机：158417
电话：* 086 - -
传真：* 086 - -
请选择DNS服务器：◉ 新网DNS解析服务器 ○ 其它DNS解析服务器
中文主域名服务器名称：dns-ch.xinnet.com
中文辅域名服务器名称：dns-ch2.xinnet.com
英文主域名服务器名称：ns11.xincache.com
英文辅域名服务器名称：ns12.xincache.com
☐ 我已阅读并接受《新网域名注册协议》
提交

图 8-3 填写域名注册信息

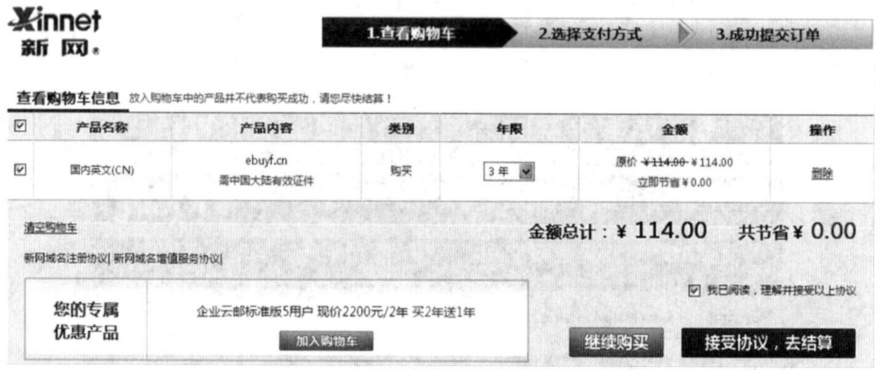

图 8-4 购买域名

图 8-5 域名管理

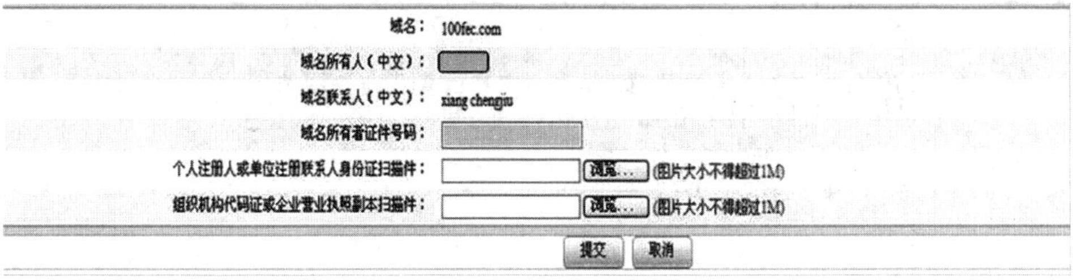

域名：100fec.com
域名所有人（中文）：
域名联系人（中文）：xiang chengjiu
域名所有者证件号码：
个人注册人或单位注册联系人身份证扫描件：浏览…（图片大小不得超过1M）
组织机构代码证或企业营业执照副本扫描件：浏览…（图片大小不得超过1M）
提交　取消

图 8-6　提交材料

2. 独立主机网站发布操作指南

到教学资源光盘中下载 IIS 安装包和电子商务网站源码案例包，具体程序如下所述。

（1）启动 Win2003/WinXP 系统，解压缩 IIS 安装包到本地磁盘，然后进入系统控制面板，选择“添加/删除程序”，打开程序界面后选择“添加/删除 Windows 组件”，将 Internet 信息服务 IIS 项勾选，点击“下一步”，安装过程会提示选择目录，选择 IIS 安装包解压缩后的目录，一直点击“下一步”直到完成。

（2）解压缩电子商务网站源码案例包到 D 盘下，保持原目录。

（3）进入系统控制面板，选择“管理工具”打开，再选择“Internet 信息服务项”，进入“配置程序”，点开网站项找到“默认站点”，右键选择“建立虚拟目录”，填入别名如“shop”，修改主目录中的本地路径，将其设置为电子商务网站源码案例包解压缩所在目录，点击“下一步”完成。

（4）打开 IE，在地址栏中输入本机 IP 地址+/“别名”，如 192.168.1.18/shop/，看能否显示主页。ASP 网站一般需要添加文档 index.asp 或 default.asp。在默认站点“属性”中的“文档”选项添加。

模块二　电子商务网站规划设计

学习任务单 8-3

任务情境	小米了解到现在很多人通过网上开店赚到了钱，网上有卖服装的、卖化妆品的、卖饰品的……只有想不到，没有买不到。但这些人是怎么选择的产品呢？他们又是怎么规划和设计自己需要的网站呢？对此，小米展开了学习。
环境需求	1. 互联网接入； 2. 计算机（每人一台）； 3. 全班分成若干小组，3～5 人一组； 4. 学习任务考核单（也可到教学资源包下载电子版）。

<table>
<tr><td>任务描述</td><td>任务 1：
访问如下网站，考察其销售情况，再自己查找一些网站，每个小组确定一个网上商品销售项目，并利用网络进行市场调研和可行性分析。
（1）http://www.vip.com；
（2）http://www.moonbasa.com；
（3）http://www.hecha.cn/；
（4）http:// www.junpin.com；
（5）http://www.vancl.com；
（6）http://www.jd.com；
（7）http://www.ln-best.com。
任务 2：
在网上搜索至少两个不同版本的电子商务网站建设规划书，考察一般的电子商务网站建设规划都包括哪些方面的内容。
任务 3：
讨论本组电子商务网站的设计方案，根据任务 1 和任务 2 撰写本组电子商务网站建设规划书。
任务 4：
根据本组电子商务网站建设规划书的内容，如果选择独立主机，需要购买哪些设备，列出设备清单。并访问中关村在线或太平洋电脑，查找各类设备的配置、性能、价格参数。根据需求选择合适的硬件，并估算方案费用。
任务 5：
（1）利用搜索引擎查找提供网站设计服务的服务商网站；
（2）访问提供网站设计服务的服务商网站，比较各类网站建设费用；
（3）利用该网站在线客户服务系统，通过在线交流了解建站费用。
以上任务建议 2～4 学时完成。</td></tr>
<tr><td>课堂讨论</td><td>每组做一个有关网站项目建设的 PPT，进行演讲讨论。</td></tr>
<tr><td>任务拓展</td><td>现实中哪些产品适合在网上销售？哪些不适合？为什么？</td></tr>
</table>

学习任务考核单 8-3

组名：　　　　　　　　　　　　　　　　　　　　　　编号：8-3

<table>
<tr><td colspan="5">组长及职责：</td></tr>
<tr><td colspan="5">组员及职责：</td></tr>
<tr><td colspan="5">口号：</td></tr>
<tr><td colspan="5">网站名：</td></tr>
<tr><td>序号</td><td>任务</td><td>分值</td><td>总结与归纳</td><td>成绩</td></tr>
<tr><td>1</td><td>项目选择</td><td>20 分</td><td></td><td></td></tr>
<tr><td>2</td><td>网站建设的规划书（包括哪些方面的内容）</td><td>10 分</td><td></td><td></td></tr>
<tr><td>3</td><td>网站建设计划书</td><td>30 分</td><td></td><td></td></tr>
<tr><td>4</td><td>设备预算</td><td>20 分</td><td></td><td></td></tr>
<tr><td>5</td><td>网站建设预算</td><td>10 分</td><td></td><td></td></tr>
<tr><td>6</td><td>小组答辩</td><td>10 分</td><td></td><td></td></tr>
<tr><td colspan="4">合　计</td><td></td></tr>
</table>

* 请学生填写完学习任务考核单后上交。

学习指南

网站规划是指在网站建设前对市场进行分析、确定网站的目的和功能，并根据需要对网站建设中的技术、内容、费用、测试、维护等做出规划。网站规划对网站建设起计划和指导的作用，对网站的内容和维护起定位作用。

一个网站的成功与否与建站前的网站规划有着极为重要的关系。在建立网站前应明确建设网站的目的，确定网站的功能、网站规模、投入费用，进行必要的市场分析、可行性分析等。只有详细的规划，才能避免在网站建设中出现很多问题，使网站建设顺利进行。

1. 电子商务网站规划与设计原则

无论是电子商务网站还是其他类型网站的成功，都取决于网站所具备的基本功能。例如，成功的商业站点，必须能够把站点的业务需求、互联网技术以及网站的美术设计很好地集成在一起，因此，一个电子商务网站的建立，既需要有懂得互联网技术的应用程序开发人员，也需要有公司的业务人员和专业美工的参与，离开任何一方，网站的建设都无从谈起。规划与设计一个成功的网站，至少应遵循以下几条基本原则。

1.1　明确建立网站的目标和用户需求

网站是在互联网上宣传和反映企业形象及文化的重要窗口，如果建站目标不明确，就算建立一个网站，发几张页面内容，也不会成为一个有生命力的网站。因此，首先必须明确设计网站的目标，尤其对于电子商务网站，明确自己建立网站的目的，将有助于做出切实可行的网站建设计划。其次网站用户需求分析是非常关键的一个环节，只有明确谁是网站的用户和潜在用户，用户真正的需求是什么、兴趣何在，才能做到有的放矢。只有让网站吸引目标用户并用网站所提供的信息留住他们，网站才可能取得成功。

1.2　总体设计方案主题鲜明

在目标明确的基础上，完成网站的构思创意即总体设计方案，对网站的整体风格和特色进行定位，规划网站的组织结构。充分利用一切手段表现网站的个性和情趣，办出网站特色。要做到主题鲜明突出，力求简洁，要点明确，以简单、朴实的语言和画面体现站点的主题，吸引对本站点有需求的人的视线。

1.3　安全快速访问

我们知道，网页的传送速度是网站能否留住访问者的关键因素。如果 20～30 秒还不能打开一个网页，一般人就会没有耐心。快速访问的首要前提是有足够的带宽。其次尽可能保证页面简单而明确，以确保页面传送的速度。

1.4　及时更新网站内容

网站信息必须经常更新。随着网站建设的发展，人们越来越清楚地认识到，一个漂亮的网站主页只能暂时吸引人们的注意，只有网站内容不断更新才能长期吸引浏览者。因此，一个好的企业网站必须随着企业情况的变化进行调整，给人常新的感觉，网站才会更加吸引浏览者。而且，在给访问者良好印象的同时，信息的及时更新便于客户和合作伙伴及时地了解企业的详细情况，企业也可以及时得到相应的反馈信息。

1.5 “三次单击”原则

网站设计中有一个非常著名的原则——“三次单击”，即访问者通过三次单击就可以找到相关信息。很多有价值的信息会因为网站结构层次太深或结构设计不合理，而被埋没在层层链接之后，很少有访问者有足够的耐心去找到它们，通常，访问者会在三次单击之后放弃。因此，即使访问者三次单击所找到的信息是不完全的，至少也要让他知道在三次单击内没有偏离正确的路径。

1.6 网站的信息交互能力

网站的交互性是网站成功的关键。企业要想让自己的网站富有吸引力，必须做到让访问者或业务伙伴参与进来，树立网站的交互性，推出实用的网上服务措施。

2. 电子商务网站规划工作内容

2.1 建设网站前的市场分析

（1）调查相关行业的市场总体情况、市场有什么样的特点、是否能够在互联网上开展公司业务。

（2）市场主要竞争者分析，分析竞争对手上网情况及其网站规划、功能作用。

（3）公司自身条件分析，分析公司概况、市场优势、建设网站的能力（费用、技术、人力等）、可以利用网站提升哪些竞争力。

2.2 网站建设的可行性分析

可行性是指在当前的情况下，电子商务网站建设工作是否已经具备条件、是否合理和必要。电子商务网站的可行性分析通常可从以下三个方面进行：技术可行性分析、经济可行性分析和管理可行性分析，建设电子商务网站前的可行性分析可以保证网站为企业获得更大的经济和社会效益。

2.2.1 技术可行性分析

技术可行性分析指构建与运行电子商务网站所必需的软硬件和相关技术，即在现有的资源条件下，能否实现系统的目标和要求，以及所需要的资源是否具备、能否得到。这里的资源包括已有的或可以获得的硬件、软件资源、现有人员的技术水平与已有的工作基础。

（1）分析已经确定的商务网站在当前的技术水平下能否实现。

当前的技术水平指的是已经成熟的技术或已经验证了的技术，应有足够的安全保障，而不是正处于试验和研究阶段的没有把握的技术。

（2）确定电子商务网站建设所需技术条件。

确定能否具备或能否得到所需要的资源，包括软件、硬件和人力资源等方面，其中人力资源最为重要和关键。

2.2.2 经济可行性分析

经济可行性分析指构建与运行电子商务网站的投入产出效益分析，即要估计项目的建设成本和效益，分析项目的投资回报率（Return On Investment，ROI），确定项目在经济上是否合算。电子商务网站建设需要人、财、物的投入，如果不能提供建设、开发的费用，那么该项目就无法开展。有了资金只是为电子商务网站开发提供必要的保证，更重要的是项目的实施能否提高企业的竞争力，为企业创造利润，因为这是企业开展电子商务活动的目标，不产生效益的电子商务系统根本没有建设的必要。经济可行性分析要解决两个问题：资金可得性和经济合理性。

（1）资金可得性。

先要估计建设成本，计算项目的投资总额。电子商务运营很复杂，成本构成要素很多，但总体上可分为两大部分：初始投资与管理、运营成本。

1）初始投资与管理。

第一，硬件设施：主要是服务器、路由器、交换机、互联网接入设备、防火墙等，如果采用虚拟主机或主机托管与租用，则可不需要这些设备，但需要业务工作室、客户电脑及办公设备。

第二，网站开发费用：无论是自行开发还是外包都需要网站开发的相关费用，根据网站的复杂程度，网站开发费用是不同的。

第三，咨询服务：企业从最初的战略规划开始，需要对原有公司的体制进行分析，这可能需要专业的管理咨询公司参加。另外，电子商务的发展面临着大量的法律问题，通常企业都要聘请法律顾问进行法律咨询和其他法律服务。

2）运营成本。

运营成本包括员工聘任与培训、工资与管理费用、系统的日常维护费用等。系统的维护是一项长期的任务，需要消耗一定的物品和资金，包括系统维护（软件、硬件、通信）、人员费用、易耗品等方面。

（2）经济合理性。

要说明经济合理性，就需计算电子商务运营给企业带来的效益。但效益不像成本评估那么简单，因为这里面既包含直接的经济效益，也包含间接的经济效益。直接的经济效益通常以系统投入运营后一定时间内给企业带来的利润来计算，可以量化，比较容易。而间接经济效益却是隐形的，但它对企业的影响是长远的、战略性的，分析起来比较困难。

2.2.3　管理可行性分析

管理可行性分析指保证网站建设中所需要的人力资源可行性分析。电子商务网站从建站开始到运营维护阶段都有不同的人才需求，因此需要对人员进行分析和配置。具体来说，网站的建设及运营维护需要高级管理人员、技术支持人员、普通运营人员等类型的人才。

2.3　建设网站的目的及功能定位

（1）为什么要建立网站。目的是宣传产品，开展电子商务，还是建立行业性网站；是企业的需要还是市场开拓的延伸。

（2）整合公司资源，确定网站功能。根据公司的需要和计划，确定网站的功能，主要分为产品宣传型、网上营销型、客户服务型和电子商务型等。

（3）根据网站功能，确定网站应达到的目的和作用。

（4）企业内部网的建设情况和网站的可扩展性。

2.4 网站技术解决方案

根据网站的功能确定网站技术解决方案。

（1）是采用自建服务器，还是租用虚拟主机。

（2）选择操作系统，是用 Unix、Linux，还是用 Windows NT 等，分析投入成本、功能、开发、稳定性和安全性等。

（3）是采用系统性的解决方案如 IBM、HP 等公司提供的企业上网方案、电子商务解决方案，还是自己开发。

（4）网站安全性措施，包括防黑客、防病毒方案。

（5）相关程序开发，如网页程序 ASP、Java、PHP、数据库程序等。

2.5 网站内容规划

（1）根据网站的目的和功能规划网站内容，一般企业网站应包括公司简介、产品介绍、服务内容、价格信息、联系方式、网上订单等基本内容。

（2）电子商务类网站要提供会员注册、详细的商品服务信息、信息搜索查询、订单确认、付款、个人信息保密措施、相关帮助等。

（3）如果网站栏目比较多，则考虑采用由网站编程人员负责相关内容。网站内容是网站吸引浏览者最重要的因素，无内容或信息不实用不会吸引匆匆浏览的访客。企业可事先对人们希望阅读的信息进行调查，并在网站发布后调查人们对网站内容的满意度，以及时调整网站内容。

2.6 网站设计

（1）网页美术设计一般要与企业整体形象一致，要符合企业识别系统规范。要注意网页色彩、图片的应用及版面规划，保持网页的整体一致性。

（2）在新技术的采用上，企业要考虑主要目标访问群体的分布地域、年龄阶层、网络速度、阅读习惯等。

（3）制订网页改版计划，如每隔半年或一年的时间进行较大规模改版等。

2.7 费用预算

（1）企业建站费用的初步预算。一般根据企业的规模、建站的目的、上级的批准而定。

（2）由专业建站公司提供详细的功能描述及报价，企业进行性价比研究。

（3）网站的建站价格从几千元到十几万元不等。如果排除模板式自助建站（通常认为企业的网站无论大小，必须有排他性，如果千篇一律，对企业形象的影响极大）和牟取暴利的因素，网站建设的费用一般与功能要求是成正比的。

2.8 网站维护

（1）服务器及相关软硬件的维护。对可能出现的问题进行评估，确定反应时间。

（2）数据库维护。有效地利用数据是网站维护的重要内容，因此数据库的维护要受到重视。

（3）内容的更新、调整等。

（4）制定相关网站维护的规定，将网站维护制度化、规范化。

（5）网站的安全性维护，防止黑客入侵、病毒感染。

动态信息的维护通常由企业安排相应人员进行在线的更新管理；静态信息的维护可由企业请专业公司进行维护。

2.9　网站测试

网站发布前要进行细致周密的测试，以保证网站的正常浏览和使用。主要测试内容包括：

（1）文字、图片是否有错误；

（2）程序及数据库测试；

（3）链接是否有错误；

（4）网页对浏览器、操作系统、显示器等的兼容性测试；

（5）服务器的稳定性和安全性；

（6）网站的负载和故障恢复能力测试。

2.10　网站发布与推广

网站发布与推广的有关内容将在项目九中详细介绍，这里不再赘述。

以上为网站规划中的主要内容，根据不同的需求和建站目的，内容会有所增加或减少。企业在建设网站之初一定要进行细致的规划，才能达到预期建站目的。

小提示

根据信息产业部的规定，所有网站都需要办理ICP备案，所以在购买虚拟主机后要登录信息产业部备案网站 http://www.miibeian.gov.cn 备案，否则会有被查封的风险。

模块三　电子商务网站内容设计

学习任务单 8-4

学习情境	小米和同学们通过市场调研，确定了自己网上开店经营的产品，对项目进行了可行性分析，对网站进行了总体规划，明确了思路，可是小米通过访问一些优秀的电子商务网站得知，一个好的网站应该有自己的特色，那么如何才能设计出一个适用、有特色的网站呢？对此，小米和同学们展开了学习。
环境需求	1. 互联网接入； 2. 计算机（每人一台），Frontpage 2003 或 Dreamweaver 软件； 3. Web 服务器、FTP 服务器； 4. 资源包提供多款三合一（PC端、WAP、微信）商城源码； 5. 全班分成若干小组，每组3～5人； 6. 学习任务考核单（也可到教学资源包下载电子版）。

<table>
<tr><td>任务描述</td><td>任务 1：
访问凡客诚品、蘑菇街、京东商城等网站了解其网站布局、色彩搭配、功能等 。
任务 2：
利用 Frontpage 或 Dreamweaver 设计一个静态的、简单的电子商务网站（包括前台基本内容）。
任务 3：
利用 ASP 或其他程序设计一个动态的商务网站，或下载教学资源包里的源代码修改一个动态的商务网站（自选）。
任务 4：
访问：模版堂 http://www.ecmoban.com 或 A5 源码站 http://down.admin5.com，查找移动商城源码，下载体验，需要自己搭建环境如 PHP 环境。
任务 5（学有余力的学生参考）：
资源包下载多合一商城源码，自己搭建平台环境，测试移动商城，下载移动商城和微信商城源码，测试 WAP 和微信商城。
以上任务建议 4～6 学时＋课余时间完成，完成后每组上传网站并展示、讲解、评分。</td></tr>
<tr><td>任务间歇</td><td>播放励志 MV（教学资源包提供）。</td></tr>
<tr><td>讨论</td><td>静态网站与动态网站有什么区别?</td></tr>
<tr><td>小调查</td><td>1. 你会绘画吗?
□会　□一般　□不会
2. 你喜欢什么颜色?
□绿色　□黄色　□红色　□黑色　□淘宝色
3. 你喜欢什么色调?
□暖色调　□冷色调</td></tr>
<tr><td>任务拓展</td><td>现在电子商务网站以哪种语言类型居多？你喜欢哪类网站?</td></tr>
</table>

学习任务考核单 8-4

组名：　　　　　　　　　　　　编号：8-4

<table>
<tr><td colspan="5">组长及职责：</td></tr>
<tr><td colspan="5">组员及职责：</td></tr>
<tr><td colspan="5">网站名称：</td></tr>
<tr><td>序号</td><td>任务</td><td>分值</td><td>评价</td><td>成绩</td></tr>
<tr><td>1</td><td>网站目录</td><td>30 分</td><td></td><td></td></tr>
<tr><td>2</td><td>网站布局</td><td>20 分</td><td></td><td></td></tr>
<tr><td>3</td><td>网站色彩搭配</td><td>10 分</td><td></td><td></td></tr>
<tr><td>4</td><td>网站内容</td><td>20 分</td><td></td><td></td></tr>
<tr><td>5</td><td>网站功能</td><td>20 分</td><td></td><td></td></tr>
<tr><td colspan="4">合　　计</td><td></td></tr>
</table>

* 请学生填写完学习任务考核单后上交。

学习指南

1. 电子商务网站内容设计原则

企业商务网站作为互联网上展示企业形象、企业文化，进行电子商务活动的信息空间，其内容的设计是一项重点，它能直接地影响到一个网站受欢迎的程度。所以在内容设计过程中应该遵循以下基本原则。

1.1　提供新颖、精辟、专业的信息内容

企业建立网站的目的是提供一定的内容，吸引用户，创造收益。用户通过访问网站，寻找自己感兴趣的信息内容，进行电子商务活动，为企业带来利润。因此，企业想要提高其电子商务网站的被访问率，增加企业的效益，就必须先在信息内容上多下功夫。信息内容要新颖、精辟、专业、有特色。内容设计要有组织性，形式与内容要和谐统一，同时信息内容要及时更新。只有内容不断地更新，才能长期吸引浏览者。每次更新的网页内容要尽量在主页中提示给浏览者。

1.2　注意网站的运行速度

很多人在网站设计的过程中，过多地使用各种网页设计技巧，而忽视了网站运行速度的问题，因此必须考虑用户得到他们所需要信息花费的时间。太长的下载时间和缓慢的Web查询只能令客户望而生畏，他们将中断访问或不再访问你的站点。市场专家估计，一个站点一般需要5次访问才能留住一位客户。因此，在设计与组织页面内容时，我们应该注意如下一些问题。

1.2.1　避免使用太大的图片

在页面中尽量避免使用体积太大的图片，如果必须使用，可事先在图形优化软件中进行分割、优化，然后在页面中使用。还可以使用压缩文件，在尽量保证图片质量的前提下，获得体积最小的图片。

1.2.2　不要滥用尖端技术

网站建设的新技术层出不穷，如Flash动画。在页面中要慎重使用尖端技术，因为用户永远是为信息而上网的，毫无节制地在客户面前卖弄新的视觉技术，其效果只能适得其反。因为这样不仅分散用户的注意力，还会增加网页的下载时间。

1.3　便于客户访问和购买

1.3.1　完善的检索和信息的交互能力

对于一个电子商务网站来说，合理地组织自己要发布的信息内容，以便让消费者能够快速、准确地检索到要查找的信息是其内容组织成功的关键。当用户进入一个网站后，如果不能迅速地找到自己要找的内容，那么这个网站很难吸引住浏览者。因此，有必要将一些信息进行分类，并提供对各种信息入口的检索功能。让消费者快速地找到他想要的产品，甚至连相关的产品也列出来，以刺激客户的购买欲。同时，网站要有一定的交互能力，如采用即时的留言簿、反馈表单、在线论坛、评论等方式以方便用户与企业网站进行信息的相互交流，加强企业与客户的联系，这样，企业在网上进行产品销售和服务的机会才会增加。

1.3.2　方便用户访问和购买

对于电子商务网站来说，购买方便是最重要的原则之一，为此要减少用户购买过程中的干扰信息（如广告等）；要为用户提供个性化的服务，与用户建立一个非常和谐的亲密关系；要使订购流程清晰、流畅，如用户下的订单的流程是否清楚、是否随时可以中断订购流程、订单上是否有所买的产品及价格、运费是内含还是外加、货物几天收到、货款的支付方式、产品退货处理、对于贸易安全的保证以及使用何种交易技术等；要尽可能地提供商品的细节，越详细越好，必要时提供产品的详细图片，以激发用户的购买欲。目前电子商务网站中普遍引入购物车系统以方便用户访问和购买。

2. 电子商务网站的功能设计

不同的电子商务网站其功能是不一样的，其中以商贸类网站最为复杂，现以此为例介绍其网站功能，一个完整的电子商务网站可以用公式形象地表示如下：

电子商务＝网上信息传递＋网上交易＋网上结算＋客户服务＋配送

基于此要求，我们将对网站进行功能设计，大致功能模块结构如图 8－7 所示。

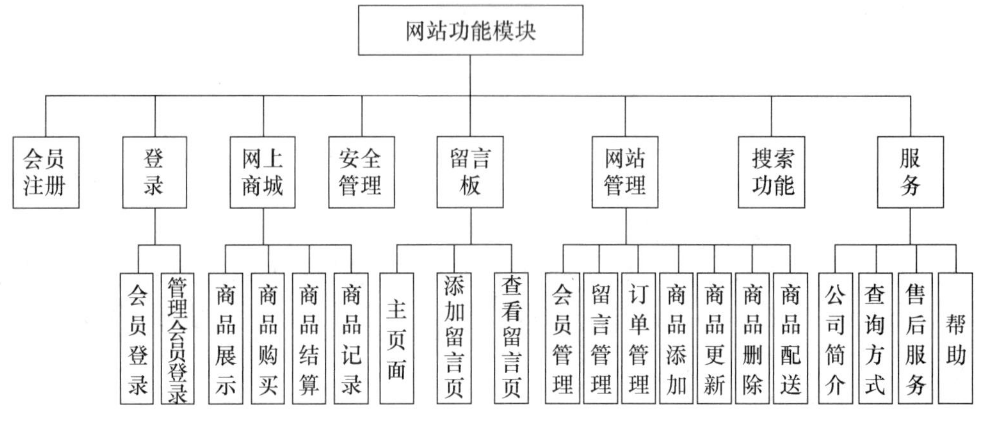

图 8－7　网站功能模块结构图

2.1　前台模块

前台模块主要面向企业的外部用户，为企业的消费者、供货商、分销商等提供商品或服务，一般可分为以下三个子系统：信息发布子系统、双向交流子系统、商务交易子系统。

（1）信息发布子系统的主要功能包括新闻信息发布、产品信息发布、企业信息发布等。

（2）双向交流子系统包括 BBS 论坛、聊天室、公告栏、网上调查、客户反馈等模块。

（3）商务交易子系统是商务网站最关键的部分，不同模式的商务系统其交易模式差别很大，一般应具有产品选购、订单、合同管理、结算、配送、支付、安全交易等功能，如图 8－8 所示。

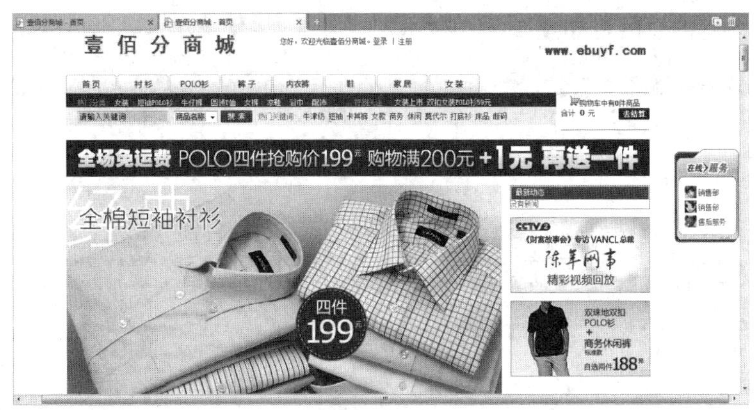

图 8-8　商务网站首页功能显示

2.2　后台模块

后台模块包括信息管理系统、网站管理系统和业务管理系统等。图 8-9 是网站后台模块。各系统具体内容如下：

（1）信息管理系统包括商品信息管理、客户信息管理、新闻信息管理等。

（2）网站管理系统是为了保护网站的安全和正常运行，通常包括网站日常维护、数据库管理与维护、网站安全管理与维护、网站运行统计分析等。

（3）业务管理系统包括订单处理流程管理、内部用户管理、业务统计分析、跟踪处理、输出报表等。

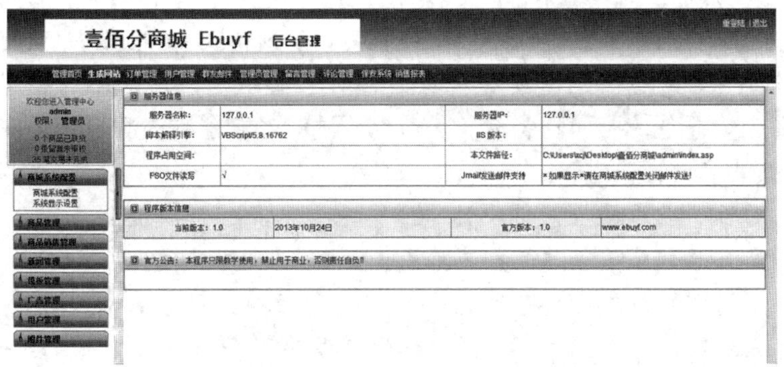

图 8-9　商务网站后台模块

3. 电子商务网站站点设计

3.1　电子商务网站目录设计

网站目录是指建立网站时创建的目录。目录结构是一个容易忽略的问题，很多网站都是未经规划，随意创建子目录。目录结构的好坏，对浏览者来说并没有什么太大的影响，但是对于站点本身的上传维护、未来内容的扩充和移植有很大影响。

对于一个内容丰富的网站，需要设计的栏目很多，要求对网站的结构认真仔细地分析和设计。一个合理的、符合逻辑的网站目录结构，无论是对网站的建设还是对网站的管理、维护都是大有裨益的，如图 8－10 所示。

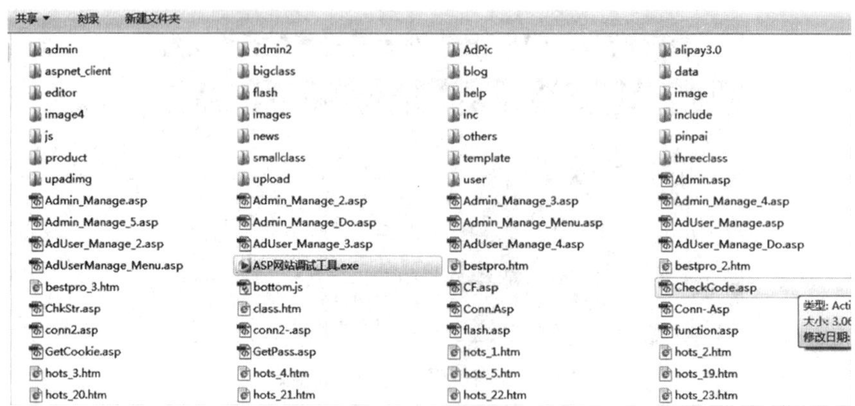

图 8－10　电子商务网站目录设计

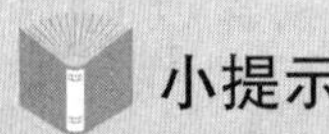

小提示

建立目录结构的几点建议

1. 不要将所有的文件都存在根目录下

有些网站设计者为了方便，将所有文件都放在根目录下。这样做造成的不利影响首先是文件管理混乱。网站开发到一定时期，设计者也搞不清哪些文件需要编辑和更新、哪些无用的文件可以删除、哪些是相关联的文件，从而影响工作效率。其次是上传速度慢。服务器一般都会为根目录建立一个文件索引，将所有文件都放在根目录下时，只上传更新的一个文件，服务器也需要将所有文件再检索一遍，建立新的索引文件。很明显，文件量越大，等待的时间也将越长。所以，建议尽可能减少根目录的文件存放数。

2. 按栏目内容建立子目录

子目录的建立，首先按主菜单栏目建立。企业站点也可以按公司简介、产品介绍、价格、在线订单、反馈联系等建立相应目录。

其他的次要栏目和需要经常更新的栏目，可以建立独立的子目录。而一些相关性强及不需要经常更新的栏目，如关于本站、关于站长、站点经历等，可以合并放在一个目录下。

所有程序一般都存放在特定目录下，例如 CGI 程序放在 cgi-bin 目录下，便于维护管理。所有需要下载的内容也最好放在一个目录下。

3. 在每个主目录下都建立独立的 images 目录

默认的一个站点根目录下都有一个 images 目录。初期进行主页制作时，人们习惯将所有图片都存放在这个目录里。可是后来发现很不方便，当需要将某个主栏目打包供网友下载，或者将某个栏目删除时，图片的管理相当麻烦。经过实践发现：为每个主栏目建立一个独立的 images 目录最便于管理，而根目录下的 images 目录只是用来存放首页和一些次要栏目的图片。

4. 目录的层次不要太深

目录的层次建议不要超过三层。原因很简单，为了维护管理方便。

其他注意事项有：不要使用中文目录名，网络无国界，使用中文目录名可能对网址的正确显示造成困难；不要使用过长的目录名，尽管服务器支持长文件名，但是太长的目录名不便于记忆；尽量使用意义明确的目录名，例如，你可以用 Flash、Dhtml、Javascript 来建立目录名，也可以用 1、2、3 建立目录名。但是哪一个更明确，更便于记忆和管理呢？显然是前者。

随着网页技术的不断发展，利用数据库或者其他后台等程序自动生成网页越来越普遍，网站的目录结构也将升级到一个新的结构层次。

3.2　电子商务网站版面设计

版面的设计既要内容丰富，又要界面美观。大的企业网站通常需要有美术功底或平面设计的专业人员和技术人员共同来参与设计。由于内容与美观通常是不能兼顾的，必须再次强调：内容始终是第一位的，形式必须为内容服务。版面设计包括主页的布局、色彩图片的运用、内容的链接结构等，还要注意风格。

一个网站的版面精彩与否、立意新颖与否、主题鲜明与否等将直接影响到浏览者是否愿意到该网站漫游。网站版面应遵循快速、简洁、吸引人、信息概括能力强、易于导航的原则，对版面做出大致规划，包含下列基本内容：

(1) 主分辨率。主分辨率目前主要有 800×600、1024×768、1280×800。

(2) 页头。页头用来准确无误地标示网站的名称，它应该能够体现出网站的主题，而该主题是与网站所提供产品和服务紧密相关的，集中、概括地反映了网站的经营理念和服务定位。如当当网首页页头见图 8-11。

图 8-11　当当网首页页头

(3) 主菜单。它提供了对关键页面的导航，其超链接或图标提示了用户在电子商务网站的其他页面上还载有什么样的信息，用户可以根据这样一个简单的功能化界面，迅速地到达他们所需信息的其他页面上。一般在链接上采用 CSS 样式。

(4) 最新消息的传递。网络上每天都有新的东西出现，如果电子商务网站的信息从不改变，就很难吸引用户多次访问。为了保持新鲜感，应确保页面经常更换信息，可以在网站的主页面中采用一个滚动栏来发布最新信息，给用户以方便和新鲜感。在页面上的链接应确保链接正确和通畅，以免用户收到“无法查阅所需页面”的错误提示而对网站失去兴趣。

(5) 电子邮件地址。在页面底部设计简单的电子邮件链接，可使用户与负责网站建设或网站反馈消息的有关人员迅速取得联系，节约大量搜索时间。

(6) 联络信息。在每个页面的底部列出网站的服务电话等联系方式，方便用户以非 E-mail 的方式与网站的相关人员取得联系。

(7) 版权信息。在网站的首页下端标示一句简短的版权声明。如京东商城网站页脚见图 8-12。

关于我们 | 联系我们 | 人才招聘 | 商家入驻 | 广告服务 | 手机京东 | 友情链接 | 销售联盟 | 京东社区 | 京东公益
北京市公安局朝阳分局备案编号110105014669 | 京ICP证070359号 | 互联网药品信息服务资格证编号(京)-非经营性-2011-0034 | 新出发京零 字第大120007号
音像制品经营许可证苏宿批005号 | 出版物经营许可证编号新出发(苏)批字第N-012号 | 互联网出版许可证编号新出网证(京)字150号
网络文化经营许可证京网文[2011]0168-061号 Copyright © 2004-2013 京东JD.com 版权所有
京东旗下网站：360TOP 迷你挑 English Site

图 8 - 12　京东商城网站页脚

（8）其他信息。除了上面的信息，在部分页面上还包括其他的一些功能模块，如站内搜索引擎、广告条、友情链接、新品展示区等内容。

3.3　电子商务网站网页设计

3.3.1　网页的布局设计

设计网站的第一步就是设计首页，即网站的主页。如同写文章需要拟订提纲，出版杂志和报纸需要进行排版一样。网站的设计也需要进行布局设计，也就是将网站的图片、文字、视频等信息按照最适合的浏览方式排放在页面的恰当位置上。目前常见的网页布局结构有“T”型布局结构、对称型布局结构、“口”型布局结构和“POP”型结构布局等。

3.3.2　网站的整体风格设计

设计网站的标志 LOGO，并将其放在每个页面最突出且一致的位置，如同商标一样，见到就能联想到网站、联想到企业；版面设计要一致，如主色调、字体（类型、大小、颜色等）、版权信息等；导航条风格（样式、字体、颜色）要一致；总结一句最能反映网站精髓的宣传标语，把它做在 Banner 里或放在醒目位置，告诉大家网站的特色；使用 CSS 样式技术，对整个站点内的页面风格进行统一控制；使用统一的图片处理效果；等等。如图 8 - 13 所示是迪士尼中国的网站首页。

图 8 - 13　迪士尼中国主页

3.3.3　网站的栏目设计

栏目的设置应该紧扣主题，根据网站的内容和功能分门别类地确定主、次栏目，既可以设置最新更新或网站指南栏目，也可以设置一个双向交流的栏目以收集浏览者的信息，还可以设置下载或常见问题回答栏目，借助网站的优势为浏览者或消费者提供更多、更好的服务，同时也可节约企业售后服务的时间。

3.3.4　网站的链接结构设计

目前较好的链接结构设计是在网站首页与一级页面之间采用星形链接结构，在一级页面与下一级页面之间采用树形链接结构；若站点内容较多，需要超过三级页面，可设置导航条。另外还要确定链接方式，可以自动链接内容页，若要经常更新链接页且链接的内容较多时，可将链接的文件以文本的形式放在同一目录下，通过 Web 编程在调用该程序时计算机自动按该目录中文本文件建立的时间为序，按程序规定的文件数为显示数，以每个文本文件第一句话为链接显示内容，实现链接的自动更新；若网页中内容相对固定，可采用固定链接方式。

3.3.5　网站的颜色设计

颜色搭配是体现风格的关键，一般以白色和黑色的背景网页最好做，颜色搭配最方便；亮色与暗色配合，最容易突出画面，如黑与白、红与黑、黄与紫；而近似的颜色的配搭，能给人一种柔和的感觉，如黑蓝与淡蓝、深绿与浅绿。最好能给主页定一个主色调，不要搞得花花绿绿。其实，最好的方法是参考一些好站点的颜色搭配，一个网站只能有一种主色调，商务类网站一般以暖色系为主，如淘宝网、新浪商城等。

小提示

网页配色小技巧

（1）根据网站所要传达的信息，选择可以强化这些信息的颜色。

（2）根据网站浏览对象选择颜色。文化差异、不同地区与年龄层对颜色的反应都会有所不同。如年轻人一般比较喜欢饱和色，但这样的颜色却引不起年龄大的人群的兴趣。

（3）选择颜色要注意时效性。流行色彩会让消费者感到麻木，但使用几十年前的流行色彩又可引起怀旧之情。

（4）可先选定一种颜色，然后调整透明度或者饱和度，使页面看起来色彩统一，有层次感。或先选定一种颜色，然后选择它的对比色。最好用一个色系，例如淡蓝、淡黄、淡绿。不要将所有颜色都用到，尽量控制在 5 种颜色以内。

（5）背景和文字的颜色对比尽量要强烈，以便突出主要的文字内容。白底黑字的阅读效果最好。

3.3.6　网页设计需要注意的其他问题

（1）网页长度不要超过三屏，否则会使网页下载速度过慢。

（2）网页中的图像单张大小不要超过 30KB，整页大小不要超过 60KB，若不得不使用大的图片，可将其切割再使用。应正确选择图片格式，网上常用的图片格式是 gif、jpeg

或 png，分辨率一般是 72 像素/英寸。

动画容量是图像的几十倍，所以在一个网页中一般要少于三个动画，并且每个动画大小要控制在 15KB 以内。

（3）不要使用三种以上的字体，或太大、太小的字体，正文字体一般可设置为 9pt，不要使用不常用的字体，若需要可考虑制为图片。尽量使用相对的超级链接为图片添加文字说明。

（4）因为运行速度较慢，所以 Java 程序少用为宜。

经过规划和设计，电子商务网站只有达到以下要求，即下载速度快、易于导航、简单实用、提供搜索引擎、联系方式多样、容易更新、兼容多种浏览器、无错误链接等，才能更好地为商务活动服务。

技术拓展

移动电商网站设计与实现

随着移动互联网和通信技术的飞速发展，电商行业的重心都开始由 PC 端转战移动端，移动电商已经成了新时代的发展主流，企业怎么去建立移动电商平台呢？

首先让我们来了解一下目前市场上最受欢迎的移动电商平台类型有哪些？

1. 有庞大用户量的微信商城

微信的用户量在 2018 年全球已突破了 10 亿，这个庞大的用户量直接造成微信商城的开发和运用。微信商城存在于微信公众号里，对于企业而言具有更持久的黏性，可以更长期地保持与客户的营销互动。

2. 获取精准流量的 App 商城

App 商城也是手机客户端商城，目前所有知名的电商平台都有自己的 App，如京东、天猫、美团、拼多多等。一个成功的 App 商城能为用户带来有价值的体验，同时，也可以随时将最新的优惠和产品信息推送给用户，吸引客户定期浏览，提高用户的活跃度和忠诚度，从而为企业的创收和未来的发展起关键性的作用。

3. 支付宝、火山小视频等服务窗

随着支付宝及一些直播平台服务窗越来越火热，越来越多的商家都在入驻支付宝火山小视频等服务窗，通过入驻服务窗可以利用它的大流量吸引顾客，在平台或支付宝钱包就可以实现在线订餐、预留座位、购买支付、开车自动导航到店等。

4. WAP 商城

所谓 WAP 商城就是我们常说的手机触屏版商城，便利性是 WAP 商城最大的优势，用户可以随时随地访问商城网站或是商城 App，不会像电脑网站那么受到空间与时间的限制，即使是吃饭、散步这些时刻，都可以进行购物行为。

目前，单一类型的移动电商平台已经满足不了企业的发展需求了，为了更好地占据大流量入口，更多的企业会选择多店合一的移动电商系统，借力微信商城和支付宝服务窗高效布局 O2O，手机触屏版商城和 App 商城全面覆盖手机用户，同时还有 PC 端商城塑造强力线上品牌形象。

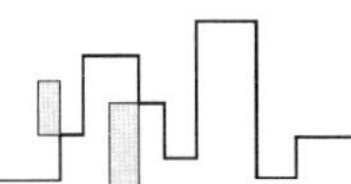

其次，如何建立移动电商平台。就目前而言，建立移动电商平台的方式变得越来越多样化，平台的建立一般包括网页界面的设计和网页功能的设计，下面就从这两个方面做简要介绍。

1. 移动电商平台的界面设计

一般而言，移动电商平台是基于手机等移动端设备开发的系统软件，受到设备屏幕大小的限制，用户一眼能看到的东西比较少，这个时候，就要求企业在做手机网站时，将网站界面弄得清晰明了，这样才能便于用户第一时间汲取自己所需要的信息。

2. 移动电商平台的功能设计

建立移动电商平台是要满足企业需求的，很多企业会将 PC 商城网站的功能照搬到移动端，这种行为是不可取的。在建立移动电商平台时要尽量将网站的功能简洁化，提升用户体验的同时方便企业进行操作。

最后，从电子商务的角度来看，移动电商平台更注重流量和社交，这两点在建立平台过程中也是尤为重要的因素。与 PC 电商平台相比，移动电商平台具有以下特点：

1. 时空的灵活性

建立移动电商平台可以突破时间和空间限制，具有无处不在、随时随地的特点，只要有移动网络覆盖，用户在任何时间、任何地点都可以灵活进行商务交易。

2. 应用的即时性

建立移动电商平台可以即时响应用户需求，使用户及时获取所需要的各种信息和服务，节省交易时间，提高商务效率。

3. 支付的便捷性

移动电商平台操作时间短、响应速度快，可借助多种电子支付手段，让交易更加便捷，大大简化了商业交易过程。

4. 服务的个性化

移动电商平台的业务范围涵盖了商务活动的各个环节，人们可以根据自己的喜好和需求进行个性化服务配置。

知识拓展

微信小程序商城

目前，随着微信小程序的流行，小程序商城也逐渐兴起。小程序商城是类似于 App 的程序，但是不需要安装，它借助于微信 App 得到很多原生 App 的功能，所以也可以说它比微站更强大。小程序商城可以通过公众号进行关联，也就是我们在搜索公众号的时候，会在介绍页面看到这个公众号关联的小程序商城。那么具体相比其他移动电商平台，小程序商城的优势有哪些呢？

(1) 小程序商城的优势在于将搜索广告与公众号嵌入小程序商城，方便购物。小程序商城的主要功能就是可以在公众号里显示小程序商城信息，用户可以通过微信的搜索页面搜索到相应的小程序商城，小程序商家可以通过小程序搜索广告为自己的小程序商城做进一步的宣传推广，获取更多的用户。

(2) 小程序商城的优势在于用户渗透率更高。微信作为国民应用，其生态已十分完善，由于用户的习惯已基本形成，很多传统电商的推广都无法渗透到一些中老年群体、农村群体等，但微信小程序商城就能够直达所有的用户群体，其中就包括了一些中老年和农村群体。

(3) 小程序商城可以针对商家做个性化设计。

(4) 小程序商城有更低的交易成本。小程序商城的成本远远低于以往传统的B2C商城。平台的入驻一般都需要支付多种费用，而运营小程序商城，通常只有店铺建设、维护成本以及微信支付的费用。

(5) 比零售、O2O更标准化。相对于零售和O2O来说，小程序商城的优势在于标准化程度更高、渗透速度快，电商企业可借助整个微信社交关系链进行传播，更易打造新零售体系。

(6) 小程序商城交易环节的优势更明显。之前微信商城每次打开一个页面都需要重新加载，而小程序商城在第一次打开之后再重新打开，就会流畅不少。小程序商城的另一个优势就是降低了重复购买的难度。小程序在用过之后，就直接保存在小程序列表中，转化率会提升不少。

(7) 小程序商城流量来源更多样。目前的小程序商城流量入口已有多个，包括二维码、附近的小程序、小程序分享等，相比于以往的微商城推广，增加了更多新的流量来源，增加了用户流量，也使商家获取流量的成本降低了不少。

同学们！你想搭建小程序商城吗？请利用业余时间百度搜索如何搭建小程序商城，进行自主学习。

项目小结

本项目主要完成了商务网站建设流程，从域名注册、主机选择到网站规划、设计制作。学生对域名申请和虚拟主机申请应做到全面了解，能独自完成操作流程，能根据网站规划设计符合商务网站功能需要的简单的网站，并能对网站进行测试和修正。

习题与课业

简答题：

1. 什么是虚拟服务器？它有什么特点？
2. 在给网站命名时，应考虑哪几个方面的因素？
3. 怎样注册一个好的域名？
4. 电子商务网站有哪些类型？
5. 电子商务网站建立的流程有哪些？

论述题：

假设你毕业后要开一家电子商务网站，谈谈你对电子商务网站建立和运行的整体策划思路。

拓展训练

每名学生可以利用业余时间设计一个自己的个人主页，介绍自己、宣传自己。设计完成后上传至班级虚拟主机空间子目录中，可以以自己名字的拼音为名建立子目录，之后访问自己的个人主页。

项目九　企业电子商务网站运营

项目介绍

电子商务网站的基本建设完成后，就要开始投入运营，网站运营非常重要却常常被忽视。网站的运营管理水平直接反映着该企业的管理水平，体现了整个企业文化。企业的网站运营包括很多内容，如网站宣传推广、网络营销管理、网站的完善变化、网站后期更新维护、网站的企业化操作等，其中最重要的就是网站的维护和推广。

本项目主要通过电子商务网站维护、电子商务网站推广、电子商务网站业务处理与客服三个模块、三个学习任务和若干个工作子任务完成，主要采取小组讨论、团队分工协作等形式，既使学生掌握电子商务网站运营的基础理论知识，又使学生了解网站运营的基本任务，学会网站运营的方法与技术，同时培养学生的团队意识和团队合作精神。

项目目标

通过本项目的学习，使学生了解电子商务网站运营的工作任务和内容，学会电子商务网站发布、维护技术和方法，学会电子商务网站推广、网上交易业务处理的方法与技术，培育学生的团队精神。

项目实施

通过案例分析，成立项目开发小组，小组成员按企业形式分工，各负其责，一段时间后进行轮岗。岗位交接时，交接同学互相传授工作经验。教师作为组织者、指导者、共同学习者与学生共同完成本项目，并进行总结。

项目验收点

网站测试；网站信息与页面维护；网站推广效果评价；订单量和销售额。

引导案例

韩都衣舍凭何斩获 2018 淘宝内容生态盛典内容营销优秀案例大奖?

2018 年 3 月 30 日，2018 淘宝内容生态盛典将目光聚集到了内容运营的优秀商家及机构达人，探秘他们如何通过内容服务上亿消费者。其中，在微淘上拥有 1 700 多万粉丝的韩都衣舍凭借“双十一”期间在微淘举行的“真爱粉召集令”活动，获得年度内容营销

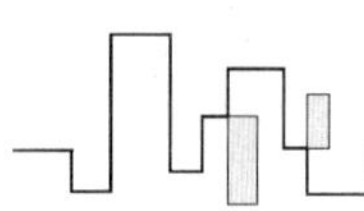

优秀案例大奖。

韩都衣舍近年来在内容营销方面取得的成绩有目共睹，它在全网社交平台上沉淀了5 000万粉丝。这个数字在国内已经超越众多一线明星的粉丝数。

作为一家互联网快时尚女装品牌，对韩都衣舍最重要的运营平台，无疑是距离自己客户最近的微淘。韩都衣舍是如何在微淘上进行内容输出，并借此获得业内肯定的呢？此次获奖案例，或许可以为我们提供一些经验。

1. 真爱粉召集令韩都衣舍“一呼万应”

2017年“双十一”期间，微淘发起了“真爱粉召集令”活动，各类大牌纷纷加入，与粉丝进行花式互动。

韩都衣舍借助粉丝运营优势，以“打CALL少女啦啦队”为主题招募真爱粉，并为真爱粉发送现金红包和彩妆礼品等福利，实力宠粉。粉丝则通过“写诗，写故事”等走心告白形式，讲述与韩都衣舍的故事并暖心表白（见图9-1）。

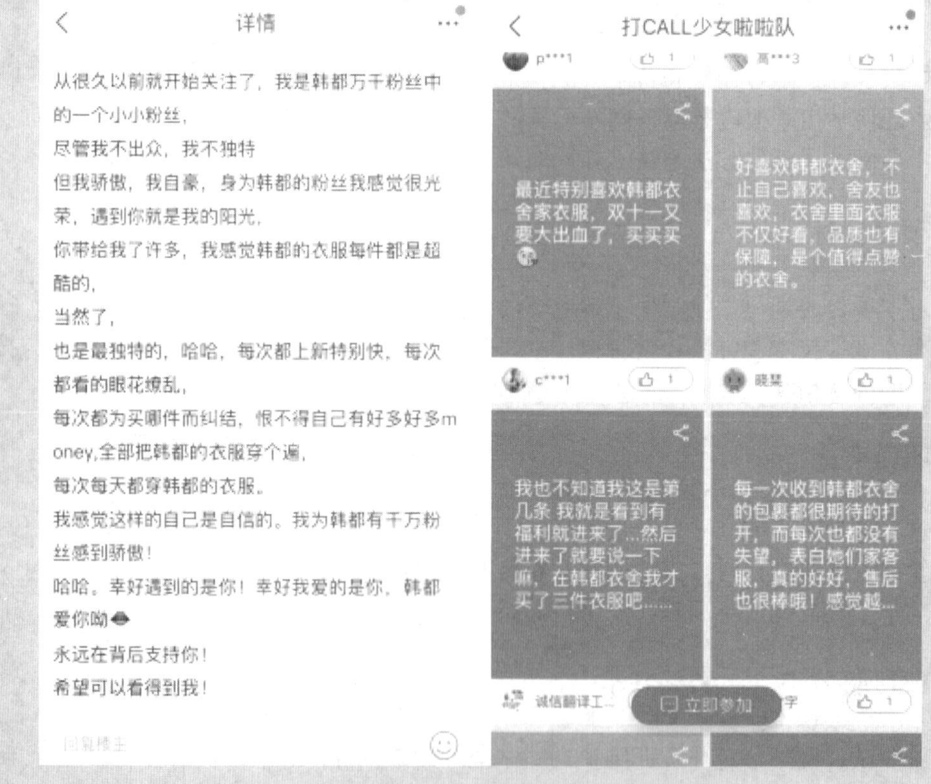

图9-1　韩都衣舍在活动中收获大量粉丝暖心告白

最终，在粉丝的热情支持下，韩都衣舍凭借93万的人气指数，远远超过其他品牌，登上全品类品牌互动榜单榜首。在2018淘宝内容生态盛典上获得年度内容营销优秀案例，可谓实至名归。

2. 微淘互动，俘获1 700万粉丝

对平台而言，微淘是一个用户二次回访的核心入口，也是内容营销的重要活动阵地。对商家而言，微淘是核心粉丝的运营阵地，是高转化率的营销路径，也是内容开放和变现的通道。如何用好微淘这个“内容与粉丝的运营阵地”直接关系到商家与消费者的亲密程度。

韩都衣舍之所以能够在“真爱粉召集令”活动中“一呼万应”，除了拥有的1 700万粉丝基础之外，注重微淘内容运营和粉丝互动也是不断吸粉的一个极为重要的原因（见图9-2）。

图9-2 韩都衣舍微淘运营

韩都衣舍一直专注于“90后”“00后”粉丝运营，并在社交语言、粉丝互动两个方面不断探索 。通过微淘平台，韩都衣舍不仅向粉丝分享当季流行趋势和时尚穿搭，更是不断向粉丝传递专业的、高品质的内容，并与粉丝进行非常亲密的互动。

可见，正是由于韩都衣舍在产品品质、娱乐营销等方面找到了与粉丝契合的互动方式，抓住粉丝的兴趣点，才能够在内容营销的风口下脱颖而出，赢得粉丝的厚爱。

“未来，我们希望借助微淘平台构建一个韩都衣舍的活跃粉丝阵地 ，吸引更多的用户关注并加入互动 ，深度连接内容与粉丝，培养一批忠实有影响力的超级用户。”韩都衣舍粉丝运营负责人无夷谈及微淘运营方向时说道。

思考：

韩都衣舍为什么能成功？你认为电子商务网站成功运营的关键是什么？

模块一　电子商务网站维护

学习任务单 9－1

学习情境	小米一直想开个网上商城，为此她和同学们经过规划设计，确定了经营项目，也共同设计了一个电子商务网站（在项目八中完成）。网站是设计出来了，只在本地局域网进行了测试，能否像凡客诚品、梦芭莎、京东商城一样到真正的互联网上去运作呢？怎么运作呢？小米想从本地批发市场或者阿里巴巴等网站采购几件商品，然后和小组成员一起尝试运营自己的网站。
环境需求	1. 互联网接入； 2. 计算机（每人一台）； 3. 在项目八中小组设计的网站； 4. 小组虚拟主机 FTP 地址及登入用户名与密码； 5. FTP 客户端软件； 6. 学习任务考核单（也可到教学资源包下载电子版）。
任务描述	任务 1： 1. 利用 FTP 客户端软件上传本小组的电子商务网站到虚拟主机空间，并进行功能与效果测试。 2. 测试合格后，登录网站后台进行基本设置。 任务 2： 1. 去当地市场考察要经营的商品，或从网上寻找至少 10 种要经销的商品，记录款式、价格及照片等具体商品信息，也可直接采用教学资源包中提供的商品信息。还可找商家合作（可在业余时间完成）。 2. 登录后台添加商品及信息。 3. 在小组内部模拟商家与消费者，进行订单处理测试。 4. 各小组分别展示各自网站在互联网上访问的效果并进行讲解，并对其他小组的展示进行评价并给出理由。 任务 3： 参考教学资源包中《某网站运营计划方案》，各小组编写各自网站运营计划，利用 PPT 讨论并分享运营计划。 以上任务建议 4～6 学时完成。
任务间歇	播放励志 MV（教学资源包提供）。
小调查	1. 你有亲友在网上开商店或专卖店吗？ □有　□没有 2. 他们在网上销售过自己的商品吗？ □有　□没有
任务拓展	网站成功上传并测试合格可以运营之后，就会有订单吗？怎么保证交易的安全性？

学习任务考核单 9－1

组名：　　　　　　　　　　　　　　　　　　　　　　　　　　　　　　　编号：9－1

组长及职责：				
组员及职责：				
口号：				
序号	任务	分值	评价	成绩
1	网站上传及测试	20 分		
2	网站维护	30 分		
3	网站展示	10 分		
4	业务处理	10 分		
5	运营计划	30 分		
合　计				

＊请学生填写完学习任务考核单后上交。

学习指南

1. 网站运营的含义和意义

网站运营是指一切为了提升网站服务于用户的效率，而从事与网站后期运作、经营有关的行为工作；范畴通常包括网站内容更新维护、网站服务器维护、网站流程优化、数据挖掘分析、用户研究管理、网站营销策划等。网站运营常用的指标包括 PV、IP、注册用户、在线用户、网站跳出率、转化率、付费用户、在线时长、购买频次、ARPU 值等。

知识链接

网站运营常见指标

（1）PV 访问量（Page View），即页面访问量，每打开一次页面 PV 计数＋1，刷新页面也是。

（2）UV 访问数（Unique Visitor）指独立访客访问数，一台电脑终端为一个访客。

（3）IV 是 IP 访问数，以一个独立的 IP 在一个计算时段内访问网站计算为 1 次 IP 访问数。在同一个计算时段内不管这个 IP 访问多少次均计算为 1 次。计算时段有以 1 天为一个计算时段，也有以 1 个小时为一个计算时段。

（4）跳失率是指统计时间内，访客中没有发生点击行为的人数/访客数，即 1－点击人数/访客数。该值越低表示流量的质量越好。

（5）跳出率是指看完了这个宝贝就跳出了，去浏览店铺其他宝贝了。

（6）出店率是指离开店铺页面的商品数量占该店铺页面商品总数量的比例。

（7）转化率，就是所有到达网站或店铺并产生购买行为的人数和所有到达店铺的人数的比率。计算方法为：

转化率=(产生购买行为的客户人数／所有到达店铺的访客人数)×100%

(8) ARPU：每用户平均收入（Average Revenue Per User）。ARPU注重的是一个时间段内运营商从每个用户所得到的利润。很明显，高端的用户越多，ARPU越高。ARPU值高，则企业的利润值较高，发展前景好，具有投资可行性。

2. 网站运营的核心

2.1 行业是基础

在网站运营中，脱离或背离行业的门户网站或行业网站，在如今网站多如牛毛的社会越来越难以生存，就算现在还不错，如果没有危机感，也将被一个新生代网站及网民淘汰。是否真正理解行业发展，网站能否弥补行业的不足在网站运营中很重要。

2.2 竞争是关键

在网站运营中，首先要找准主要竞争对手，定位是在全国，还是本地，如果是做本地最好的某方面网站，就不要拿全国的网站作为主要竞争对手。第一，竞争对手是怎样做的，有哪方面优势。比如，竞争对手有行业协会支持，还是其他。第二，自己有哪些优势，如何在细节上比竞争对手做得更好。第三，自己在哪些方面能给客户创造更多价值，更好地为客户服务。只有不断取得竞争优势地位，才能在竞争中立于不败之地，不是用金钱去拼，而应智取、巧取。

2.3 需求是根本

网站建设建立在满足网民对信息不断更新的基础上，如果网站运营管理者不愿建立自己的开发队伍，走程序性开发，那么如何跟竞争对手比拼？因为竞争对手的网站是有基础的，而自己还是新生代，自己是否比竞争对手更能满足客户需求、更了解网民和广告主的需求？这些需求是网站运营的根本。

2.4 资源是财富

资源分为客户资源、信息资源、数据资源、技术资源、协会资源、人脉资源、财力资源等，这些资源都直接或间接为网民服务及创造价值。资源越多，竞争力越强。例如，在网站内容上，如何为网民提供更多免费和付费的信息内容，有哪些现成的或可以得到的资源供网民利用。

2.5 流量是生命

网站的流量是决定广告主在网站上投放广告的先决条件。如果没有足够的广告主以付费形式做广告，那么网站生存就是未知数。如果做的是行业门户网站，那么，就得尽量锁住本行业网民点击率，只有这些客户才是网站的忠实客户群，那些非本行业人士多半只能是匆匆过客。如果是做本地的网站，就应该结合当地行业实情去设计并推广网站。如果没有诸多资源优势，千万别贸然去做全国性的网站，这样耗费的投入及推广成本很高。

2.6 整合是核心

如何整合更多的资源加以利用，这是网站运营管理者的一门学问，也是网站运营的基石。整合包括很多方面，例如，人脉资源整合、客户资源整合、营销整合、信息数据整合、技术推广的整合、媒体资源的整合、产业链的整合、供应链的整合、资本运营整合等。各网站的发展和定位不同，因此整合应根据自身企业情况而定。

3. 网站运营步骤

3.1 市场分析

网站的功能与作用："在网站采用新开发系统后，一定要有新颖的内容会出现在网站中，新页面的效果以及功能不仅可以吸引来访者，还可以给来访者提供娱乐休闲。"

用户从网站有没有直接获得利益："用户从网站本身能得到什么，是我们最关心的，建立一个网站要知道它本身的价值意义，就必须得让用户知道他们从中可以得到什么，这样才能体现出网站本身的意义。"

网站需要的广告和客户："一个网站的广告能够给网站带来直接的利益，客户也是一种宣传力，可以让不了解的人了解，了解的人分享它。"

3.2 内容策划

根据门户网站的目的策划网站内容。

电子商务类网站要提供会员注册、详细的服务信息、信息搜索查询、个人信息保密措施、相关帮助等。如果网站栏目较多，就要考虑采用网站编程专人负责相关内容。注意：网站内容是网站吸引浏览者最重要的因素，无内容或不实用的信息不会吸引浏览的访客。

3.3 网页设计

网页设计与美术设计的要求，网页美术设计一般要与网站整体形象一致，要符合 CI 规范。注意网页色彩、图片应用及版面策划，保持网页整体的一致性。网页的设计由美工师来把关，整体形象和规范一定要按照 CI 来，上下相呼应，图片和模块的摆放也要有自己的特色和风格。

在新技术采用上要考虑目标访问群体的分布地域、年龄阶层、网络速度、阅读习惯等。不同的人都有自己不同的习惯，所以我们要针对不同的年龄、网络速度、阅读习惯来选定一个适中的模式，让人人都觉得看起来读起来都很舒服。

制订网页的改版计划，如半年到一年时间进行较大规模改版等。一个网站做成后，大的修改最好不要太频繁，最好是一年一换，换的时候不要破坏大的风格和色调。

3.4 网站维护

服务器及相关软硬件要进行维护，对可能出现的问题进行评估，需要进行很多方面的测试来制定相应的速度。

有效利用数据是网站维护的一项重要内容，对数据库的维护要受到重视。一个程序的数据库维护，就相当于一个库存的货品种类，货品种类被打乱后，将会是一个很麻烦的事情，所以程序数据库要定期维护并清理一些不必要的冗余。

网页在一段时间内必须进行更新与调整，以便浏览者看到新的内容。制定相关网站维护的规定，将网站维护制度化、规范化。可制定一张网站维护的制度和规范表，由专人负责，这样才能保证网站的运营质量和效率。

3.5 网站测试

网站发布前要进行细致周密的测试，以保证正常浏览和使用。主要测试内容：

(1) 服务器的稳定性、安全性。网站服务器的稳定和安全一直都是最令人头疼的事情，所以我们首先把预想到的麻烦排除掉。

(2) 程序及数据库测试。每个程序都有自己相对应的功能，数据库则是数据集中的地方，尤其重要。

(3) 网页兼容性测试，如浏览器、显示器。确保网页打开多了不会出现死页的情况，当然也存在显示器的分辨率和浏览器的版本问题。

(4) 根据需要的其他测试。在做出以上测试后，再用其他方法进行对网站的测试。如电信拨号和铁通拨号是否存在冲突。

3.6 网站运营

网站运营的主要项目有网站策划、网站设计、网页制作、网站编辑、网络营销、搜索引擎优化、网站统计、流量分析、网络广告等。

重点项目主要指域名选择、搜索引擎推广、网络广告。选择一个好的域名可对网站运营起到事半功倍的作用。如果要进行搜索引擎优化，一方面涉及费用，而最重要的，还是优化的质量。其他推广维护工作，主要就是寻找互换链接的对象、发布信息、E-mail 营销推广、回复客户 E-mail 以及网站与用户的互动应答等，这都需要长期经营。这些工作大多不涉及太复杂的专业知识，但需要投入很多精力。对于网站维护人员，需要明确工作职责、内容，并长期学习新知识。另外可以利用传统媒体，诸如通过各种传播媒体（如广播、电视、报纸广告、户外灯箱及路牌广告等）、展会、企业印刷品（名片）等推广方式进行网站推广。

因此，只有踏踏实实地按照网络营销的商业原理，结合企业的实际情况，开展网站的运营，才能使企业网站发挥真正的作用。因此无论是已有网站或是正在建设网站的企业千万不要忽视网站运营这个环节。

4. 网站运营成功要素

衡量一个网站的运营是否成功，估计都离不开这些要素，专业、互动、用户体验、域名注册查询亮点（围绕以盈利模式确立的亮点）。一个简单的公式可表示：专业＋互动＋用户体验＋亮点＝盈利。

4.1 专业

专业化网站的衡量可以以同类领先行业网站为标准，如果要建证券网站，要看看金融界、证券之星、东方财富这些专业的证券网站的网站设计风格，对比下自己的网站，取其精华，去其糟粕，来规划设计自己的网站。

4.2 互动

互动性强的网站更具有黏性，只要定位清楚，前期注意推广，一段时间积累的用户就不会流失，这样网站流量更加稳定，而且会呈现几倍增长。比单纯依靠百度带来的流量可靠多了。所以策划之前，请关注下你的网站是否具有很强的互动性。论坛和博客平台是一个不错的互动工具，具体的使用就不展开来讲了。

4.3　用户体验

用户体验包括的东西比较广，体现在网站的每个细节，如网站登录入口设置、广告布局、是否会产生编辑性错误等，具体大家可以去找找相关的帖子研究一下。

4.4　亮点

亮点是指围绕盈利模式来确立的一种商业模式，就是整个网站的定位要围绕此亮点来展开，业务模式的拓展要以此为重心。一个网站如果毫无亮点而言，容易做死，到最后进入一个死胡同。垂直性网站可以植入一些互联网比较流行的商业模式，如拍卖等。当然亮点除了跟盈利模式有关外，也可以植入一些用户觉得有价值的东西。

知识链接

网站运营管理的6S理论

6S起源于5S，5S是发源于日本、风靡世界的一种现场管理理念，因其5个词语（整理、整顿、清扫、清洁、修养）中每个词日语发音的第一个字母都是S，所以叫5S。海尔、美的、通用、微软等企业都争先恐后地推行5S管理，全世界的企业都对5S推崇备至。有专家对5S理论进行了拓展，提出了6S理论。

6S是一个网站管理工作的基础。6S理论运用到网站管理维护中，可以提升网站质量、网站形象、服务水平，提高网站管理工作效率，6S管理实施不到位的网站，必然出现资金、精力的浪费。

第一个S：SEIRI（整理）。

含义：区分必要的栏目和不必要的栏目，去掉可以去掉的栏目及板块。

重新分类，使网站版面井然有序，不至于出现混乱的感觉。通过整理，可以提高网站管理人员的工作效率，使其力量更集中，目标更明确，同时使网站的主题更鲜明。砍掉一些网站栏目需要魄力，有些网站管理人员可能觉得这些板块或者栏目每天都能带来流量，所以舍不得丢弃，这样的心态是不利于网站发展的。还有人会认为，我们网站一直就这样，不是很好吗？但是，过去不代表未来。除非你的网站就是面向无聊和闲逛的用户，他们会从搜索引擎中不经意地逛进来，要注意的是，这些用户除了浪费你的硬件资源，还能给你带来什么呢？当然，目前大多数人，包括投资者都是流量的盲目崇拜者、迷信者。效率和精准，是务实的网络创业者所追求的，我们不期望做到世界排名多少，然后圈钱上市，我们要踏踏实实地从创业开始就稳健地发展盈利。

第二个S：SEITON（整顿）。

含义：调整页面设计，优化用户体验。网站应当用最简单高效的方式充分满足用户的需求，争取让用户可以在10秒钟之内找到他所需要的信息。

网络竞争比传统经济中的竞争更残酷，在传统经济中，用户会因为地理等因素留在你这里，但在网络上，用户轻点鼠标就离你而去，所以，一定要在最醒目的地方告诉用户这里能满足其所需，让他们安心留下来。

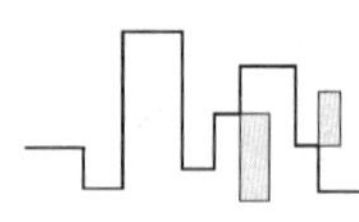

第三个 S：SEISO（清扫）。

含义：去掉网站内的一切垃圾内容，比如 SPAM 回帖、广告等，让网站保持干净整洁。清扫的对象：漂浮广告、过多的站内广告、SPAM 回帖等各种影响网站形象的内容。当然还包括清理过期内容、及时清理缓存等，这样能提高网站的运行速度。

第四个 S：SSEIKETSU（清洁）。

含义：将清扫工作持之以恒，制度化、公开化。找到垃圾内容产生的源头并堵住它。比如修补网站程序，阻止广告群发软件的登录；从一开始就禁止灌水、滥发广告，防止这些成为风气导致这一现象的蔓延，创造一个没有污染的网站。

第五个 S：SHITSUKE（修养）。

含义：网站管理人员的一言一行要体现自身的修养，对管理工作负责，对用户负责。要发扬团队精神，严格执行规定。

管理团队成员要养成好的习惯，这一点非常重要，养成不好的习惯，再扭转就比较困难。持之以恒，把网站管理工作做好，团队每一个人都要养成良好的习惯。要有内心的认同，自觉遵守规定。在网络这个浮躁的大环境下，很多人没有养成好的习惯，虎头蛇尾，做事三分钟热度，使管理工作不能有序进行。所以，作为网站管理团队成员，应该知道自己必须要做的事，养成好的习惯，做一个优秀的人。

第六个 S：SHIKOKU（坚持）。

网站管理贵在持之以恒，这样才能最终见到成效。做个网站就赚钱的局面目前是不存在的，有流量就能赚钱的局面仍在持续。随着网络的发展，网络上的很多领域必将出现同类网站过剩、供大于求的局面，搜索引擎这时也会对收录的网站变得苛刻和挑剔，不少网站会在网络时代的快速发展中败下阵来。

目前，很多网站将面临严峻挑战。如果网站运营管理仍然以短期利益为主，则失去竞争力是必然的；如果想作为一项事业长远经营的话，必须要有产品的观念，至少要把你的网站当作你经营的独特产品，注重产品的独特性、高品质，服务的贴近性、灵活性等，才有长久生存和发展的空间。

行动指南

此处以购物网站为例对网站维护进行说明。网站维护涉及资源和成本问题，但只要用对地方，大部分中小企业网站维护需要的资源和成本并不会太高。网站维护工作主要包括网站发布、网站测试和网站信息维护等内容。

1. 网站发布

发布网站的方法很多，有些网页制作工具本身就具有发布网站的功能，如 Frontpage、Dreamweaver 等能在本地发布；还有一些专门的工具软件可用来远程发布网站，如 CuteFTP、LeapFTP 等。在进行网站发布时，使用者只要按照软件提供的发布向导，进行相应的设置，就能完成网站发布工作。

以下以 CuteFTP 软件为例，介绍网站发布的流程（Cute FTP 软件可到教学资源包中下载或网上搜索最新版）。

CuteFTP 是一个基于文件传输协议的软件，通常被用户用来发布网站文件，它具有相当友好的界面，即使我们并不完全了解协议本身，也能够使用文件传输协议进行文件的下载和上传。

（1）安装 CuteFTP，安装方法见软件包中软件安装介绍。

（2）运行 CuteFTP。首次运行时，软件会自动显示“CuteFTP 连接向导”，通过它我们就能直观地添加新站点资料。添加新站点的过程很简单，整个连接向导全程都有详细提示，大家按照提示一步一步完成即可。

接下来，进入 CuteFTP 主窗口，经典的双窗口界面呈现在我们面前。CuteFTP 的界面设计相当科学，可以说该界面现已成为经典，几乎所有的 FTP 软件均采用了同 CuteFTP 类似的布局模式：主窗口左侧显示本地驱动器内容，右侧为远程服务器文件列表，窗口下方则是信息窗，如图 9-3 所示。

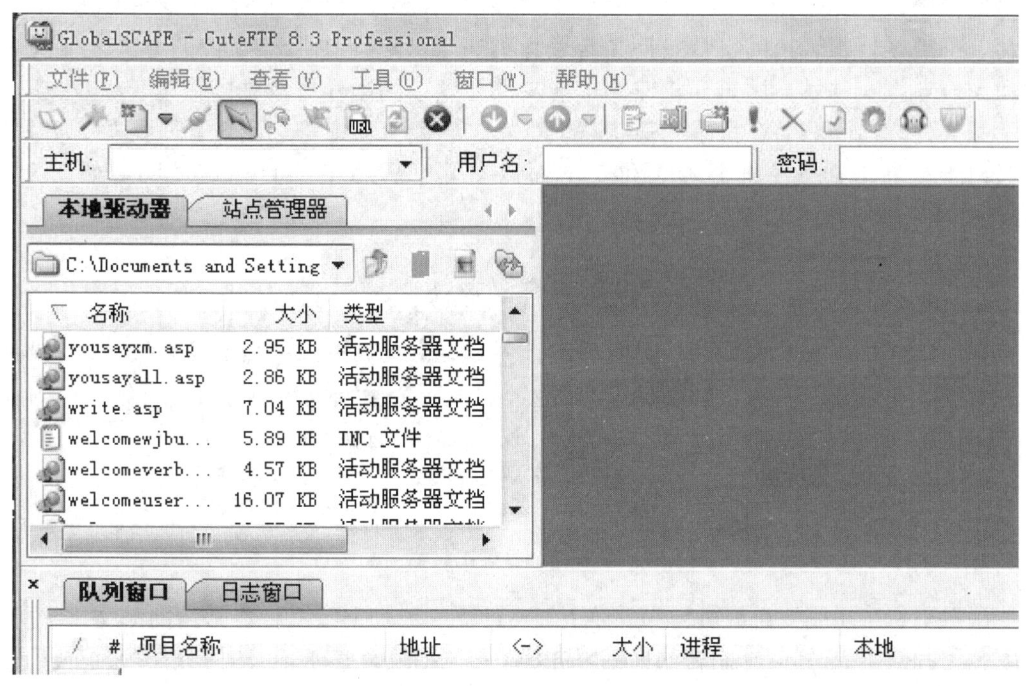

图 9-3　CuteFTP 主窗口

CuteFTP 现在已不是纯粹的 FTP 工具了，各种附带功能在不断增加，传统的界面已不能适应需要。于是，现在 CuteFTP 全面启用了“标签”，这样在一个界面中，就能完成之前多个窗口/对话框才能完成的工作。如主界面左侧窗口中就包含“本地驱动器”“站点管理器”两个功能标签，我们通过点击相应标签，就能实现功能的快速切换。

熟悉界面之后，下面我们就开始第一次上传实战。点击左侧窗口中的“站点管理器”标签（快捷键 F4），选择已有的站点，如“我的站点”，点击工具栏“连接”按钮，或者调用右键菜单中的“连接”，软件即开始连接 FTP 服务器，如图 9-4 所示。

图 9－4　FTP 站点连接

当指定站点远程服务器连接成功后，左侧窗口会自动切换到“本地驱动器”标签，并且定位到设置的本地文件夹，右侧窗口中则显示已连接的远程目录。在 CuteFTP 中上传、下载是件很轻松的事情，同系统资源管理器一样，采用了拖拽的方式复制文件。简单说，选择文件后，用鼠标将左侧本地文件拖到右侧远程目录中即为上传，反之，则是下载文件。CuteFTP 在目录列表状态下，左、右侧窗口中均会出现新工具栏，熟悉工具栏对于提高工作效率非常有帮助，下面以右侧远程目录工具栏做说明，如图 9－5 所示。

图 9－5　目录工具栏

从左至右，功能按钮依次为：返回上级文件夹、添加书签（将经常访问的文件夹标记为书签，方便快速访问）、刷新（远程服务器上经常有文件显示不及时的情况）、重新连接站点、删除文件、显示服务器日志、断开站点、显示缩略图。

其中缩略图的设计很贴心，CuteFTP 也能如 Acdsee 一般用缩略图方式显示图片，这对于经常上传、下载图片的用户来讲非常实用，如图 9－6 所示。

在常规 FTP 上传方面，其实各类 FTP 工具的功能都差不多，CuteFTP 对于提高工作效率方面有着许多独到的设计，可以显著提高效率。

1）启用智能覆盖规则：我们上传、下载文件时，经常都会遇到系统的“是否覆盖文件”提示，我们通常都需要反复地去点击确认，其实利用 CuteFTP 的智能覆盖规则，这变得简单起来。

点击软件菜单“工具”→“全局选项”，进入“全局选项”对话框。在左侧选项列表

图 9－6　查看图片

中选择“传输”→“智能覆盖”，进行智能覆盖的规则设置，如图 9－7 所示。

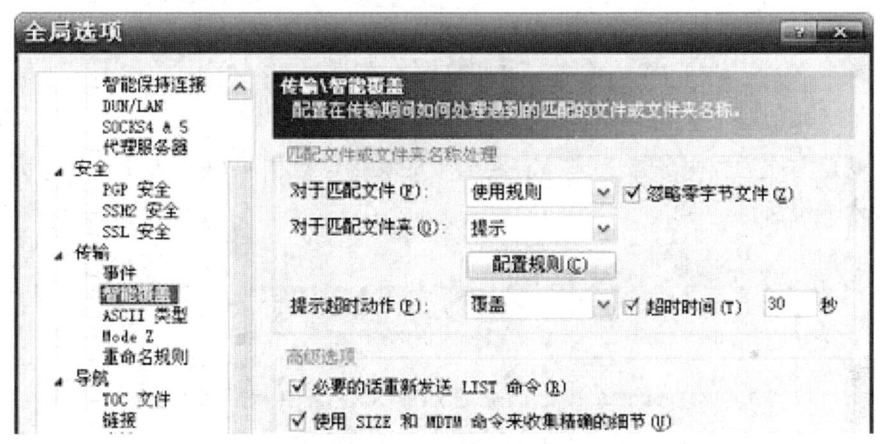

图 9－7　智能覆盖使用

对于匹配文件，设置为“使用规则”，点击“配置规则”按钮，进入规则设置，设置参数。

2）快速文件夹同步：对于网站维护来说，日常工作通常都是上传一些做过修改或新增加的文件，而 CuteFTP 提供了文件夹同步工具，这样我们可以高速完成网站更新工作。

点击菜单“工具”→“实时目录同步浏览”，这样连接站点后，选择本地目录时，软件会同步定位到服务器上相应的远程目录。

点击菜单“工具”→“文件夹工具”→“同步文件夹”（快捷键 Ctrl＋F11），系统自动转入“文件夹同步向导”对话框。由于我们已经设置了“实时目录同步浏览”，现在可以看到，需要同步的本地、远程文件夹资料已经自动填入了，如图 9－8 所示。

点击“下一步”按钮继续，选择同步方向为“本地镜像”（使远程端与本地一样），设置匹配的文件名为：使用全局覆盖设置，其他参数可以使用默认值，向导完成后，软件会比对文件夹内容，自动开始上传更新后的文件。

如果没有进行启用智能覆盖规则，那么在进行快速文件夹同步时，系统依然会提示“是否覆盖文件”。

3）HTML 编辑器使用：CuteFTP 内置了一个简易的 HTML 编辑器，用户可以在远

图 9-8 快速文件夹同步

程服务器上直接编辑、更新文件，使文件的简单修改变得非常方便。

在主窗口右侧远程服务器上选择需要编辑的文件，点击菜单“文件”→“编辑”，系统自动转入编辑窗口，如图 9-9 所示。

我的站点　~(2)~google.htm

```
<!DOCTYPE html PUBLIC "-//W3C//DTD XHTML 1.0 Strict//EN" "http:
<html xmlns="http://www.w3.org/1999/xhtml">

<head>
    <title>SCXP.com - Google服务清单/Google软件大全/谷歌大全</t
    <meta http-equiv="Content-Type" content="text/html; charset
    <meta name="Keywords" content="Google" />
    <meta name="Description" content="易水寒设计制作">
    <link rel="stylesheet" href="stylegoogle.css" type="text/cs
</head>
<body>

<div id="border">
    <div id="container">
      <div id="content">
        <div id="header1">
              <div id="daohang">
                <h3>Navigation Menu</h3>
```

图 9-9 HTML 编辑器

可以看到，CuteFTP 内置的 HTML 编辑器功能很简单，其实只是一个记事本式的编辑器而已。不过，如果用户只是对网页进行一下小修改，这完全够用了。编辑文件完成后，点击菜单“文件”→“保存”，系统会自动保存文件，并更新远程服务器上的相应文件。

通过上述操作就可以完成网站的上传和修改，如果虚拟主机空间设置正确，如域名绑定、域名解析都设置正确（在项目八中已完成），就可以在任何地方输入域名，访问网站。

2. 网站测试

网站发布后，还必须对网站进行性能测试，检查网站是否能够达到设计的性能。测试内容包括前台页面测试、访问速度测试和访问压力测试。

（1）前台页面测试。IE浏览器输入网站域名或IP地址，进入网站主页，查看主页显示情况，看有无图片不显示、版面错位的情况，点击各个链接，看看链接是否正常；点击各功能模块测试是否能够实现，如会员注册功能，点击注册，完成一个会员注册流程，查看功能实现情况。

（2）访问速度测试。访问速度取决于网站服务商网络及硬件条件，也取决于网站设计情况，同时也与访问者的网络环境有关。测试时首先测试网站首次打开主页时的显示时间，全显示共计多少秒，再查看下载一个文件或另存一个图片的时间，根据文件大小计算下载速度（KB/秒）。

（3）访问压力测试。可以采用两种方式进行：

一种是用网站压力测试软件进行测试，可以到百度搜索关键词“网站压力测试软件”查找下载相关软件测试。其测试原理是让少量的客户端计算机或一台计算机仿真模拟出大量用户同时访问，以获得服务器的承受能力。以下推荐三款相关软件供使用。

第一款软件是Webserver Stress Tool（即WebStress，可到教学资源包中下载或百度搜索下载最新版）。该软件是微软公司开发的，可以设置测试时间、并发连接数，还有网址记录器，设置比较方便，装好后开始模拟500个用户同时对网站进行访问，如图9－10所示。

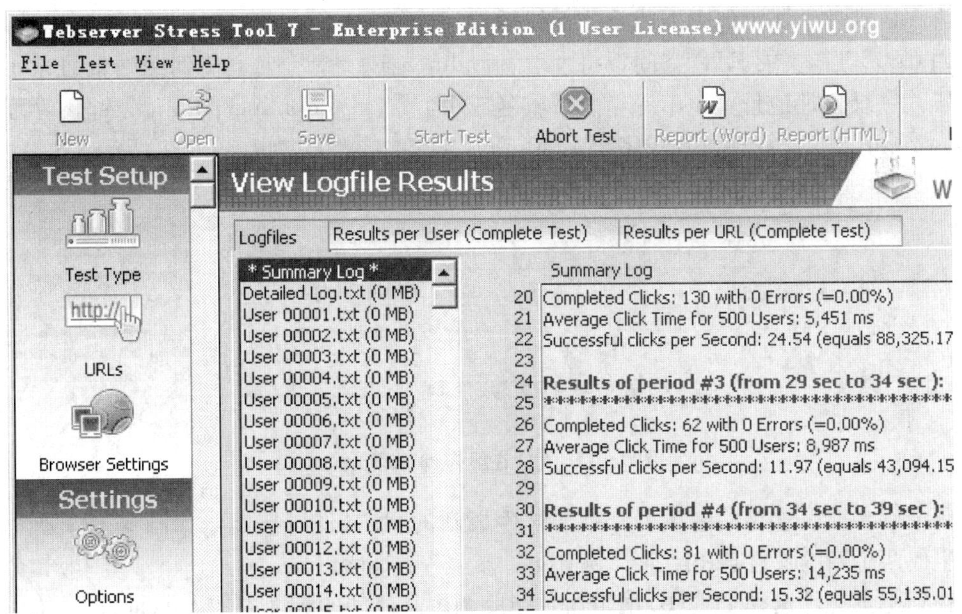

图9－10　Webserver Stress Tool压力测试

第二款软件是Web-CT V4.0（可到教学资源包中下载或百度搜索下载最新版）。该软件可以测试不同上网方式、在不同地区、访问Web不同页面、在不同并发访问密度情况下的客户端的反应时间、流量和流速；可以测试任何主机、WebServer和页面（HTML、CGI、JSP、PHP、ASP、GIF、Flash以及声音、MPEG等多媒体文档）；可以进行分布式多机并行测试，然后合并生成计算机测试报告，实现极高的服务器测试压力。

第三款软件是 Microsoft Web Application Stress Tool（可到教学资源包中下载或百度搜索下载最新版）。该软件由微软公司的网站测试人员开发，是专门用来进行实际网站压力测试的一套免费工具。通过这套功能强大的压力测试工具，用户可以使用少量的 Client 端计算机仿真模拟大量用户上线对网站服务所可能造成的影响，在网站实际上线之前先对网站进行如同真实环境下的测试，以找出系统潜在的问题，对系统进行进一步的调整、设置工作。

访问压力测试的另一种方法就是人工测试，可以多找一些朋友帮你测试，让他们提出问题和建议。

3. 网站信息维护

（1）网页维护。

网页维护主要包括下列内容：

1）修改、更新网页内容。对测试中出现的问题进行修改，以保证信息的准确性和有效性，吸引访问者经常访问。

2）不断添加新的内容。

例如，网站增加 QQ 在线咨询或 TQ 在线咨询功能，可以进行以下操作。

第一，到教学资源包中下载 QQ 在线插件（yz _ qqonline.· Rar），解压缩到本地磁盘，然后用 CuteFTP 登录 FTP 空间，将 yz _ qqonline. Rar 文件夹上传到网站根目录下。上传完毕，登录管理地址：http：//本站域名或 IP 或 yz _ qqonline/admin. asp，管理登录密码：admin（注：管理员登录密码在 admin. asp 中修改），如图 9－11 所示。

管理员登录

管理密码： 登录

小巷工作室QQ在线咨询插件 执行时间:0.000毫秒

图 9－11　QQ 在线咨询管理员登录

登录后台，设置相关参数后，点击“生成新的 JS 文件”按钮，如图 9－12 所示，即自动生成两个新的文件：top. js. bottom. js 和 yz _ qqonline. js。

找到主页文件选择 HTML 编辑器，在要调用此插件的页面中加入下面的 JS 调用代码即可，如图 9－13 所示。保存后到前台观看效果，可反复修改直至满意即完成。调用代码为：<script language＝“javascript” type＝“text/javascript” src＝“/yz_qqonline/yz_qqonline. js”></script>。

第二，到 www. tq. cn 网站免费注册会员。填写基本资料，获取 TQ 号码和嵌入代码，把嵌入代码插入调用网页源码中，保存。下载 TQ 洽谈通免费版，如图 9－14 所示，安装并登录即可完成。

3）删除过期的网页，同时要对过期的网页以档案形式编排保存，以便日后查询。

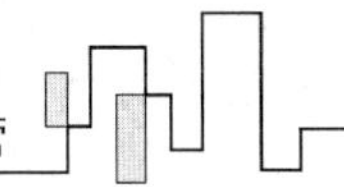

参数设置

位置：○ 居左 ◉ 居右

网站名：小巷论坛　使用皮肤：2

显示界面X坐标：2　Y坐标：2　参数修改

QQ号	描述	头像	编辑	删除
20818678	相老师		编辑	删除
451737277	小巷论坛		编辑	删除
2079700087	刘老师		编辑	删除
32397000	曹老师		编辑	删除

生成新的JS文件

添加新的QQ号

QQ号：

描述：

颜色：　输入颜色代码例如：#000000

头像：

图 9－12　QQ 在线插件设置

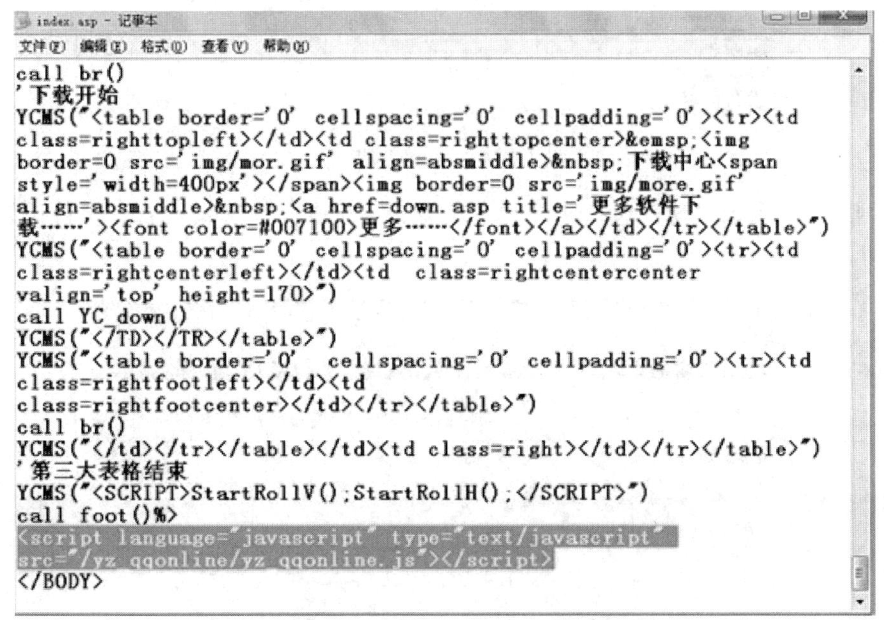

index.asp - 记事本

文件(F)　编辑(E)　格式(O)　查看(V)　帮助(H)

```
call br()
'下载开始
YCMS("<table border='0' cellspacing='0' cellpadding='0'><tr><td
class=righttopleft></td><td class=righttopcenter> <img
border=0 src='img/mor.gif' align=absmiddle> 下载中心<span
style='width=400px'></span><img border=0 src='img/more.gif'
align=absmiddle> <a href=down.asp title='更多软件下
载……'><font color=#007100>更多……</font></a></td></tr></table>")
YCMS("<table border='0' cellspacing='0' cellpadding='0'><tr><td
class=rightcenterleft></td><td class=rightcentercenter
valign='top' height=170>")
call YC_down()
YCMS("</TD></TR></table>")
YCMS("<table border='0' cellspacing='0' cellpadding='0'><tr><td
class=rightfootleft></td><td
class=rightfootcenter></td></tr></table>")
call br()
YCMS("</td></tr></table></td><td class=right></td></tr></table>")
'第三大表格结束
YCMS("<SCRIPT>StartRollV();StartRollH();</SCRIPT>")
call foot()%>
<script language="javascript" type="text/javascript"
src="/yz_qqonline/yz_qqonline.js"></script>
</BODY>
```

图 9－13　调用 QQ 在线代码

在进行网页内容更新的同时，还要保证信息内容的准确性，除了专门的文字内容校对外，还要对网页上的链接、图片、网页标题等进行检查。

图 9-14　TQ 洽谈通免费版下载

(2) 网站后台管理。

这里以壹佰分商城为例，对网站后台管理进行介绍。

进入网站后台，在 IE 地址栏输入后台管理路径（根据自己网站管理目录名确定），一般为 http：//域名/admin（网站管理目录，安全起见一般要改名）/index. asp，进入登录界面，输入管理员用户名与密码，进入商城后台管理，如图 9-15 所示。

图 9-15　后台管理首页

1）网站系统参数设置：包括网站联系信息、系统配置、显示设置、邮件设置等，如图 9-16 所示。

图 9-16　网站系统参数设置

2）支付方式设置：包括在线支付设置、支付宝设置、网银设置等，如图 9－17 所示。

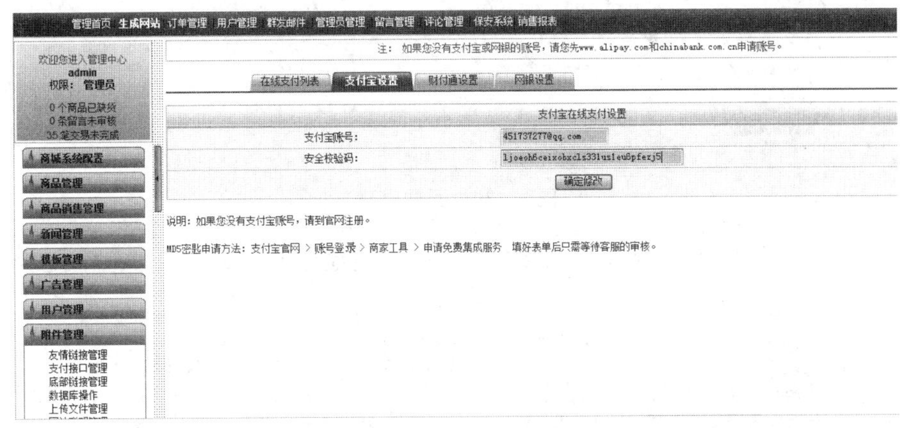

图 9－17　支付方式设置

3）商品管理：包括商品分类管理、添加商品、品牌管理、商品属性管理等，如图 9－18 所示。

管理首页 生成网站 订单管理 用户管理 群发邮件 管理员管理 留言管理 评论管理 保安系统 销售报表

欢迎您进入管理中心 admin 权限：管理员 0个商品已缺货 0条留言未审核 35笔交易未完成

商城系统配置 商品管理：商品分类管理 商品管理 颜色管理 洗涤说明 品牌管理 商品属性管理 礼品管理 活动分类管理 促销活动管理 商品销售管理 新闻管理

注：商品添加后请生成网站首页和最新上架页；商品列表的商品删除后被放入回收站。邮寄张帐是指每增加一件商品所增加的邮寄费用！

商品列表 添加商品 批量移动 回收站

条件查寻 选择大分类 选择小分类 关键词： 提交

ID	商品名称	商品编号	状态	推荐/特价	操作
151	白底蓝紫条纹	111044G	有货	荐特	生成 ｜编辑 ｜放入回收站
149	圆领印花T恤sea life（童装） 粉红	1K12220	有货	荐特	生成 ｜编辑 ｜放入回收站
148	双袋水洗休闲短袖衬衫 黑白格	765	有货	荐特	生成 ｜编辑 ｜放入回收站
147	方格双袋休闲短袖衬衫	432	有货	荐特	生成 ｜编辑 ｜放入回收站
144	印花短袖衬衫 蓝色	432	有货	荐特	生成 ｜编辑 ｜放入回收站
143	厨房用品两件套（围裙、隔热手套） 浅卡其	423	有货	荐特	生成 ｜编辑 ｜放入回收站
142	摔纹牛皮正装鞋（商务时尚款） 黑色	432	有货	荐特	生成 ｜编辑 ｜放入回收站
141	全棉斜纹直筒卡其裤 米白色	342	有货	荐特	生成 ｜编辑 ｜放入回收站
140	柔软水洗直筒牛仔裤 黑色	22	有货	荐特	生成 ｜编辑 ｜放入回收站
139	经典短袖POLO（女款） 冰绿	765	有货	荐特	生成 ｜编辑 ｜放入回收站

[首页 上一页 下一页 尾页] [页次：1/8页] [每页显示10条记录/总共75条记录]

图 9－18　商品管理

4）会员管理：包括会员级别设置、邮件群发等，如图 9－19 所示。

图 9－19　会员管理

5）新闻管理：包括新闻分类、新闻删除与更新等。工作人员只要在模板中输入相应的内容并提交后，网站的新闻管理功能就会将这些信息自动发布在 Web 页上，从而达到信息动态更新的目的，一般包括新闻列表、公告管理、添加新闻等，如图 9－20 所示。

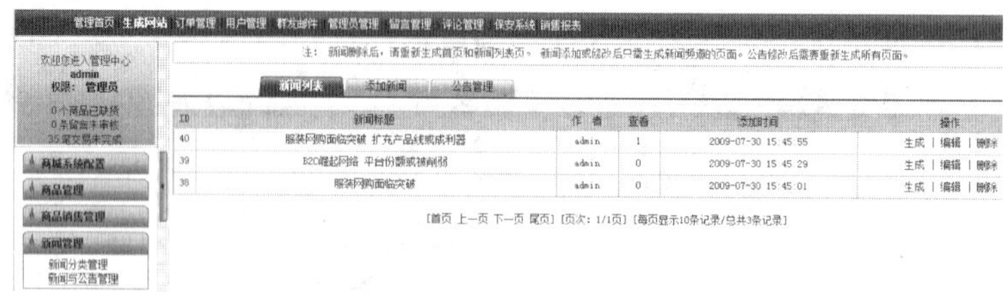

图 9－20　新闻管理

6）友情链接管理：包括链接网站名称、链接网站地址等，如图 9－21 所示。

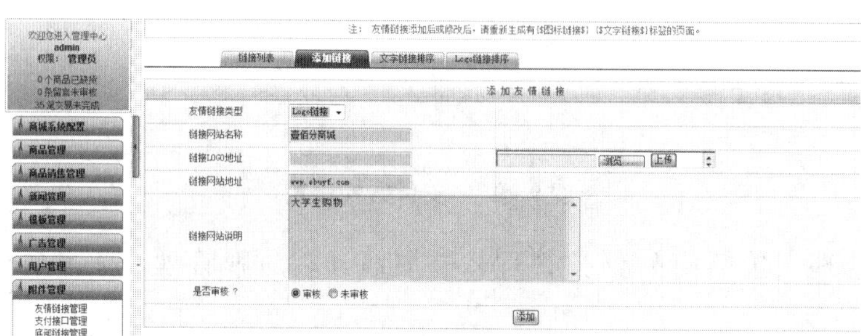

图 9－21　友情链接管理

7）广告管理：可以设置首页各类广告，如图 9－22 所示。

图 9－22　广告管理

8）数据库管理：包括数据库查看、数据库备份、数据库恢复、压缩数据库等，如图 9－23 所示。

（3）交互性组件维护。

网站中交互性组件包括留言簿、BBS、客户邮件等。要定期对这些组件上面的信息进行维护。对时间较长且没有什么价值的信息，以及一些恶意的、带有攻击性的信息要及时进行删除；对访问者发布的信息要进行有效的监控；对访问者提出的问题，要及时进行解答和回复，这样会给网站的访问者留下负责任的好印象；对客户反映的问题，要及时进行总结，从中提取有用的信息，用于支持网站的不断改进；对客户意见等信息，要及时进行处理，并且将处理结果在第一时间传递给客户。

（4）网站更新。

网站发布之后，随着企业的发展，经营项目、经营环境和竞争优势的变化，网站内容也应该进行更新。网站更新主要包括以下几个方面的内容：

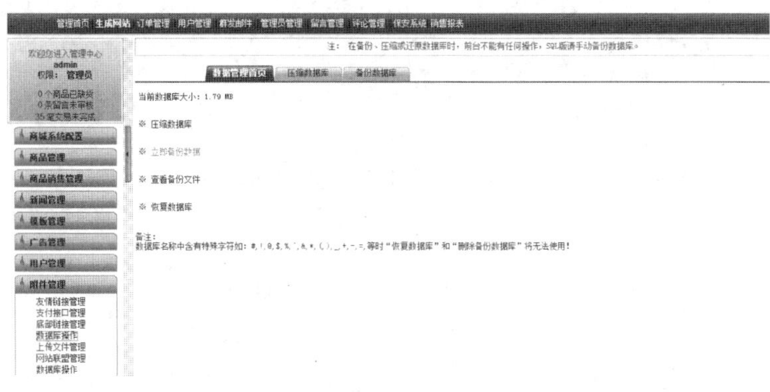

图 9-23　数据库管理

1）完善内容。主要是针对网站中与企业经营方向偏离和缺乏营销思想的地方，进行修改。

2）更换内容。网站运营过程中，不断会有新产品、新服务推出，这就需要经常更换网站内容，让浏览者感到网站在不断变化，不断充实新的内容，这样，才会吸引客户再次光顾网站。

3）更换风格。一般来说，网站风格最好不要频繁变动，但这并不意味着网站风格永远不变，对浏览者而言，面对风格永远不变的站点是会产生厌烦感的。网站管理者可以考虑在合适时间或周期性变换网站风格（更改网站模板即可实现，如图 9-24 所示），最好是随着公司经营项目的变化而改变，这样更有利于进行网站的宣传，也可在节假日期间或重大事件期间，如元旦、圣诞节、春节等期间改变主题。

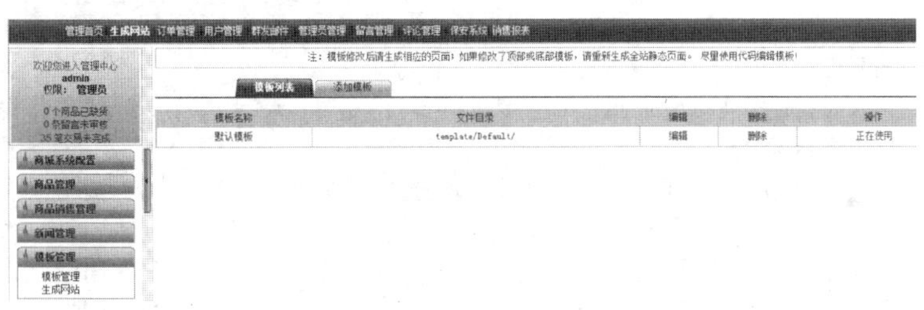

图 9-24　更换网站风格

模块二　电子商务网站推广

学习任务单 9-2

学习情境	小米和同学们成功发布了网站，也添加了商品，设定了商品价格、支付方式、配送方式等信息，网站的前台、后台功能均能实现，可是几天过去了，却没有一个订单，这是为什么呢？为此小米到网上去搜索原因，才知道是因为网站还需要推广，不做推广，没人知道你的网站。可是网站该怎么推广呢？对此，小米和同学们展开了学习。

环境需求	1. 互联网接入； 2. 计算机（每人一台）； 3. 网站推广软件； 4. 小组成功发布的电子商务网站； 5. 学习任务考核单（也可到教学资源包下载电子版）。
任务描述	任务 1： 1. 利用搜索引擎搜索网站推广的方法，并加以总结。 2. 到网易、腾讯、新浪等知名网站查看有哪些企业在做广告，并登录这些企业网站加以研究。 3. 阅读学习指南，同时到教学资源包中下载《网站运营之站长工具手册》《网站运营指导手册》，认真阅读与学习，编写本小组网站推广计划，并上传给指导教师。 4. 实施网站推广计划，分配组员任务。 任务 2： 针对自己小组的网站开展如下推广方法： 1. 网络广告：设计本小组网站推广的网站广告，和其他小组互换广告位进行推广。 2. 网站链接互换：各小组之间进行网站链接互换。 3. 搜索引擎推广：到教学资源包中下载《SEO 实操手册》，登录搜索引擎，免费收录网址，填写信息，完成收录，并用搜索引擎进行搜索测试。 4. 邮件收集与群发：网上搜索下载邮件收集与群发软件，或到教学资源包中下载，进行邮件收集，各组将所收集邮件地址打包上传，教师将所有邮件地址整合，再发给各组，各组自己设计邮件内容与格式，进行邮件群发。 5. QQ 营销：小组成员每人除自己的 QQ 号码外，再注册两个以上 QQ 号码，添加和本组网站经营商品相关的客户群号码（如 16～22 岁，女性，根据产品的使用人群特征进行），每人分配不同的地区，将 QQ 好友加满为止。创建 1～2 个 QQ 群，加入 10 个以上相关群。从教学资源包中下载 QQ 群发软件，设置群发信息进行 QQ 群发。 6. 微博营销：要求每人写一篇博文，并发表，将微博原文上传给指导教师作为一项考评内容。 7. 微信营销：利用自己的微信号，运用附近的人、朋友圈、微信群、二维码等工具对网站进行推广。 8. 其他网站推广方法（可参考教学资源包提供的《五十个常用网站推广方法》的文档），除上述网站推广方法外，每组还要另外找到两种以上其他方法并进行测试使用，对其方法和效果作评论。 9. 小组制作网站推广总结报告。 以上任务建议 6～8 学时完成。
任务间歇	播放励志 MV（教学资源包提供）。
讨论	我们自己的网站能不能在网易等知名网站上做网络广告？如果你是一家大公司的市场总监，你有此打算吗？
小调查	问题 1：你认为网站推广采用哪种方法效果较好？ 问题 2：你认为还有哪些好的营销方法？
任务拓展	课余时间不间断地以各种方式进行小组网站推广和小组淘宝店推广。

学习任务考核单 9-2

组名：　　　　　　　　　　　　　　　　　　　　　　　　　　　　编号：9-2

组长及职责：				
组员及职责：				
口号：				
序号	任务	分值	评价	成绩
1	网站推广方法	10分	小组归纳	
2	网站推广计划书	20分	指导教师评价	
3	网站推广效果评价	20分	小组自身评价	
4	网络广告设计	20分	小组间互评	
5	微博、微信（小组平均分）	20分	指导教师评价	
6	网站推广总结报告	10分	指导教师评价	
合　计				

*请学生填写完学习任务考核单后上交。

学习指南

1. 电子商务网站推广工作概述

网站开发出来，上线使用后，网站推广成为紧急而重要的工作，网站如果不进行推广，就容易成为信息的孤岛，长期没有多少人访问，渐渐地就失去了建站的意义。常常有企业抱怨说，花了钱做企业网站，没有用处，也没有促进销售，其实主要原因就是没有进行推广。要知道，全世界的网站有几千万个，不做推广就会淹没在信息的汪洋中。“酒香不怕巷子深”的时代早已经过去，再好的产品和服务也需要让目标客户知道并了解，才能获得发展。网站就是公司的产品，电子商务网站也不例外，网站所提供的服务就是公司的服务，需要使用一系列方法和手段，使网站流传于公司的目标群体之中，这就是网站推广。

1.1　网站推广的含义

网站推广就是指让更多的客户知道公司的网站在什么位置。顾名思义，就是通过营销手段，把公司的网站信息推广到目标受众那里，促使其访问。网站推广狭义上讲是指通过基于互联网采取的各种手段方式进行的一种宣传推广活动，以达到提高品牌知名度的效果。同传统广告相同，网站推广的目的是增加自身的曝光度以及对品牌的维护。广义上的网站推广也可理解为网络营销。

1.2　网站推广的任务

网站推广的任务主要包括两个方面，即让不知道的目标客户知道，让已经知道的目标客户明白。

1.3　网站推广的方法

网站推广的方法可以分为搜索引擎推广方法、电子邮件推广方法、资源合作推广方法、信息发布推广方法、病毒式营销方法、事件营销推广方法、网络广告推广方法和综合网站推广方法等。

1.3.1 搜索引擎推广方法

搜索引擎推广方法是指利用搜索引擎、分类目录等具有在线检索信息功能的网络工具进行网站推广的方法。搜索引擎推广的方法又可以分为多种不同的形式,常见的有登录免费分类目录、登录付费分类目录、搜索引擎优化、关键词广告、关键词竞价排名、网页内容定位广告等。

1.3.2 电子邮件推广方法

以电子邮件为主要的网站推广手段,常用的方法包括电子刊物、会员通讯、专业服务商的电子邮件广告等。基于用户许可的 E-mail 营销与滥发邮件不同,许可营销比传统的推广方式或未经许可的 E-mail 营销具有明显的优势。

1.3.3 资源合作推广方法

通过网站交换链接、交换广告、内容合作、用户资源合作等方式,在具有类似目标网站之间实现互相推广的目的,其中最常用的资源合作方式为网站链接策略,利用合作伙伴之间网站访问量资源合作互为推广。

1.3.4 信息发布推广方法

将有关的网站推广信息发布在其他潜在用户可能访问的网站上,利用用户在这些网站获取信息的机会实现网站推广的目的,适用于这些信息发布的网站,包括在线黄页、分类广告、论坛、博客网站、供求信息平台、行业网站等。

1.3.5 病毒式营销方法

病毒式营销方法并非传播病毒,而是利用用户之间的主动传播,让信息像病毒那样扩散,从而达到推广的目的。病毒式营销方法实质上是在为用户提供有价值的免费服务的同时,附加上一定的推广信息,常用的工具包括免费电子书、免费软件、免费 Flash 作品、免费贺卡、免费邮箱、免费即时聊天工具等,可以为用户获取信息,使用网络服务、娱乐等带来方便的工具和内容。

1.3.6 事件营销推广方法

事件营销(Event Marketing)是企业通过策划、组织和利用具有新闻价值、社会影响以及名人效应的人物或事件,吸引媒体、社会团体和消费者的兴趣与关注,以求提高企业或产品的知名度、美誉度,树立良好品牌形象,并最终促成产品或服务销售目的的手段和方式。

简单地说,事件营销就是通过把握新闻的规律,制造具有新闻价值的事件,并通过具体的操作,让这一新闻事件得以传播,从而达到广告的效果。事件营销是近来国内外十分流行的一种公关传播与市场推广手段,集新闻效应、广告效应、公共关系、形象传播、客户关系于一体,并为新产品推介、品牌展示创造机会,建立品牌识别和品牌定位,形成一种快速提升品牌知名度与美誉度的营销手段。

1.3.7 网络广告推广方法

网络广告是常用的网络营销策略之一(在项目七中已介绍),在网络品牌、产品促销、网站推广等方面均有明显作用。网络广告的常见形式包括旗帜型广告、关键词广告、分类广告、赞助式广告、邮件广告等。旗帜型广告所依托的媒体是网页,关键词广告属于搜索

引擎营销的一种形式，邮件广告则是许可 E-mail 营销的一种，网络广告需要与各种网络工具相结合才能实现信息传递的功能。

1.3.8　软文推广方法

顾名思义，“软文”相对于硬性广告而言，是由企业的市场策划人员或广告公司的文案人员来负责撰写的“文字广告”。与硬广告相比，软文之所以叫作软文，精妙之处就在于“软”字，好似绵里藏针，收而不露，克敌于无形。

等到你发现这是一篇软文的时候，你已经冷不丁地掉入了被精心设计过的“软文广告”陷阱。它追求的是一种春风化雨、润物无声的传播效果。如果说硬广告是外家的少林功夫；那么，软文则是绵里藏针、以柔克刚的武当拳法，软硬兼施、内外兼修，才是最有力的营销手段。

1.3.9　微信营销推广方法

微信营销是网络经济时代企业或个人营销模式的一种，是伴随着微信的火热而兴起的一种网络营销方式。微信不存在距离的限制，用户注册微信后，可与周围同样注册的“朋友”形成一种联系。用户订阅自己所需的信息，商家通过提供用户需要的信息，推广自己的产品，从而实现点对点的营销。

1.3.10　综合网站推广方法

除了前面介绍的常用网站推广方法之外，还有许多专用性、临时性的网站推广方法，如有奖竞猜、在线优惠券、有奖调查、针对在线购物网站推广的比较购物和购物搜索引擎等，有些甚至采用建立一个辅助网站的方式进行推广。

网站推广的方法很多，但是在推广的时候，一定要结合自己的运营团队，选择几种最适合自己的来做，然后把这些方法都用到极致，这样才能达到最好的效果。如何把自己选择的方法都用到极致呢？那就需要在细节上多下功夫。

知识链接

电子商务网站推广手段

按照是否需要付费可以把电子商务网站推广渠道划分为以下两种：

（1）免费网络推广手段（不进行直接资金付费，主要以网上资源、人力成本为主），包括：

1）SEO（搜索引擎优化）；

2）邮件，尤其是含促销或奖励性质（病毒式营销）；

3）博客、论坛、播客（视频）；

4）软文营销；

5）口碑营销。

（2）付费网络推广手段（需要为流量引入支付直接成本），包括：

1）搜索引擎广告（百度竞价、Google 关键字广告、其他搜索引擎广告）；

2）联盟广告（Google 联盟广告、阿里妈妈、一起发等其他联盟类广告）；

3）门户广告（新浪、搜狐等）；

4）IM（Instant Message，即时通信）广告（QQ 窗口广告、MSN）；

5）下载工具相关（MP3 音乐下载窗口广告、迅雷），播放工具相关（暴风影音等），QQ 相关（QQ 开心农场助手）；

6）多媒体广告（Flash 弹窗、视频广告）；

7）社区广告；

8）代写软文、博客。

2. 网站推广计划

制订网站推广计划本身也是一种网站推广策略，推广计划不仅是推广的行动指南，同时也是检验推广效果是否达到预期目标的衡量标准，所以，合理的网站推广计划也就成为网站推广策略中必不可少的内容。

网站推广计划书至少应包括三个方面的基本内容：网站推广的阶段目标；网站发布运营的不同阶段所采取的网站推广方法；网站推广策略的控制和效果评价。

（1）确定网站推广的阶段目标。

例如，网站在发布后 1 年内实现每天独立访问用户数量、与竞争者相比的相对排名、在主要搜索引擎的表现、网站被链接的数量、注册用户数量等。

（2）在网站发布运营的不同阶段所采取的网站推广方法。

如果可能，最好在网站推广计划书中详细列出各个阶段的具体网站推广方法，如登录搜索引擎的名称、网络广告的主要形式和媒体选择、需要投入的费用等。

（3）网站推广策略的控制和效果评价。

例如阶段推广目标的控制、推广效果评价指标等。对网站推广计划的控制和评价是为了及时发现网络营销过程中的问题，保证网络营销活动的顺利进行。

知识链接

某网站的推广计划（简化版）

某公司生产和销售旅游纪念品，为此建立一个网站来宣传公司产品，并且具备了网上下订单的功能。该网站第一个推广年度分为 4 个阶段，每个阶段 3 个月左右，包括网站策划建设阶段、网站发布初期、网站增长期和网站稳定期。该网站制定的推广计划书主要包括下列内容：

（1）网站推广目标：计划在网站发布 1 年后达到每天独立访问用户 2 000 人，注册用户 10 000 人。

（2）网站策划建设阶段的推广：也就是从网站正式发布前就开始推广的准备，在网站建设过程中从网站结构、内容等方面对谷歌、百度等搜索引擎进行优化设计。

（3）网站发布初期的基本推广手段：登录 10 个主要搜索引擎和分类目录（列出计划登录网站的名单）、购买 2～3 个网络实名/通用网址、与部分合作伙伴建立网站链接。另外，配合公司其他营销活动，在部分媒体和行业网站发布企业新闻。

（4）网站增长期的推广：当网站有一定访问量之后，为继续保持网站访问量的增长和品牌提升，在相关行业网站投放网络广告（包括计划投放广告的网站及栏目选择、广告形式等)，在若干相关专业电子刊物投放广告，与部分合作伙伴进行资源互换。

(5) 网站稳定期的推广：结合公司新产品促销，不定期发送在线优惠券；参与行业内的排行评比等活动，以期获得新闻价值；在条件成熟的情况下，建设一个中立的与企业核心产品相关的行业信息类网站来进行辅助推广。

(6) 推广效果的评价：对主要网站推广措施的效果进行跟踪，定期进行网站流量统计分析，必要时与专业网络顾问机构合作进行网络营销诊断，改进或者取消效果不佳的推广手段，在效果明显的推广策略方面加大投入比重。

知识链接中的这个案例并不是一个完整的网站推广计划，它仅仅笼统地列出了部分重要的推广内容，不过，从这个简单的网站推广计划中，我们仍然可以得出几个基本结论：

1) 制订网站推广计划有助于在网站推广工作中有的放矢，并且有利于有步骤、有目的地开展工作，避免遗漏。

2) 网站推广是在网站正式发布之前就已经开始进行的，尤其是针对搜索引擎的优化工作，在网站设计阶段就应考虑到推广的需要，并做必要的优化设计。

3) 网站推广的基本方法对于大部分网站都是适用的，也就是所谓的通用网站推广方法，一个网站在建设阶段和发布初期通常都需要进行这些常规的推广。

4) 在网站推广的不同阶段需要采用不同的方法，也就是说网站推广方法具有阶段性的特征。有些网站推广方法可能长期有效，有些则仅适用于某个阶段，或者临时性采用，各种网站推广方法往往是相结合使用的。

5) 网站推广是网络营销的内容之一，但不是网络营销的全部，同时网站推广也不是孤立的，需要与其他网络营销活动相结合来进行。

6) 网站进入稳定期之后，推广工作不应停止，但由于进一步提高访问量有较大难度，需要采用一些超越常规的推广策略。

7) 网站推广不能盲目进行，需要进行效果跟踪和控制。在网站推广评价方法中，最重要的一项指标是网站的访问量，访问量的变化情况基本上反映了网站推广的成效，因此网站访问统计分析报告对网站推广的成功具有至关重要的作用。

案例中给出的是网站推广总体计划，除此之外，针对每一种具体的网站推广措施制订详细的计划也是必要的，例如关于搜索引擎推广计划、资源合作计划、网络广告计划等，这样可以更加具体化，对更多的问题提前进行准备，便于网站推广效果的控制。

行动指南

1. 网站推广工作指南

1.1　搜索引擎推广

全球最大网络调查公司 Cyber Atlas 的一项调查表明，网站 75%的访问量都来自搜索引擎的推荐。美国权威顾问公司 IMT Strategies 的最新调查发现了新网站推广的有效途径：搜索引擎占 85%；自由冲浪占 6%；口碑宣传占 4%；旗帜型广告占 2%；偶然发现、报纸、电视各占 1%。搜索引擎作为网站推广的首选媒介，有着不可忽视的作用。

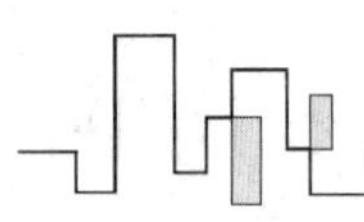

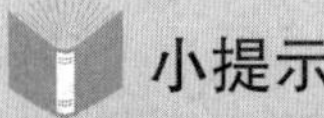
小提示

搜索引擎排名的重要性

现在您了解了网站登录搜索引擎的重要性，但是，您了解搜索引擎排名位置的重要性吗？您是否有过这样的经历，您在某一搜索引擎中查找您所期望的信息，反馈结果告诉您有10 000条相关信息，您查看哪一条？您最多也就看看排在前面的头10条或20条，您无意间忽略了第21条至第10 000条的信息，其中不乏有价值的内容。

反过来说，如果您的页面排在检索结果的第21条至第10 000条中（很有可能），这种登记对您的网站还有意义吗？低的排名还不仅仅导致了对您站点访问量的流失，更为严重的是，在您网页检索排名之前的检索结果信息，都可被视为您的竞争对手。由于您的排名落在竞争对手之后，访问者首先访问的是您的竞争对手，如果访问者对您对手的站点满意，就不再访问您的站点了。统计结果表明：

65%～70%的网民点击搜索结果的第一页，即前10条。

20%～25%的网民点击搜索结果的第二页，即第11～20条。

网站运营过程中，我们有必要随时掌握自己网站被搜索收录的情况，同时还应该了解自己的竞争对手网站在搜索引擎中的表现情况，有利于自己网站调整战略方向，做到“知己知彼，百战不殆”。下面介绍一些常用的搜索引擎，比如Baidu、Google、Yahoo、Sogou等的一些常用搜索指令。

1.2 查询总收录页面（以163网站为例）

site：网站域名（适合所有搜索引擎，“site:”和站点名之间不要带空格）。如打开百度搜索栏输入“site:www.163.com”，如图9－25所示。

图9－25 查询总收录页面

1.3 查询所有包含目标网址的页面（双引号命令）

Baidu使用：www.163.com，Google使用：+：www.163.com或者www.163.com。

1.4 查询某一时期收录情况

（1）Baidu使用：http://www.baidu.com/gaoji/advanced.html，在高级搜索里主要作以下设置（其他默认即可），如图9－26所示。

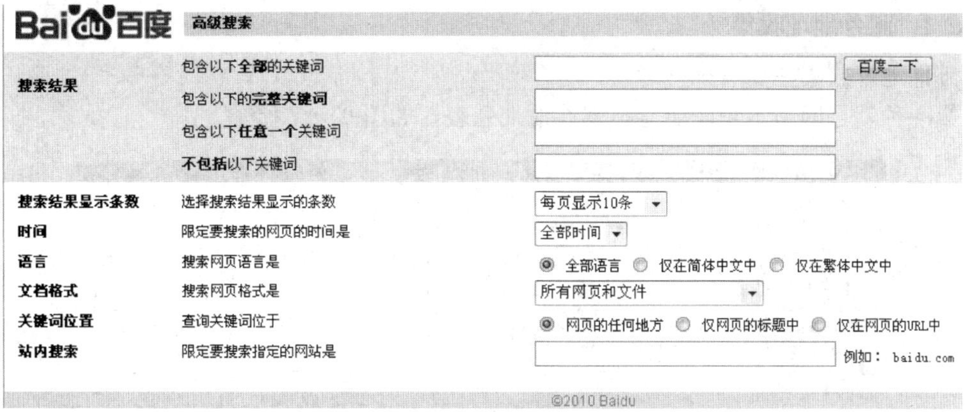

图 9-26　百度高级搜索页面

1）时间：可选最近一天、一周、一月等。

2）站内搜索：输入目标网站，如 www.163.com。

（2）Google 使用：http://www.google.com.hk/preferences? hl=zh-CN。

1.5　关键词使用指数查询（以百度为例）

登录 http://index.baidu.com，输入目标关键词/字/词组，可查看该词在当天、当周、当月等周期的用户查询次数。

1.6　新网站、页面的提交（免费）

Baidu 使用：http://www.baidu.com/search/url_submit.html。

Google 使用：http://www.google.com/addurl/? hl=zh-cn&continue=/addurl。

Yahoo 使用：http://search.help.cn.yahoo.com/h4_4.html。

Sogou 使用：http://www.sogou.com/feedback/urlfeedback.php。

1.7　竞价排名（以百度为例）

如果想让自己的网站在百度搜索中排名靠前，需要给百度支付一定的费用，具体价格和方式需要联系百度渠道客服人员。

2. 电子邮件网站推广

随着网民的成长和互联网应用水平的提高，越来越多的人将电子邮件作为工作和生活的交流工具。而对于企业来说，上网建站、使用企业邮箱也是必然趋势。对我国 4 000 多万家中小企业来说，网站发展空间很大。等到我国大部分企业都建立自己的网站和邮箱，不但可以带动企业电子邮件营销的巨大商机，也可以促使巨大规模的企业员工使用互联网、使用邮箱，从而全面提升电子邮件的使用率。电子邮件使用率稳定在较高水平将是必然结果，也是一个国家互联网应用成熟的表现之一。美国的电子邮件使用率为 91%，韩国为 82.5%。与此相比，我国的电子邮件使用率提升空间还很大，当然也需要较长的时间。

那么如何使用电子邮件进行网站推广呢？实践中主要有两个方面的工作：一是收集足够的邮件地址；二是邮件发送。

2.1 邮件地址收集

邮件地址收集主要有三种形式：

第一种就是网站本身注册会员邮件地址列表，如图 9－27 所示。

ID	用户名	真实姓名	权限	最后登陆时间	最后登陆IP	登陆次数	操作
23	[illegible]		普通用户	2013-11-21 11:20:09	172.1.4.30	1次	编辑 | 删除
22	3350764630qq.com	测试	普通用户	2010-12-23 17:45:41	121.0.29.231	1次	编辑 | 删除
21	2733994180qq.com		普通用户	2010-12-25 17:04:47	113.97.178.220	5次	编辑 | 删除
19	asb@163.com	陈平	普通用户	2009-08-20 11:05:26	127.0.0.1	2次	编辑 | 删除
18	web@winpai.com	陈小姐	普通用户	2009-07-30 21:37:29	127.0.0.1	2次	编辑 | 删除

图 9－27　会员邮件列表

第二种是利用邮箱搜索软件进行收集，可以上网搜索关键词“邮箱搜索软件”，寻找免费版或破解版（限于学习研究使用，注意查杀病毒）。

第三种是直接购买邮件地址（慎用），现在很多营销网站都卖邮件地址，动辄几亿个，一般价格在 200 元～1 000 元。购买的邮件地址的缺点是有效性不强，其中有很多失效的邮箱。本书配套教学资源包中提供了 1.2 亿个邮件地址，可做测试。

2.2 邮件群发

邮件群发的方法也有三种：

（1）利用网站本身邮件群发功能进行群发，限于本网站会员，针对性强。如在图 9－28 中，选择要发送的邮件地址，点击“群发邮件”按钮即可发送。

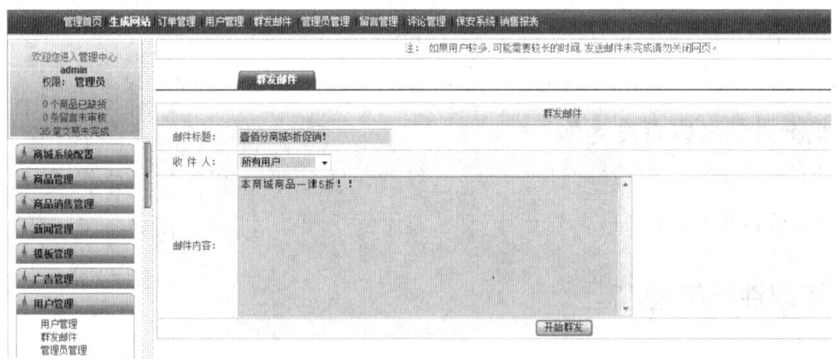

图 9－28　邮件搜索

（2）利用邮箱客户端软件，如 Foxmail、Outlook Express、网易闪邮等。以 Foxmail 为例，电脑安装 Foxmail 并运行，主界面选择“邮箱”主菜单，点击“新建邮箱账户”，如图 9－29 所示，填写自己的邮件地址和密码，下一步设置邮件服务器，最后完成。

Foxmail 设置成功后，开始群发邮件，选择“撰写”打开写邮件界面，分别点击“收件人”“抄送”，在邮件地址列表导入邮件地址。编写邮件主题和内容，插入附件，点击“发送”，开始邮件群发，如图 9－30 所示，其他邮件客户端软件使用原理大同小异。

（3）利用邮箱群发软件进行群发（本书配套教学资源包提供一款邮件群发软件，可下载尝试，也可网上搜索下载）。

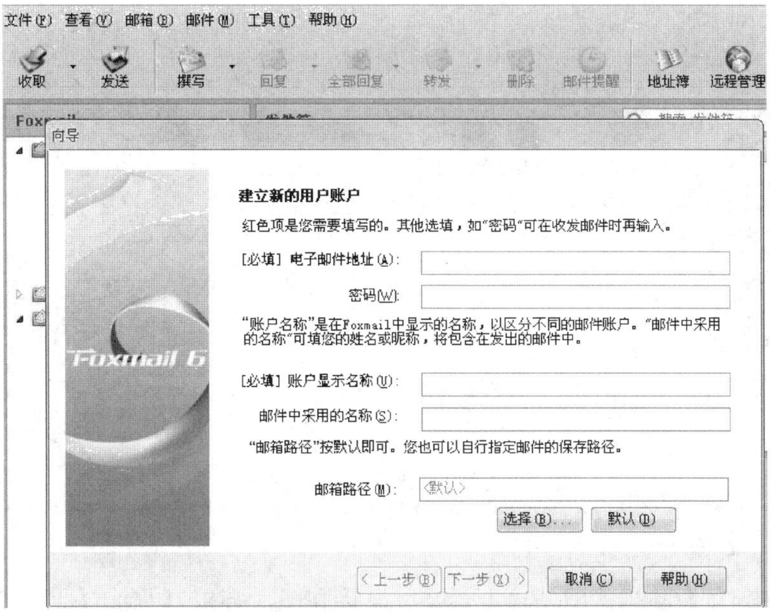

文件(F) 查看(V) 邮箱(B) 邮件(M) 工具(T) 帮助(H)
收取 发送 撰写 回复 全部回复 转发 删除 邮件提醒 地址簿 远程管理
向导
建立新的用户账户
红色项是您需要填写的。其他选填，如"密码"可在收发邮件时再输入。
[必填] 电子邮件地址(A):
密码(W):
"账户名称"是在Foxmail中显示的名称，以区分不同的邮件账户。"邮件中采用的名称"可填您的姓名或昵称，将包含在发出的邮件中。
[必填] 账户显示名称(U):
邮件中采用的名称(S):
"邮箱路径"按默认即可。您也可以自行指定邮件的保存路径。
邮箱路径(M): <默认>
选择(B)... 默认(D)
<上一步(B) 下一步(X)> 取消(C) 帮助(H)
Foxmail 6

图 9-29　Foxmail 设置

买服装就到"美人的国度"！ - 写邮件
邮件(M) 编辑(E) 查看(V) 插入(I) 格式(F) 选项(O) 工具(T)
发送 保存内容 特快专递 插入签名 附件 会议请求 切换账户 选项
收件人:
抄送:
主题: 买服装就到"美人的国度"！
地址列表
你想买到物美价廉，称心如意的时尚服装吗？请到"美人的国度"，双皇冠信誉保证
网址：www.meirendequodu.cn
qianwen008
qinli
qinting767839436
Qoo
rendily
songqianlin89

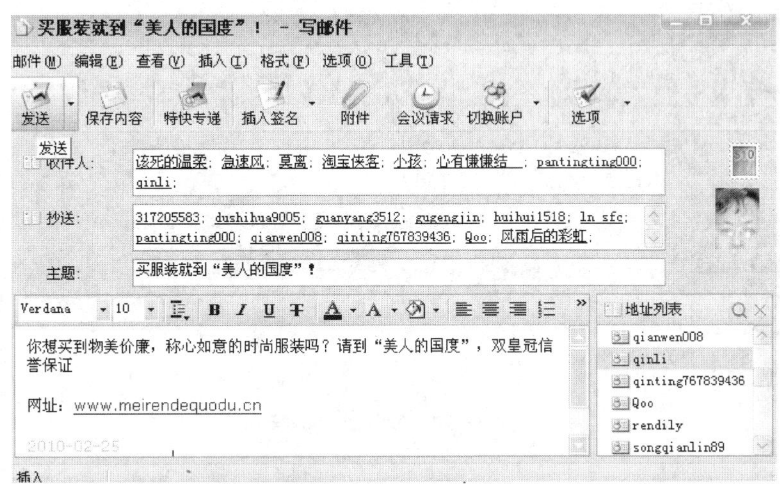

图 9-30　Foxmail 邮件群发

3. 网络广告与链接互换

3.1　网络广告

网络广告推广主要有两种形式：第一种形式是在一些知名网站，如门户网站（网易、腾讯、新浪等）购买广告位投放广告推广网站，需要付费；第二种形式是通过网站之间广告位互换进行推广，一般是免费的。下面以后者为例介绍网络广告推广。

广告互换主要是找一些流量相当，或者是内容互补的网站交换广告。方法如下：

（1）各自设计自己的广告（设计方法见项目七），然后将设计好的广告媒体发送给对方，广告设计要精美、动静结合。图片要链接自己的网站。

（2）发布对方的广告。进入网站后台管理，选择广告管理→广告类型→浏览和上传广告文件，确定即可完成发布，如图 9－31 所示。

注：广告修改或添加后，请生成首页和相应的页面。如广告不显示请检查模板相应位置是否放置广告标签！

id	广告类型	网站名称	广告文字内容	广告链接地址	调用标签	广告操作
1	图片广告	防辐射孕妇装banner	勿删可修改…	#	{$自定义广告_1$}	编辑 | 删除
2	图片广告	防辐射学生电脑服banner	勿删可修改…	#	{$自定义广告_2$}	编辑 | 删除
3	图片广告	银纤维系列	勿删可修改…	#	{$自定义广告_3$}	编辑 | 删除
4	图片广告	防辐射男士系列	勿删可修改…	#	{$自定义广告_4$}	编辑 | 删除
5	图片广告	防辐射眼镜	勿删可修改…	#	{$自定义广告_5$}	编辑 | 删除
6	图片广告	分类8页广告	勿删可修改…	#	{$自定义广告_6$}	编辑 | 删除
7	图片广告	首页730*422	首页第一张…	#	{$自定义广告_7$}	编辑 | 删除
8	图片广告	首页730*422	首页第二张…	#	{$自定义广告_8$}	编辑 | 删除
9	图片广告	首页730*422	首页第三张…	#	{$自定义广告_9$}	编辑 | 删除
10	图片广告	首页730*422	首页第四张…	#	{$自定义广告_10$}	编辑 | 删除

图 9－31　广告互换

3.2　链接互换

找一些浏览量高的相关网站，进行文字链接和图片链接以及首页醒目位置的链接交换，方法和广告互换相同，不再赘述，具体如图 9－32 所示。

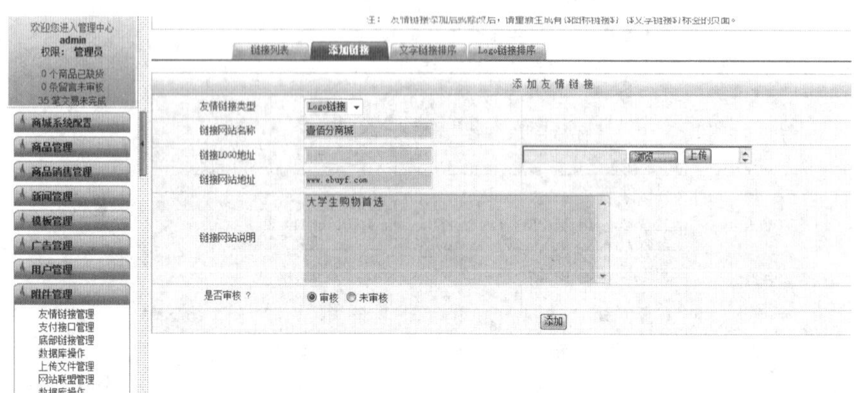

图 9－32　网站地址链接

4. QQ 网站推广

QQ、旺旺等即时通信软件深受欢迎。QQ 是目前使用最多的一款，拥有广泛的客户群，可以充分利用这一资源免费进行网站推广，主要推广方式有 QQ 消息群发、QQ 群群发、QQ 邮件群发、QQ 博客推广等。

4.1　QQ 消息群发

首先多注册几个 QQ 号码，每个 QQ 添加和网站经营商品相关的目标群好友。腾讯公司每天添加好友有上限，可以分地区一天加一些，分几天完成。这样 1 个 QQ 号码假设可以添加 200 个好友，50 个 QQ 号码就可以添加 10 000 个好友，利用 QQ 群发软件就可以给他们发信息。

QQ 群发软件目前很多，如豪迪 QQ 群发软件（可以到教学资源包中下载或网上搜索最新版），该软件的试用版限制为每次群发用户 20 位限额，但功能完整，如图 9 - 33 所示。

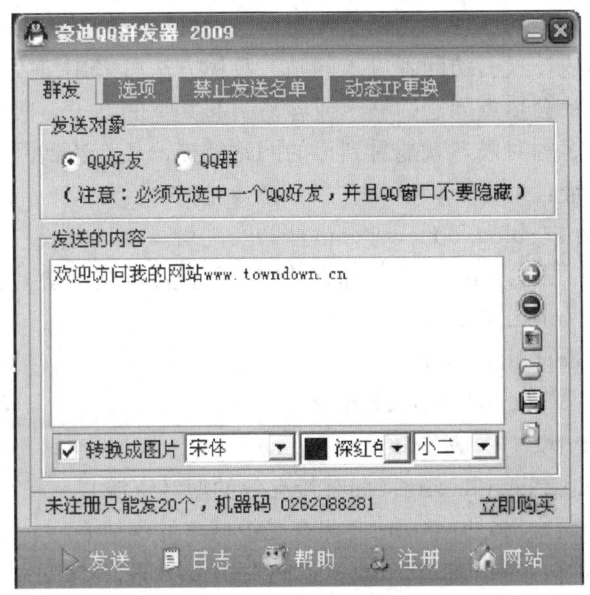

图 9 - 33　QQ 群发

4.2　QQ 群群发

每个 QQ 建 1～2 个群，再加入几十个其他群，每天群发一遍网站信息。如果 QQ 更多，加入的群也会更多，加入的群越大，每个群的人数越多，宣传效果就越好。即使排除不在线的 QQ 用户，效果也不容低估。发送方式和 QQ 消息群发一样，选择 QQ 群即可。

4.3　QQ 邮件群发

QQ 拥有大量使用者，其邮箱和 QQ 捆绑，可以通过群发邮件宣传网站。方法是先收集 QQ 软件，然后按照地区、年龄等区分有针对性地收集 QQ 邮箱。QQ 邮件群发比传统邮件群发更有针对性。

4.4　QQ 签名、QQ 心情、QQ 博客推广

把 QQ 签名加入自己的网站信息，经常更换个性签名，写博客或转载博客吸引好友进入你的空间，在你空间里的显著位置介绍相关的网站信息与链接。

小提示

为了使别人喜欢加你为好友，要对 QQ 进行个性化设置，比如好的名字、漂亮的头像、往相册里面传一些漂亮的图片。要真正做好 QQ 群推广，精髓在于培养感情，简单来说是混个脸熟，要跟群里的管理员与群友打成一片。这是需要一定的时间沉淀和努力的。毕竟在几百个 QQ 群聊天并和群友混熟不是一件容易的事，首先需要大把的时间，至于具体如何有效地维持关系，这就得靠个人的修为了。混熟之后再谈广告的事是最为合适的，而且这时跟管理员要个群公告也不是一件很难的事了。

5. 博客推广

博客推广的方法就是利用博客营销手段对自己的网站进行推广，主要是通过在软文中加入网站的地址和描述，吸引访问者进入网站。具体方法可采用每人开通几个博客，在博客里发表或转载一些社会热点问题的帖子或容易引起共鸣的帖子，吸引更多的网友浏览你的博客。网友在看博客的时候，就能看到你的网站链接，从而达到网站推广的目的。

(1) 常见博客地址：

1) Donews：http://blog. donews. com。

2) 新浪：http://blog. sina. com（拥有博客更新速度快的优势）。

3) 搜狐：http://blog. sohu. com。

4) 163：http://blog. 163. com。

5) Bokee：http://www. bokee. com。

6) 网友天下：http://www. wangyou. com。

7) 和讯博客：blog. hexun. com（拥有最有效的博客资源）。

8) Blogbus：http://blogbus. com（拥有二级域名的优势）。

9) 百度空间：http://hi. baidu. com。

10) 博客中国：http://www. blogchina. com。

11) QQ空间：http://qzone. qq. com（越来越火，值得特别关注）。

(2) 写博客的注意事项：

1) 主题要明确，这样有利于客户和搜索引擎优化；

2) 博客内容要原创和经常更新（这点是最关键的）；

3) 博客日志注意选择分类，这样客户才容易选择想要的，搜索引擎也好分类；

4) 发布日志时，标题尽量突出你的关键词。

模块三　电子商务网站业务处理与客服

学习任务单 9-3

任务情境	经过一段时间的网站推广，小米和同学们的网站的访问量大大提升，订单也不断增加，不过还是有很多失效订单。小米想，做好电子商务必须提高有效订单。经过分析，她发现，失效订单主要由于网站在订单处理上不及时，客户服务还不到位，在产品营销方面也很欠缺。那么如何才能解决这些问题呢？对此小米和她的团队展开了深入的学习。
环境需求	1. 互联网接入； 2. 计算机（每人一台）； 3. 学习任务考核单。

任务描述	任务 1： 1. 对本组网站的订单进行处理，采取一些营销策略，如打折、免费送赠品等，进行产品营销，进行客户回访，与客户在线交流。 2. 对本组网站流量、订单量、交易额、盈利情况进行统计和分析。 任务 2： 撰写本组网站运营总结报告（总结报告的模板可到教学资源包中下载），各小组就网站运营情况选派代表进行现场发布，小组成员交流体会。 以上任务建议 4 学时完成。 注：课程至此结束，但网站运营可继续，也可重新整合小组。
任务间歇	播放励志 MV（教学资源包提供）。
讨论	网站运行中各小组出现了哪些问题？
任务拓展	利用在校期间的课余时间继续经营网站，尝试其他类型网站的建设如门户网站、论坛等。

学习任务考核单 9-3

组名：　　　　　　　　　　　　　　　　　　　　　　　　编号：9-3

组长及职责：				
组员及职责：				
口号：				
序号	任务	分值	指导教师及自身评价	成绩
1	网站总访问量	20 分		
2	网站订单总数量	20 分		
3	有效订单量	20 分		
4	销售额及利润	20 分		
5	网站运营总结报告	20 分		
合　计				

* 请学生填写完学习任务考核单后上交。

行动指南

1. 网站产品维护与订单处理

1.1　产品维护

为了做好网站运营，必须对网站运营人员进行角色分配。在网站的运营过程中，工作人员可分为若干不同的角色，按照这些角色的不同权限可以分为以下人员：网站管理员、商品维护人员、订单处理人员、信息维护员、美工人员、配送管理员、结算员、客服人员等。应该设专人进行产品维护，其主要负责及时添加和更换产品，并做好详细的产品说明。具体工作如图 9-34 所示，包括进入网站后台，删除旧商品，添加新商品，并做好商品信息说明等工作。

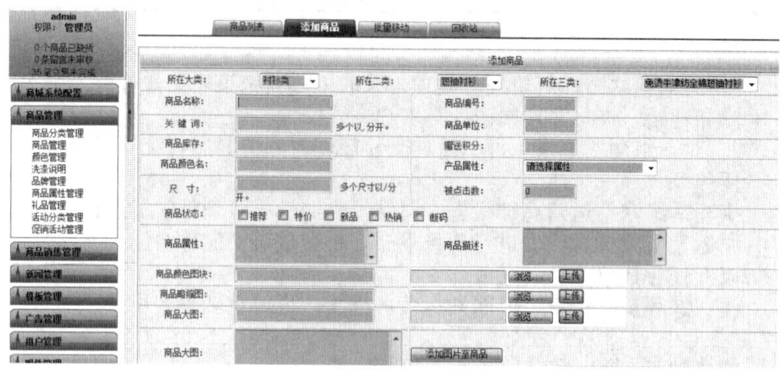

图 9-34　产品维护

1.2　订单处理

经过推广，网站会取得订单，能否及时有效地处理订单，对于网站运营至关重要，错误处理订单可能会给自身带来损失，不及时处理订单可能失去订单，订单处理不当会影响销售收入和企业信誉。一般要指定专人负责订单查看与处理，具体工作内容和流程如图 9-35 所示。首先查看全部订单，然后查看未处理订单、等待付款订单、已付款订单、已收款未发货、已发货未收货、已收货订单、订单投诉管理、发货单添加、发货单管理等一系列订单处理工作。处理订单操作如图 9-36 所示，销售报表如图 9-37 所示。

图 9-35　订单查看

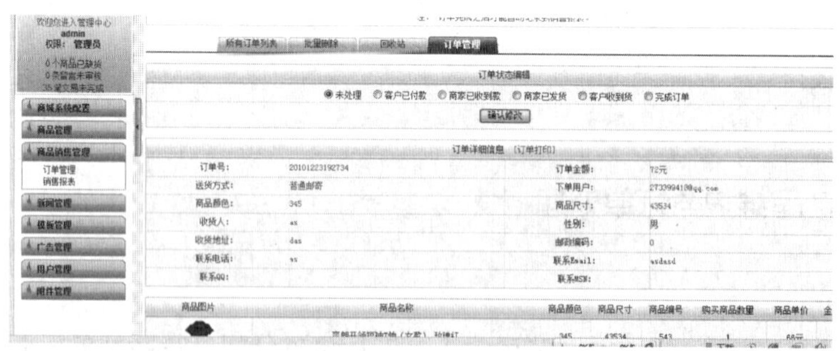

图 9-36　订单处理

2. 产品营销管理

网站为了吸引消费者，要定期拿出几款产品做特价活动，或者给消费者提供礼品，这就需要相应的后台管理，主要工作内容是调整价格。添加礼品如图 9-38 所示。

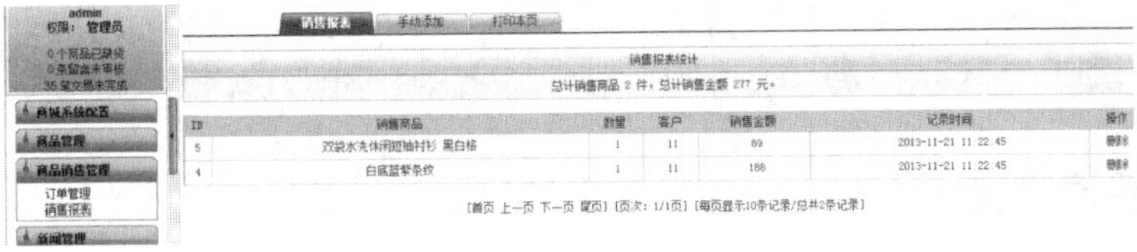

图 9－37　销售报表

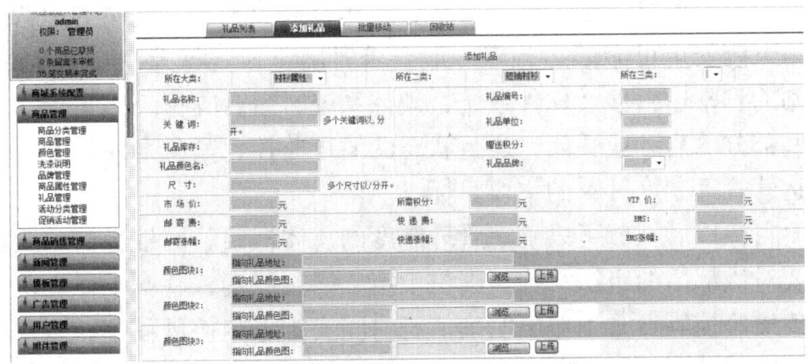

图 9－38　添加礼品

3. 网站客户关系管理与服务

网站客户关系管理通常情况下需要从以下几个方面做起。

3.1　对客户信息、订单信息、供应商信息进行收集整理

要尽可能多地将客户信息采集并保存到数据库中，在必要情况下，及时更新客户信息，删除过时和不正确的信息。

3.2　对客户情况进行分析

要识别出哪些是网站的金牌客户；找出客户对企业的产品或服务的不满之处及产生不满的原因；保持和管理与网站关系良好的客户；找出与网站断裂关系的客户及关系断裂的原因。然后，根据上述分析，对客户进行分类。

3.3　与客户保持良好的接触

在对网站的客户进行分类以后，要注意与客户保持密切的联系，主动与客户进行沟通；要改进网站的客户服务系统，使客户与网站的联系更加方便；对能为企业带来高价值的客户，更要注意保持密切的联系。

3.4　调整产品和服务，更好地为客户服务

根据客户的类别，为客户提供更加个性化的服务，使客户与网站之间建立牢固的关系。例如，对网站的长期客户或是购买产品较多的客户，可以定期发送促销信息的邮件；通过各种方式与客户进行沟通，了解客户对服务的满意程度，找出服务的不足之处。通过与客户进行沟通，找出客户的真正需求，不断改进产品或服务。

客户服务这里主要指的是客户交互，就是利用即时通信软件如 QQ、TP、旺旺等，及时与顾客沟通，解答问题，消除疑虑。这种交互是即时的，是每天 24 小时、每周 7 天、每年 365 天回复客户的问题。当然，为了最大限度地保证与顾客之间的沟通，也可以将自动回复与人工操作结合起来，如在系统中建立一个客户服务系统，处理与客户之间的交互。

4. 网站管理制度

网站的日常运营管理是比较烦琐、细致的工作，如果没有一定的制度进行约束，会使运营人员的责任模糊，可能出现责任不落实、工作推诿等现象。网站的运营管理制度主要是为了保障网络系统安全可靠的运行（一般要求每周 7 天，每天 24 小时始终运行）而制定的。由于网站的日常运营涉及软件系统、硬件系统、后台支撑、机房工作环境、电源供应等方面，这些部分的启动或关闭、运行状态的值班监控、紧急事件的处理、基本的运行维护指标等是运营管理制度针对的主要目标。

明确了主要目标以后，就可以确定管理制度的总体框架。网站运营一般由专门的部门负责，制度中要对该部门的组织结构、岗位设定、岗位职责、基本工作规范进行规定。对于运行状态的值班监控等日常工作应明确值班时间安排、交接班程序、值班时间的任务及纪律等。网站管理制度框架完成以后，就可以制定细则。制定细则的依据是公司本身的实际情况，另外也可以借鉴其他公司的相关制度。

制度制定完成以后，要经过领导的审核、修改形成终稿。在实际执行的过程中，还应不断进行修改、完善，使制度合理可行，以保证工作的正常进行。

网站管理员与网站运营人员的职责

网站管理员：网站运营管理的具体执行人员，负责网站的安全、保密管理。网站管理员不能利用网站从事与网站运营管理无关的活动，要带头遵守并监督网站管理有关制度的执行。同时，网站管理员还要负责维护网站，备份网站数据，不断对网站进行完善和优化，帮助网站工作人员解决网站运行过程中出现的疑难问题。对网站的网络设备，以及计算机系统的硬件、软件进行维护和管理，也是网站管理员的工作内容。

网站运营人员：作为一名运营人员，沟通协调能力必不可少。工作中要与不同专业思维的人打交道，在沟通过程中可能碰上许多不理解或难以沟通的情况，这都是比较正常的。

优秀的网站运营人才，要求具备行业专业知识、文字撰写能力、方案策划能力、沟通协调能力、项目管理能力等方面的素质。目前，网站数量众多，网站运营人员也多得数不胜数，而优秀的运营人才却凤毛麟角。毫无疑问，网站只有拥有了优秀的运营人才，才会运营得更加成功。

项目小结

电子商务网站运营是电子商务深层次的应用，也是一项复杂的工作，它涵盖了电子商务主要应用领域。目前很多企业网站是建起来了，但是普遍存在运营不畅的现象，没有实现电子商务的应有功能，主要原因是企业缺乏懂得网站运营的人才。本项目由浅入深、循序渐进地培养学生实际的网站运营能力。通过本项目的学习，重点应掌握以下知识点：网站发布与维护；网站推广；网站业务处理。

习题与课业

简答题：

1. 什么是网站运营？
2. 网站运营的核心内容有哪些？
3. 网站有哪些推广方式？
4. 网站客户关系管理从哪些方面入手？

拓展训练

自己建立一个微博，练习写微博，并对自己的微博进行推广。